Berlin
Familie Kılıç
Mutter Azra
Köchin in der Schulmensa von Eren und Elif
Vater Hüssein
Inhaber eines Gemüseladens
Tochter Elif
11, 6. Klasse, interessiert sich für Mode und Bubble Tea
Sohn Eren
15, 9. Klasse, überzeugter Vegetarier, der sich sehr für Ernährung interessiert
Opa Schultz
Rentner, erzählt gerne von früher, Hobby-Imker
Ama Yeboah
21, Freundin von Tom, Berufseinsteigerin in einer Werbeagentur
Tom
19, Cousin von Charlotte, gerade fertig mit der Ausbildung zum Pflegefachmann, arbeitet im Schichtdienst
hilft ehrenamtlich in einem Repair-Café
Mutter Mai-Thi
Ärztin, reist leidenschaftlich gerne
Hundewelpe Pelle
Tochter Charlotte
14, 8. Klasse, pflegt einen Instagram-Kanal für Pelle, möchte Sinnfluencerin werden
Familie Schultz-Kim

#WAT 1

Wirtschaft-Arbeit-Technik

Inklusive Aktualitätendienst
Viele Schaubilder, Tabellen und Diagramme werden regelmäßig aktualisiert.

Erklärfilm
73000-502

Herausgegeben von
Vera Kirchner

Bearbeitet von
Julia Alisch
Carolin Hammer
Carsten Hinz
Constantin Klitsch
Robert Löffler
Isabelle Penning
Christin Richter

BE: Integrierte Sekundarschule, Gemeinschaftsschule
BB: Grundschule, Oberschule, Gesamtschule, Gymnasium

Berlin/Brandenburg

C.C.BUCHNER

#WAT – Berlin/Brandenburg

Band 1

Herausgegeben von Vera Kirchner
Bearbeitet von Julia Alisch, Carolin Hammer, Carsten Hinz, Constantin Klitsch, Robert Löffler, Isabelle Penning, Christin Richter

Zu diesem Lehrwerk sind geplant:

- Digitales Lehrermaterial **click & teach** Einzellizenz, Bestell-Nr. 823031
- Digitales Lehrermaterial **click & teach** Box (Karte mit Freischaltcode), ISBN 978-3-661- 82303-4

Dieser Titel wird auch als digitale Ausgabe **click & study** unter www.ccbuchner.de erscheinen.

1. Auflage, 1. Druck 2022

Dieses Werk folgt der reformierten Rechtschreibung und Zeichensetzung.
Alle Drucke dieser Auflage sind, weil untereinander unverändert, nebeneinander benutzbar.

Ausnahmen bilden Texte, bei denen künstlerische, philologische oder lizenzrechtliche Gründe einer Änderung entgegenstehen.

Die Mediencodes enthalten ausschließlich optionale Unterrichtsmaterialien.
An keiner Stelle im Schülerbuch dürfen Eintragungen vorgenommen werden.
Auf verschiedenen Seiten dieses Buches finden sich Verweise (Links) auf Internetadressen. Haftungshinweis: Trotz sorgfältiger inhaltlicher Kontrolle wird die Haftung für die Inhalte externer Seiten ausgeschlossen.

Redaktion: Svenja Gronau, Katharina Nieratschker
Layout, Satz und Illustrationen: Wildner + Designer GmbH, Fürth
Druck und Bindung: mgo360 GmbH & Co. KG, Bamberg

www.ccbuchner.de

ISBN 978-3-661-**82301**-0

Dit find ick knorke, det de hier rumkiekst und **wat** lern'n willst!

Liebe Schülerinnen und Schüler,

ihr wollt

- beim Thema Wirtschaft endlich mehr verstehen und mitreden können,
- euch Gedanken zu eurer beruflichen Zukunft machen,
- etwas über gesunde Ernährung und Nachhaltigkeit erfahren
- und in der Werkstatt eigene Projekte planen und erfolgreich umsetzen?

Dann seid ihr in diesem Buch genau richtig!
Auf eurem Weg durch das Buch werdet ihr verschiedenen Personen immer wieder begegnen und rund um diesen Kiez gibt es einiges zu entdecken und zu tun.
Hinweise, wie ihr möglichst gut mit diesem Buch arbeiten könnt, findet ihr auf der folgenden Doppelseite.

Nu aba ran an de Buletten und los geht's!

Die Herausgeberin, das Autor:innenteam und der Verlag

Zur Arbeit mit dem Buch

1 Auftaktdoppelseite

Jedes Kapitel beginnt mit einer Doppelauftaktseite. Material und offene Aufgaben ermöglichen euch eine erste Annäherung an die Inhalte des neuen Kapitels. Dabei könnt ihr zeigen, was ihr schon über das neue Thema wisst.

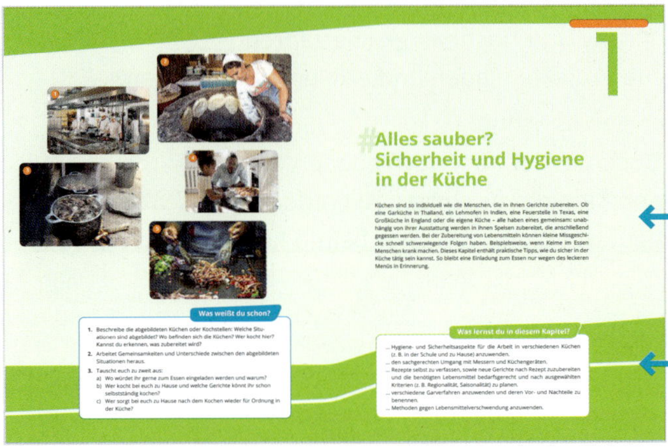

Ein kleiner **Einführungstext** verschafft euch einen Überblick über die Inhalte des Kapitels.

Über welches Wissen und Können ihr am Ende des Kapitels verfügt, könnt ihr ebenfalls nachlesen.

2 Gemeinsam aktiv

Auf den ersten zwei Seiten im Kapitel wird euch immer ein Weg vorgestellt, über den ihr weitgehend selbstständig das Kapitel bearbeiten könnt! Dazu müsst ihr euch projektartig mit den Materialien und Inhalten des Kapitels auseinandersetzen und abschließend ein Produkt dazu erstellen.

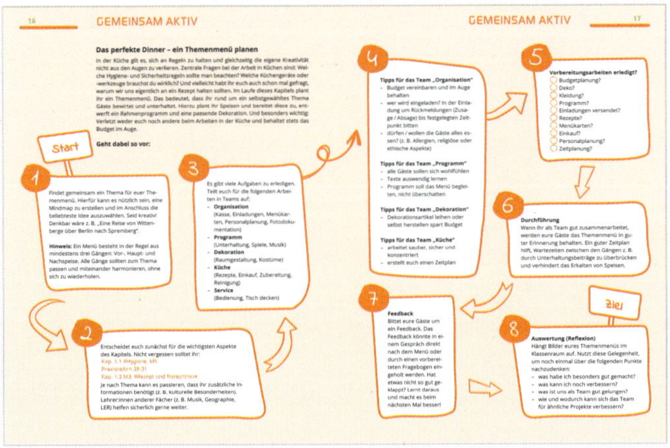

3 Unterkapitel

Das Thema der Unterkapitel wird in der Überschrift und wenigen Zeilen darunter erläutert. Die Materialien sind immer mit „M" gekennzeichnet.

In der Randspalte gibt es oft Hilfen **H** oder Zusatzangebote **F** zu den Aufgaben.

4 Praxisseite

Die Praxisseiten liefern detaillierte Anleitungen, Tipps und Sicherheitshinweise zur Arbeit in Küche und Werkstatt.

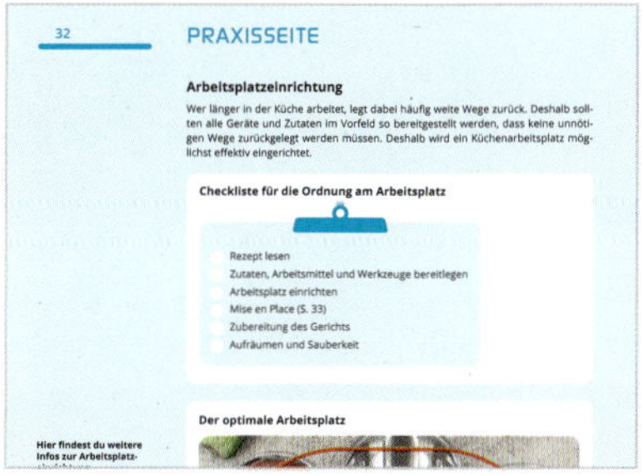

5 Methodenseiten

Methodenseiten geben euch eine schrittweise Hilfestellung, wie ihr Fachmethoden richtig erlernen könnt.

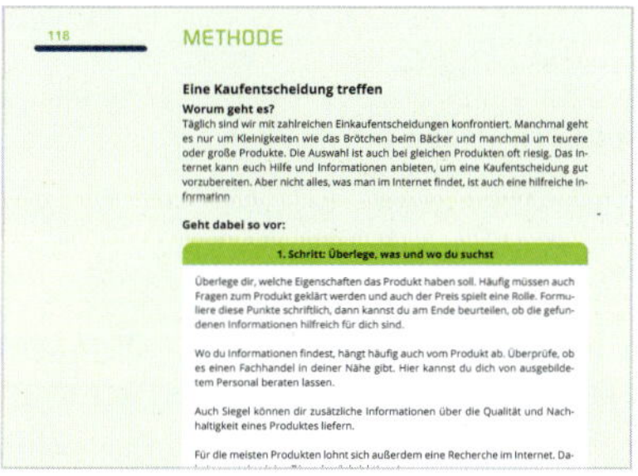

6 Kompetenztraining

Auf dieser Seite könnt ihr mit einer umfangreichen Aufgabe testen, ob ihr die Inhalte des Kapitels verstanden habt. Die Bearbeitung der Aufgabe zeigt euch, ob ihr die Inhalte auf ein konkretes, umfangreicheres Beispiel anwenden könnt.

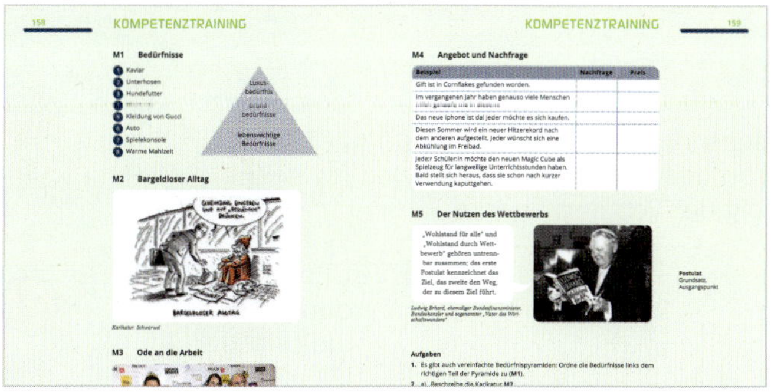

So differenzieren Sie mit #WAT

Ziele des Differenzierens	
ZIELE VON GRUNDLEGENDER BEDEUTUNG	
Förderung der Lernbereitschaft	Erfolgserlebnisse sind das Ziel: Die Schüler:innen sollen ermutigt und gestärkt, ihre Lernlust geweckt und ihr Leistungswille aktiviert werden.
Förderung der Selbstständigkeit	Nur wenn Schüler:innen auch in der Lage sind, sich – in überschaubarem Maße – um sich selbst zu kümmern, kann Differenzierung gelingen.
Förderung der Sozialkompetenz	Gefördert werden soll die Fähigkeit, sich zu engagieren, Verantwortung zu übernehmen, zu helfen und sich helfen zu lassen, offen für andere Sichtweisen zu sein.
ZIELE VON FACHLICHER BEDEUTUNG	
Förderung der Schüler/innen	Schüler:innen sollen so gefördert werden, dass alle das Fundamentum erreichen können.
Förderung der Schnell-Lerner	Schüler:innen, deren Fähigkeiten über dem Fundamentum liegen, sollen zusätzlich gefordert werden.
Förderung der individuellen Lernstile	Der eigene Lernstil soll bewusst gemacht werden, die individuellen Lernwege beschritten und neue Wege ausprobiert werden. Von der Erreichung dieses Zieles hängt der Lernerfolg der Schüler:innen ab.

Grundformen
Lernstandsdiagnose
zusätzliche Aufgaben
unterschiedliche Quantität der Aufgaben
unterschiedliches Niveau der Aufgaben
unterschiedliche Themen
unterschiedliche Methoden
unterschiedliche Sprache
Unterstützung durch Mitschüler/innen
Unterstützung durch die Lehrkraft

Nach: Gerhard Hey, Ulf Jesper, differenziert unterrichten, Bamberg 2012, S. 12

des Differenzierens	So differenziert das Schulbuch
Um die Schüler:innen abzuholen und die Unterrichtseinheit differenziert planen zu können, sollte diese zu Beginn eines Themas durchgeführt werden.	Jedes Großkapitel beginnt mit einer Auftaktdoppelseite mit Material und Aufgaben, die einen offenen Zugang zum neuen Thema ermöglichen. Mit diesem Ansatz lassen sich Vorwissen und Kompetenzstand der Lernenden einschätzen und der differenzierte Unterricht planen.
Zusatzaufgaben können über das Fundamentum hinausgehen (Additum-Aufgaben) oder dazu dienen, es zu erreichen (Unterstützungsaufgaben).	In der Randspalte werden vielfältige Aufgaben zum **Helfen** H und **Fordern** F angeboten.
Nicht alle Schüler:innen müssen alle Aufgaben bearbeiten.	Die Aufgabenblöcke bieten umfangreiche Vorschläge zur Bearbeitung an, hier kann bei Bedarf eine Auswahl getroffen werden.
Die Aufgaben sind in verschiedenen Anforderungsbereichen formuliert.	Die Aufgaben sind durch die Verwendung von **Operatoren aus den drei Anforderungsbereichen** (vgl. S. 280) grundsätzlich differenzierend angelegt. Aufgaben können zudem unterschiedlich anspruchsvoll gelöst werden – Hinweise hierzu finden sich im **click&teach Unterrichtsassistenten** zum Schülerbuch.
Die Schüler:innen widmen sich demjenigen Lerngegenstand, der sie entweder am meisten interessiert oder den sie noch nicht beherrschen.	Insbesondere der **Gruppenlernweg** „Gemeinsam aktiv" ermöglicht es den Schüler:innen, individuelle Schwerpunkte zu setzen.
Themen können auf unterschiedlichen Wegen bearbeitet werden.	Eine große Vielfalt an problemorientiertem und schülernahem **Material** weckt Interesse und ermöglicht unterschiedliche Zugänge. Die Aufgaben zeichnen sich insgesamt durch eine große Vielfalt aus: **Unterschiedliche Sozial- / Unterrichtsformen** und Bearbeitungsmöglichkeiten ermöglichen einen abwechslungsreichen Unterricht. Mit **Kompetenzbausteinen** wird strukturiert methodisches Vorgehen explizit geschult.
Durch einfache Sprache zentraler Erklärungen wird sichergestellt, dass die gesamte Lerngruppe mitarbeiten kann.	Bei grundlegenden Texten wurde besonders auf eine einfache Sprache geachtet, die **Grundbegriffe** werden auf zwei Niveaustufen angeboten.
Die Schüler:innen kooperieren. Dazu nehmen sie immer wieder die Rolle von Lernhelfern oder Experten ein.	**Vielfältige kooperative Aufgabenformate** regen Sozial- / Unterrichtsformen an, bei denen eine Unterstützung durch Mitschüler und / oder die Lehrkraft Teil der Bearbeitung ist.
Eine der intensivsten und effektivsten Grundformen: Die Lehrkraft arbeitet mit einzelnen Schüler:innen (oder einer Kleingruppe) zusammen.	

Inhalt

Service-Anhang

Methoden im Überblick:

Grundbegriffe im Überblick

Allgemeine Hinweise

- Ein Register zum Auffinden von Querverweisen können euch wichtige Hilfsmittel sein und das selbstständige Arbeiten mit dem Buch erleichtern.
- Eigens für das Schulbuch erstellte Zusatzmaterialien oder Erklärfilme (drei bis fünf Minuten) könnt ihr auf der Verlagshomepage (www.ccbuchner.de) kosten- und werbefrei jederzeit abrufen. Mithilfe von Mediencodes könnt ihr sie entweder direkt (Quick-Response-Code ↔ Smartphone/Tablet) oder über die Eingabe des jeweiligen Mediencodes in das Suchfeld der Verlagshomepage beziehen.
- **Geschlechtergerechte Sprache:** Im Schulbuch werden in der Regel sowohl die weibliche als auch die männliche Form verwendet; wo immer möglich, werden neutrale Formen wie „Lehrkraft" gebraucht. Ausnahmen davon bilden zum Beispiel
  - layouttechnische Gründe (Platzmangel),
  - bestimmte Funktionsbezeichnungen bzw. Begriffe mit Nähe zu formalen und juristischen Texten oder domänenspezifischen Fachbegriffen (z. B. *„Gläubiger"*, *„Schuldner"*, *„Käufer"*, *„Produzent"*, *„Hersteller"*, *„Dienstleister"*, *„Händler"* etc.),
  - Fremdtexte oder
  - die massive Beeinträchtigung der Lesbarkeit.

  Selbstverständlich sind auch in diesen Fällen Personen jeglichen Geschlechts gemeint.
- Materialien ohne Quellenangaben sind von den Bearbeiter:innen verfasst.
- Sofern bei Materialien aus dem Internet kein Verfasserdatum ermittelt werden konnte, wird das Abrufdatum genannt.

1

2

3

4

5

Was weißt du schon?

1. Beschreibe die abgebildeten Küchen oder Kochstellen: Welche Situationen sind abgebildet? Wo befinden sich die Küchen? Wer kocht hier? Kannst du erkennen, was zubereitet wird?
2. Arbeitet Gemeinsamkeiten und Unterschiede zwischen den abgebildeten Situationen heraus.
3. Tauscht euch zu zweit aus:
   a) Wo würdet ihr gerne zum Essen eingeladen werden und warum?
   b) Wer kocht bei euch zu Hause und welche Gerichte könnt ihr schon selbstständig kochen?
   c) Wer sorgt bei euch zu Hause nach dem Kochen wieder für Ordnung in der Küche?

1

#Alles sauber? Sicherheit und Hygiene in der Küche

Küchen sind so individuell wie die Menschen, die in ihnen Gerichte zubereiten. Ob eine Garküche in Thailand, ein Lehmofen in Indien, eine Feuerstelle in Texas, eine Großküche in England oder die eigene Küche – alle haben eines gemeinsam: unabhängig von ihrer Ausstattung werden in ihnen Speisen zubereitet, die anschließend gegessen werden. Bei der Zubereitung von Lebensmitteln können kleine Missgeschicke schnell schwerwiegende Folgen haben. Beispielsweise, wenn Keime im Essen Menschen krank machen. Dieses Kapitel enthält praktische Tipps, wie du sicher in der Küche tätig sein kannst. So bleibt eine Einladung zum Essen nur wegen des leckeren Menus in Erinnerung.

Was lernst du in diesem Kapitel?

... Hygiene- und Sicherheitsaspekte für die Arbeit in verschiedenen Küchen (z. B. in der Schule und zu Hause) anzuwenden.
... den sachgerechten Umgang mit Messern und Küchengeräten.
... Rezepte selbst zu verfassen, sowie neue Gerichte nach Rezept zuzubereiten und die benötigten Lebensmittel bedarfsgerecht und nach ausgewählten Kriterien (z. B. Regionalität, Saisonalität) zu planen.
... verschiedene Garverfahren anzuwenden und deren Vor- und Nachteile zu benennen.
... Methoden gegen Lebensmittelverschwendung anzuwenden.

Das perfekte Dinner – ein Themenmenü planen

In der Küche gilt es, sich an Regeln zu halten und gleichzeitig die eigene Kreativität nicht aus den Augen zu verlieren. Zentrale Fragen bei der Arbeit in Küchen sind: Welche Hygiene- und Sicherheitsregeln sollte man beachten? Welche Küchengeräte oder -werkzeuge brauchst du wirklich? Und vielleicht habt ihr euch auch schon mal gefragt, warum wir uns eigentlich an ein Rezept halten sollten. Im Laufe dieses Kapitels plant ihr ein Themenmenü. Das bedeutet, dass ihr rund um ein selbstgewähltes Thema Gäste bewirtet und unterhaltet. Hierzu plant ihr Speisen und bereitet diese zu, entwerft ein Rahmenprogramm und eine passende Dekoration. Und besonders wichtig: Verletzt weder euch noch andere beim Arbeiten in der Küche und behaltet stets das Budget im Auge.

Geht dabei so vor:

Start

1

Findet gemeinsam ein Thema für euer Themenmenü. Hierfür kann es nützlich sein, eine Mindmap zu erstellen und im Anschluss die beliebteste Idee auszuwählen. Seid kreativ! Denkbar wäre z. B. „Eine Reise von Wittenberge über Berlin nach Spremberg".

Hinweis: Ein Menü besteht in der Regel aus mindestens drei Gängen: Vor-, Haupt- und Nachspeise. Alle Gänge sollten zum Thema passen und miteinander harmonieren, ohne sich zu wiederholen.

2

Entscheidet euch zunächst für die wichtigsten Aspekte des Kapitels. Nicht vergessen solltet ihr:
Kap. 1.1 #Hygiene, M5
Praxisseiten 28-31
Kap. 1.3 M3, #Rezept und Rezepttreue
Je nach Thema kann es passieren, dass ihr zusätzliche Informationen benötigt (z. B. kulturelle Besonderheiten). Lehrer:innen anderer Fächer (z. B. Musik, Geographie, LER) helfen sicherlich gerne weiter.

3

Es gibt viele Aufgaben zu erledigen. Teilt euch für die folgenden Arbeiten in Teams auf:

- **Organisation**
  (Kasse, Einladungen, Menükarten, Personalplanung, Fotodokumentation)
- **Programm**
  (Unterhaltung, Spiele, Musik)
- **Dekoration**
  (Raumgestaltung, Kostüme)
- **Küche**
  (Rezepte, Einkauf, Zubereitung, Reinigung)
- **Service**
  (Bedienung, Tisch decken)

4

Tipps für das Team „Organisation“
- Budget vereinbaren und im Auge behalten
- wer wird eingeladen? In der Einladung um Rückmeldungen (Zusage / Absage) bis festgelegten Zeitpunkt bitten
- dürfen / wollen die Gäste alles essen? (z. B. Allergien, religiöse oder ethische Aspekte)

Tipps für das Team „Programm“
- alle Gäste sollen sich wohlfühlen
- Texte auswendig lernen
- Programm soll das Menü begleiten, nicht überschatten

Tipps für das Team „Dekoration“
- Dekorationsartikel leihen oder selbst herstellen spart Budget

Tipps für das Team „Küche“
- arbeitet sauber, sicher und konzentriert
- erstellt euch einen Zeitplan

5

Vorbereitungsarbeiten erledigt?
- ◯ Budgetplanung?
- ◯ Deko?
- ◯ Kleidung?
- ◯ Programm?
- ◯ Einladungen versendet?
- ◯ Rezepte?
- ◯ Menükarten?
- ◯ Einkauf?
- ◯ Personalplanung?
- ◯ Zeitplanung?

6

Durchführung
Wenn ihr als Team gut zusammenarbeitet, werden eure Gäste das Themenmenü in guter Erinnerung behalten. Ein guter Zeitplan hilft, Wartezeiten zwischen den Gängen z. B. durch Unterhaltungsbeiträge zu überbrücken und verhindert das Erkalten von Speisen.

7

Feedback
Bittet eure Gäste um ein Feedback. Das Feedback könnte in einem Gespräch direkt nach dem Menü oder durch einen vorbereiteten Fragebogen eingeholt werden. Hat etwas nicht so gut geklappt? Lernt daraus und macht es beim nächsten Mal besser!

8

Auswertung (Reflexion)
Hängt Bilder eures Themenmenüs im Klassenraum auf. Nutzt diese Gelegenheit, um noch einmal über die folgenden Punkte nachzudenken:
- was habe ich besonders gut gemacht?
- was kann ich noch verbessern?
- was ist uns als Team gut gelungen?
- wie und wodurch kann sich das Team für ähnliche Projekte verbessern?

1.1 Sicher ist sicher: Grundlagen zum Arbeiten mit Lebensmitteln

Ist Küche gleich Küche?

Wenn du dir in eurer Küche eine Suppe kochen möchtest, verwendest du wahrscheinlich einen kleinen Topf und stellst ihn auf eine Kochplatte eures Herdes. Wird in der Firmenkantine deiner Eltern oder in der Schulkantine eine Suppe gekocht, werden meist große Kessel genutzt, die das Fassungsvermögen einer kleinen Badewanne haben. Doch worin unterscheiden sich Küchen noch?

Ein Blick hinter die Kulissen einer Schulkantine

82301-01

M1 Eine Suppe für alle?

Köchinnen rühren in einem Kessel

Topf in der eigenen Küche

M2 Der oder die Letzte macht das Licht aus

Heute hatte Charlotte und ihre Klasse 8a wieder Unterricht in der Lehrküche. Es wurden viele Gerichte zubereitet und dabei unzählige Töpfe und Pfannen verwendet. Als es zum Unterrichtsende klingelt, haben es plötzlich alle eilig. Alle achten Klassen und deren Klassenlehrer:innen treffen sich zur Vorbereitung des Sportfestes in der Aula. Selbst Herr Schwertfeger verlässt schlagartig den Raum, ohne diesen noch mal auf Ordnung und Sauberkeit zu kontrollieren. Charlotte, die die letzte im Klassenzimmer ist, ruft er noch zu: „Die Letzte macht das Licht aus!". Frau Klein macht sich zeitgleich auf den Weg, denn sie geht heute mit der 7a das erste Mal in die Lehrküche. In den Stunden zuvor hatte sie immer wieder betont: „Ordnung und Sauberkeit sind das halbe Leben!".

Als Frau Klein den Raum für ihre siebente Klasse aufschließt, trifft sie fast der Schlag. Als die Schüler:innen die Unordnung sehen, lachen sie. „Tja Frau Klein, Ordnung und Sauberkeit sind das halbe Leben!". Nun muss selbst Frau Klein lachen.

KÜCHE

Eine Küche dient der Zubereitung von Lebensmitteln. Private Küchen (auch Haushaltsküchen genannt) sind meist ein beliebter Treffpunkt. Viele Familien nutzen die Zeit dort, um von Erlebnissen des Tages zu berichten und sich auszutauschen. Private Küchen sind eher wohnlich eingerichtet. Gewerbliche Küchen (z. B. in Restaurants oder Schulkantinen) sind funktional, übersichtlich und robust eingerichtet. In ihnen arbeiten ausgebildete Köchinnen, Köche sowie Küchenhilfen. Hier werden Mahlzeiten für andere Menschen (z. B. für Schüler:innen, Angestellte oder Restaurantgäste) zubereitet. Unabhängig vom Aussehen und der Funktion haben alle Küchen die folgenden Arbeitsbereiche: Vorbereitungs-, Koch- und Backbereich sowie einen Aufbewahrungs- und Entsorgungsbereich.

Das Berufsfeld Hauswirtschaft entdecken

82301-02

M3 Der weite Weg zur Mahlzeit

Je nach Art und Einrichtung der Küche, wird für die Zubereitung einer Mahlzeit eine unterschiedliche Wegstrecke zurückgelegt. Ausgehend von drei Mahlzeiten, kommt man in einer unsystematisch eingerichteten Küche auf durchschnittlich 336 m pro Tag. Durch eine systematisch eingerichtete Küche können viele Meter eingespart werden. Hier liegt der Durchschnitt bei 62 m pro Mahlzeit, also ca. 186 m pro Tag. Für einen privaten Haushalt ist dieser Fakt zu vernachlässigen.

Für professionelles Küchenpersonal bedeutet eine unsystematische Kücheneinrichtung im Zweifel mehrere Kilometer zusätzliche Wegstrecke je Arbeitstag.

AUFGABEN

82301-200

1. a) Stelle Vermutungen an, weshalb die gleichen Gerichte anders schmecken – je nachdem, wo sie zubereitet wurden (**M1**, **#Küche**).
   b) Erläutere, wo dir dein Lieblingsessen am besten schmeckt und warum.
2. Nenne mindestens drei Unterschiede zwischen Küchen der Gemeinschaftsverpflegung (Kantinen) und Küchen in Privathaushalten (**M1**, **#Küche**).
3. a) Beschreibe das Problem von Frau Klein (**M2**).
   b) Entwickelt in Kleingruppen Ratschläge für Herrn Schwertfeger, wie er zukünftig die Lehrküche hinterlassen sollte.
   c) Stellt für eure Klasse Regeln zur Sauberkeit in der Lehrküche auf, an die ihr euch gemeinschaftlich halten wollt.
   d) Gestaltet hierzu ein Plakat, das ihr sichtbar in der Küche aufhängen könnt.
4. Erstellt eine Skizze eurer privaten Küche (**M3**).
   a) Nenne deren Vor- und Nachteile.
   b) Erörtere, wie du die Nachteile beheben würdest.

F zu Aufgabe 4
Erstelle eine zweite Skizze, in der du sie hinsichtlich der Laufwege optimierst.

Welche Sicherheits- und Hygieneregeln gelten in (Lehr-)Küchen?

Kleine Fehler können in der Lehrküche schnell zu einem ungewollten Besuch im Krankenhaus führen. Beispielsweise kann ein wenig verschüttete Flüssigkeit dazu führen, dass ein:e Mitschüler:in oder ihr selbst auf dem Fliesenboden ausrutscht. Eine Platzwunde am Kopf? Ursache dafür könnte die offene Schranktür gewesen sein. Auf diese oder ähnliche Erlebnisse könnt ihr sicher verzichten, oder?

M4 Mit Fachraumregeln zu mehr Ordnung und Sicherheit

Erklärvideo zum Thema Sicherheit und Hygiene in der Lehrküche

82301-10

HYGIENE

Das Wort Hygiene kommt aus dem Altgriechischen und bedeutet „Gesundheit". Darunter sind alle Maßnahmen zu verstehen, die dazu beitragen, dass keine Krankheiten und Gesundheitsschäden an dir oder anderen auftreten.
Eine der wichtigsten Hygienemaßnahmen ist zum Beispiel das Händewaschen nach dem Toilettengang. Grundsätzlich kann in Personal-, Arbeitsplatz- und Lebensmittelhygiene unterschieden werden. Personalhygiene sind Maßnahmen, die du selbst (an dir) durchführen kannst. Die Reinigung des Arbeitsplatzes, z. B. nach dem Schneiden von Fleisch, ist eine Maßnahme der Arbeitsplatzhygiene. Ziel der Lebensmittelhygiene sind Maßnahmen, die Gefahren durch das Lebensmittel bannen, z. B. das Einhalten der Kühlkette beim Transport empfindlicher Lebensmittel vom Supermarkt nach Hause.

Kühlkette
bezeichnet die ununterbrochene Kühlung eines Lebensmittels vom Herstellungsort bis zu den Endverbraucher:innen. Nur so kann sichergestellt werden, dass die Qualität und die Haltbarkeit des Lebensmittels nicht beeinträchtigt wird.

M5 Hygieneregeln beachten

Personalhygiene

- Betreten der Lehrküche nur, wenn wir gesund sind.
- Händewaschen vor dem Beginn der Arbeit und nach dem Toilettengang.
- Fingernägel sind immer kurz, sauber und frei von Nagellack.
- Uhren und Schmuck sind abzulegen.
- Lange Haare werden zurückgebunden.
- Stets saubere Schürzen anziehen.
- Bei kleinen Wunden an den Händen tragen wir Handschuhe.

Lebensmittelhygiene

- Sensible Lebensmittel (Fleisch, Milchprodukte ...) kühl lagern.
- Lebensmittel immer abdecken (Deckel oder Folie).
- Sensible Lebensmittel immer gut durcherhitzen (auf mindestens 65 °C).

Arbeitsplatzhygiene

- Die Lehrküche, Arbeitsplätze, Werkzeuge und Maschinen immer sauber halten.
- Heruntergefallene Lebensmittel oder verschüttete Flüssigkeiten sofort beseitigen.

AUFGABEN

82301-201

1. Untersuche **M4** auf vermeidbare Fehler in der Lehrküche und benenne diese.
2. Diskutiert in der Klasse weitere Hygiene- und Sicherheitsregeln für eure Lehrküche (**M4**, **M5**, **#Hygiene**).
3. Gestaltet in Kleingruppen ein Plakat mit den entsprechenden Regeln (**M5**).
4. Stimmt im Plenum über das informativste und schönste Plakat ab und hängt es in der Lehrküche auf.

F zu Aufgabe 3
Fallen dir weitere sinnvolle Regeln ein? **M5** bietet dir eine gute Orientierung.

Ist das noch gut oder muss das weg?

Ob ein Lebensmittel noch zum Verzehr geeignet ist oder nicht, sollte man nicht ausschließlich am Mindesthaltbarkeitsdatum (MHD) festmachen. Oft sind Lebensmittel über dieses Datum hinaus lecker und gesundheitlich vollkommen unbedenklich. Schmeißt du viel weg oder versuchst du gelegentlich Lebensmittel zu „retten“?

M6 Alles frisch?

1

2

3

M7 Ab in den Müll damit

Azra ist bei ihrer Freundin Jule zum Abendessen eingeladen. Da Jule ihren Einkaufszettel zu Hause vergessen hat, versucht sie sich zu erinnern, was in ihrem Kühlschrank noch vorrätig ist und was ihr für das heutige Abendessen noch fehlt. Etwas später treffen beide Freundinnen zeitgleich bei Jule zu Hause ein. Zunächst sortiert Jule alle angefangenen Lebensmittel aus dem Kühlschrank. „Der Joghurt ist von gestern; die Wurst ist schon 3 Tage offen; die Möhren sehen auch nicht mehr knackig aus. Mist, Butter hatte ich ja noch jede Menge!“ murmelt sie. Während des Sortierens, greift sie zum Mülleimer um die geöffneten Sachen wegzuschmeißen, da greift Azra ein: „Spinnst du Jule!? Das kannst du doch nicht alles wegschmeißen.“ Azra prüft die Lebensmittel genau, anschließend riecht sie an allen Produkten und kostet den Joghurt. „Alles vollkommen in Ordnung. Stell die frischen Lebensmittel in den Kühlschrank und koch dir in der kommenden Woche was Nettes daraus. Lass mich deinen Kühlschrank mal ein bisschen umsortieren, während du Abendessen kochst. Mit ein bisschen Ordnung halten die Lebensmittel länger und du hast einen besseren Überblick, was du alles zu Hause hast!“

M8 Produzieren und Einkaufen für die Tonne

Weltweit werden täglich viele Lebensmittel entsorgt. Die Gründe dafür sind vielfältig:
Beim **Ernteprozess** wird beschädigtes oder zu klein geratenes Obst und Gemüse meist aussortiert, auf dem Markt würden sich kaum Abnehmer:innen dafür finden. Sehen Gemüse und Obst nicht mehr frisch genug für den **Verkauf** aus oder sind die Backwaren vom Vortag, entsorgen einige Händler:innen die Lebensmittel. **Zu Hause** wird oft zu viel eingekauft, gekocht oder falsche Vorratshaltung betrieben. Dabei gibt es gute Ideen, die Verschwendung von Lebensmittel zu reduzieren: Verbraucher:innen können Lebensmittel kostenfrei, durch sogenannte „Foodsharing Fairteiler", für andere zur Verfügung stellen. Zudem spenden viele Händler:innen Obst, Gemüse und Backwaren, welche sich nicht mehr für den Verkauf eignen an die Tafeln. Durch diese werden z. B. Familien, die momentan in finanziellen Schwierigkeiten stecken, mit Lebensmitteln versorgt.

Video: Wo entstehen Lebensmittelabfälle und was kannst du dagegen tun?

82301-XX

MINDESTHALTBARKEITSDATUM (MHD) UND VERBRAUCHSDATUM

Das Mindesthaltbarkeitsdatum gibt den Zeitpunkt an, bis zu dem der Hersteller garantiert, dass das ungeöffnete Lebensmittel bei richtiger Lagerung seine Eigenschaften (z. B. Geruch, Geschmack und Nährwerte) behält. Lebensmittel sind meist über dieses Datum hinaus genießbar und gesundheitlich vollkommen unbedenklich, vorausgesetzt sie werden richtig gelagert.
Das Verbrauchsdatum, erkennbar am Aufdruck „zu verbrauchen bis", steht auf verpackten, besonders sensiblen Lebensmitteln (z. B. Hackfleisch, Fischfilet). Bis einschließlich diesem Datum kann das Lebensmittel noch verzehrt werden.
Wird das Lebensmittel nach dem Verbrauchsdatum konsumiert, kann es unter Umständen zu einer Lebensmittelvergiftung kommen.

Tipps zur richtigen Lagerung von Lebensmitteln

82301-04

AUFGABEN

82301-202

1. Betrachte die abgebildeten Lebensmittel (**M6**).
   a) Beschreibe, woran du erkennen könntest, ob diese noch genießbar sind.
   b) Erkläre, wie die Lebensmittel gelagert werden sollten, damit sie möglichst lange haltbar sind und du sie nicht wegwerfen musst (**M6**, **M7**).
2. Versetze dich in Azras Lage und gib Jule weitere Tipps gegen Lebensmittelverschwendung (**M7**, **M8**).
3. Nenne Gründe, warum Lebensmittel weggeworfen werden (**M8**).
4. Informiert euch über Möglichkeiten, Lebensmittelverschwendung zu vermeiden, sowie Initiativen und Apps, die euch dabei unterstützen. Besprecht eure Erkenntnisse in der Klasse (siehe Video QR-Code).

H zu Aufgabe 1a
Welche deiner fünf Sinne (sehen, hören, riechen, schmecken, tasten) können dir dabei helfen?

F zu Aufgabe 1
Salz hat ein Mindesthaltbarkeitsdatum – obwohl es bereits mehrere Millionen Jahre alt ist. Begründe, warum der Hersteller ein MHD aufdruckt (#Mindesthaltbarkeitsdatum).

Warum verändern sich Lebensmittel im Laufe der Zeit?

Wer kennt es nicht? Die Sommerferien sind vorbei und man hat vergessen die Brotdose vom letzten Schuljahr auszuleeren. Beim Blick hinein braucht man starke Nerven. Eine Schicht aus blauem Schimmel liegt über den Resten. Ein echt unappetitlicher Anblick. Aber warum können wir auf Schimmelpilze, Bakterien und Hefen oft nicht verzichten?

M9 Kuchenbasar mit Folgen

Nicht jeder Kuchen eignet sich für einen Kuchenbasar.

Erens Klasse plant einen Kuchenbasar in der Frühstückspause, um Geld für einen Klassenausflug zu sammeln. Viele Eltern haben Kuchen mitgeschickt, einige wenige haben für den Transport zur Schule sogar Kühlakkus beigelegt. Das Geschäft läuft leider schleppend an. Eren, der den Verkauf mit drei weiteren Mitschüler:innen betreut, ist verärgert: „Es ist heute sicherlich zu warm, alle würden lieber Eis essen!“. Die Schüler:innen beschließen, den Kuchen zunächst in einen leeren Vorbereitungsraum zu bringen und ihn in der Mittagspause nochmal anzubieten. Eren schaut kurz vor der Pause auf das Thermometer im Klassenraum, es zeigt 29 °C an. „Bei der Hitze will doch keiner unseren Kuchen“, denkt er. Kurze Zeit später in der Mittagspause scheinen viele Hunger zu haben, innerhalb kürzester Zeit ist fast der gesamte Kuchen verkauft. Am kommenden Tag fehlen beträchtlich viele Schüler:innen in den Klassen. Eines fällt auf: Die meisten von ihnen leiden seit der Nacht an Durchfall, Erbrechen und Fieber.

M10 Schlechte Karten für Bakterien, Pilzen & Co

Bienenwachstücher können eine gute Alternative zur Plastik- oder Alufolie sein. Bei rohem Fleisch und Fisch solltest du sie jedoch nicht verwenden.

Lebensmittel im Kühlschrank immer abdecken (z. B. mit einem Teller, Folie oder Deckel).

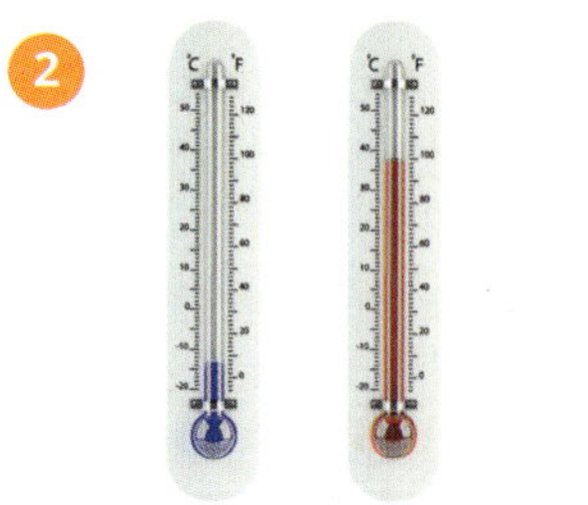

Halte die Kühlkette ein und möglichst kurz. Empfindliche Lebensmittel vertragen keine langen Umwege.

Geöffnete Lebensmittel sollten innerhalb kürzester Zeit verbraucht werden.

M11 Nützliche Helfer: Mikroorganismen

Unter dem Begriff Mikroorganismen versteht man eine Vielzahl an mikroskopisch kleinen Lebewesen. Zu ihnen zählen Bakterien, Protozoen und Pilze. In der Produktion unserer Lebensmittel spielen sie eine wichtige Rolle, vorausgesetzt sie werden gezielt eingesetzt. Milchsäurebakterien lassen aus Milch Joghurt, Quark und Käse entstehen. Milchsäurebakterien können auch für eine längere Haltbarkeit von Lebensmitteln sorgen. Zum Beispiel entsteht mit ihrer Hilfe aus Weißkohl haltbares Sauerkraut. Pilze in Brot und Bier? Ja, denn die Hefen gehören zu den Pilzen. In vielen Backwaren und auch beim Bier brauen kommt Hefe zum Einsatz. Die Hefe baut im Bier und in den Backwaren Zucker ab. Es entstehen unter anderem Kohlensäure und Alkohol. Diesen Prozess nennt man alkoholische Gärung. Durch diese Gärung wird der Teig locker, das Bier alkoholhaltig und die Kohlensäure sprudelt. Bei vielen Käsesorten, z. B. dem Camembert oder dem Blauschimmelkäse, geben gezielt eingesetzte Edelschimmelpilze den Lebensmitteln ein besonderes Aroma. Der Verzehr dieser Lebensmittel ist natürlich ungefährlich und für viele auch lecker. Anders ist es, wenn Bakterien oder Pilze sich ungewollt und unkontrolliert verbreiten. In unserer Luft schweben viele „wilde" Mikroorganismen, die nur darauf warten, sich auf einem geeigneten Untergrund auszubreiten. Beispiele hierfür wären das verschimmelte Brot oder der stinkende alte Fisch. Finger weg von solchen Lebensmitteln! Sie können gesundheitsschädlich sein und dich krankmachen.

Protozoen
Einzeller, welche anders als Bakterien einen Zellkern besitzen, z. B. das Pantoffeltierchen.

Bakterien und Pilze
lieben: Zeit, Wärme und Feuchtigkeit. Unter diesen Bedingungen vermehren sie sich am liebsten.

M12 Wer war hier am Werk?

Käse

Bier

Sauerkraut

AUFGABEN

82301-203

1. Analysiert in der Klasse, was beim Kuchenbasar schiefgelaufen ist (**M9**).
2. Finde fünf Beispiele für Lebensmittel, die abgedeckt, gekühlt und in kurzer Zeit verbraucht werden sollten (**M10**).
3. Lies **M11** und erläutere, welche Mikroorganismen die in **M12** abgebildeten Lebensmittel verändert haben.
4. Bewertet die Entscheidung der Klasse, den Kuchen in der Mittagspause erneut anzubieten (**M9-M11**).

H **zu Aufgabe 1**
Beziehe dabei das Konzept der Kühlkette mit ein (siehe Randspalte S. 21).

F **zu Aufgabe 4**
Schreibe die Geschichte so um, dass der Kuchenbasar keine negativen Folgen für die Schüler:innen hat (**M10**).

Was tun mit Lebensmitteln nahe des MHDs?

Familie Schultz hat einen großen Garten mit alten Obstbäumen, in dem sie jedes Jahr gemeinsam Gemüse anbaut. Im Sommer und im Herbst kann sie dort viel ernten. Würde sie sie einfach nur einlagern, würden viele der Obst- und Gemüsesorten innerhalb kürzester Zeit schlecht werden. Welche Möglichkeiten hat Familie Schultz, Lebensmittel lange haltbar zu machen – kann man das auch selbst in die Hand nehmen?

M13 Wegwerfen – keine Alternative!

M14 Haltbarmachen von Lebensmitteln

1

Räuchern: Fleisch und Wurstwaren werden eingesalzen und dann über mehrere Stunden oder Tage in Rauch gehangen.

2

Einfrieren: Werden Lebensmittel bei unter minus 18°C gelagert, können sich Mikroorganismen kaum vermehren.

3

Trocknen: Fleisch, Fisch, Gemüse oder Kräuter werden an der Luft getrocknet. Einige Lebensmittel müssen auch hier zuvor eingesalzen werden.

4

Zuckern: Wird frisches Obst geschnitten und eingezuckert, hält es sich im Kühlschrank 2-3 Tage. Wird stark gezuckertes Obst zudem eingekocht und in Gläsern verschlossen, erhält man ca. 2 Jahre haltbare Marmelade.

5

Einkochen: Gemüse, Obst oder ganze Gerichte können, fest in Schraub- oder Einweckgläsern verschlossen und teils über mehrere Stunden hoch erhitzt, für Jahre haltbargemacht werden.

6

Milchsäuregärung: Durch Milchsäurebakterien fermentieren Lebensmittel (wie z. B. Sauerkraut und Kimchi) und bekommen ihren typischen Geschmack und eine lange Haltbarkeit.

HALTBARMACHEN

Das Haltbarmachen von Lebensmitteln spielt auch heute noch eine große Rolle. Ein Blick durch die Regale im Supermarkt zeigt viele, durch unterschiedliche Methoden haltbar gemachte Lebensmittel: eingewecktes Obst, sauer eingelegte Gurken, tiefgekühlte Pizza ...
Als es noch keine Kühlschränke gab, mussten Lebensmittel, die im Frühling, Sommer oder Herbst geerntet wurden, haltbargemacht werden. Nur so konnte man sichergehen, den Winter zu überleben. Im Laufe der Zeit haben die Menschen überall auf der Welt hierzu verschiedene Methoden entwickelt. Das Räuchern und Trocknen von Lebensmitteln wurde bereits in der Altsteinzeit (600.000 bis 10.000 v. Chr.) angewendet.

M15 Kleene, dit is doch noch jut!

Alina hat von ihren Eltern den Auftrag bekommen, Opas Küche aufzuräumen und zu säubern. In letzter Zeit braucht ihr nun schon 80-jähriger Opa etwas Unterstützung und Alina hilft ihm gerne. Gesagt, getan. Der Abwasch ist schnell erledigt und weggeräumt, alle Flächen abgewischt. Doch was ist das? Über der Obstschale tummeln sich Obstfliegen. Acht leicht schrumpelige Äpfel, drei bräunliche Bananen und eine äußerlich ziemlich trockene Zitrone scheinen die Ursache zu sein. Fix schnappt sie sich die Obstschale und will den Inhalt in den Müll schütten. Da kommt ihr Opa um die Ecke und ruft lautstark: „Kleene, dit is doch noch jut!".
Alina kann das Obst gerade noch vor dem Müll bewahren. Ihr Opa seufzt erleichtert: „Ach Alina, daraus können wir bestimmt noch was Schönes zaubern ..."

AUFGABEN

82301-204

1. Nenne Möglichkeiten, die abgebildeten Lebensmittel weiterzuverarbeiten oder für einen längeren Zeitraum haltbar zu machen (**M13**).
2. Überprüfe deine Küche. Findest du viele haltbar gemachte Lebensmittel (**M14**)?
   a) Analysiert zu zweit, warum heutzutage weniger Menschen Lebensmittel zu Hause selbst haltbar machen.
   b) Erläutere, wie die Erdbeeren im Film (**QR-Code**) haltbargemacht wurden.
   c) Beschreibe drei weitere Möglichkeiten, frische Erdbeeren haltbar zu machen.
3. a) Begründe, ob es richtig war, das Obst nicht in den Müll zu schmeißen (**M15**).
   b) Recherchiert Rezepte, mit denen Opa Schultz sein Obst sinnvoll verarbeiten könnte.

Frische Erdbeeren im Fertigmüsli? Video zur Methode Gefriertrocknung

82301-05

1.2 Sicher mit Küchengeräten und Werkzeugen umgehen

Welche Küchengeräte brauchst du wirklich?

Elektrische Saftpresse, Knoblauchpresse, Filetiermesser ... unzählige Küchenwerkzeuge und Maschinen sind in den Schubladen und Schränken unserer Küchen zu finden. Doch welche brauchen wir wirklich?

Inklusive Hilfsmittel in der Küche

82301-06

Barrierefreie Küche
Einige Menschen benötigen, neben den hier abgebildeten Geräten, besondere Hilfsmittel in der Küche. Die Gründe hierfür können vielfältig sein: z. B. nachlassende Kraft im Alter, Bewegungseinschränkungen oder Probleme beim Sehen. Für alle, die dennoch Spaß am eigenständigen Kochen haben, wurden Geräte und Hilfsmittel entwickelt, die sie in ihrer Küche unterstützen.

M1 Die Unverzichtbaren: Hilfsmittel in der Küche

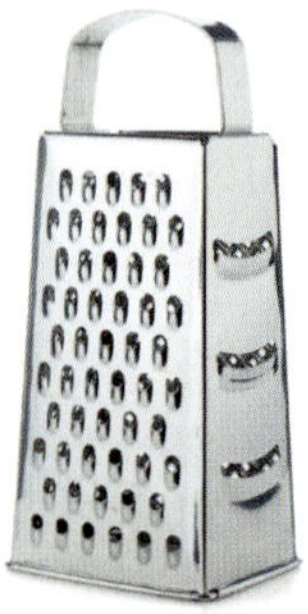
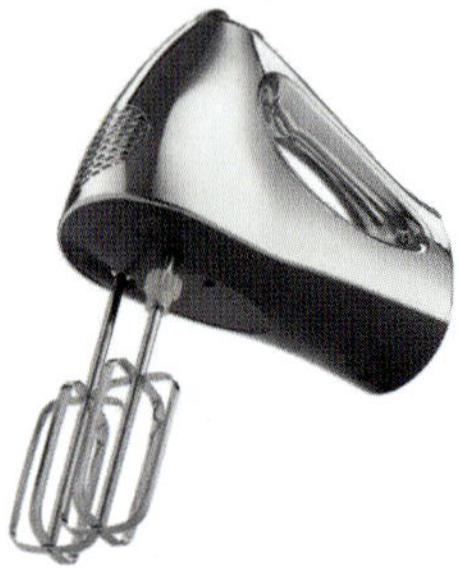

Waage | **Nudelholz** | **Rührlöffel, Pfannenwender, Zange usw.** | **Vierkantreibe (Raspel / Reibe / Hobel)** | **Elektrisches Handrührgerät** | **Messbecher** | **Schneebesen** | **Zitruspresse** | **Sieb**

M2 Azra und der Küchen-Roboter

Jule und Mai-Thi sind bei Familie Kılıç zum Abendessen eingeladen. Bereits auf dem Hinweg knurrt Mai-Thi laut der Magen. Heute waren so viele Patient:innen in der Praxis, dass sie für das Mittagessen einfach keine Zeit gefunden hat. Gemütlich sitzen alle im Wohnzimmer und unterhalten sich, was Mai-This Magenknurren übertönt. „Wenn Azra und Hüssein nicht bald anfangen zu kochen, sterbe ich vor Hunger!" denkt sie sich. Kurze Zeit später ertönt eine Melodie aus der Küche. „Das Essen ist fertig!" sagt Azra freudig zu ihren Gästen. Jule und Mai-Thi schauen sie verwundert an. „Heute kocht der Roboter" meint Hüssein und ergänzt „Azra experimentiert so gerne in der Küche, deshalb haben wir uns vor Kurzem eine vollautomatische Küchenmaschine mit Kochfunktion gekauft. Da musst du am Anfang nur die Zutaten reinlegen und den Rest übernimmt die Maschine."

Abends auf dem Nachhauseweg machen sich Jule und Mai-Thi dazu Gedanken. Sie überlegen, welche Vorteile ein solcher „Kochroboter" hat. Immerhin kostet dieser in der Grundausstattung fast 1.400 €.

AUFGABEN

82301-205

1. Ordne die Bezeichnungen den Küchenwerkzeugen und -geräten zu (**M1**).
2. Beschreibe zu jedem Küchenwerkzeug und -gerät eine Tätigkeit, die du damit ausführen kannst. Sammle auch (sicherheitsrelevante) Besonderheiten auf die du im Umgang achten solltest.
3. Lies dir **M2** durch.
   a) Tauscht euch in der Klasse über Erfahrungen mit Kochrobotern aus. Recherchiert alternativ im Internet zu den Funktionen und Anwendungsmöglichkeiten von Kochrobotern.
   b) Nennt Vor- und Nachteile bei der Verwendung eines Kochroboters.
   c) Bezieht Stellung zur Aussage: „Durch das Kochen mit dem Kochroboter verlernt man das Kochen."

H zu Aufgabe 3a
Hilfe bei deiner Internetrecherche bietet dir die Methodenseite auf der nächsten Seite.

Im Internet recherchieren

Worum geht es?

Im Internet findet man viele Informationen. Bei einer Suche kann man sich schnell verirren. Jede Menge Onlineshops und unseriöse Seiten sind daran interessiert, sich mit Falschinformationen Vorteile zu verschaffen. Daher sollte eine Internetrecherche immer strukturiert angegangen werden.

Geht dabei so vor:

1. Schritt: Wähle die passende Suchmaschine aus

Eine Suchmaschine ist eine Internetseite, auf der du einen Suchbegriff eingibst und diese dir dann die zu deinem Begriff passenden Internetseiten auflistet. Sie hilft also dabei, die Unmengen an Informationen, die sich im Internet befinden, zu durchsuchen. Du öffnest eine Suchmaschine, indem du ihre Internetadresse in deinem Browser eingibst.

www.google.de
Die wohl bekannteste Suchmaschine der Welt.

www.ecosia.org
Verwendest du diese Suchmaschine, werden Bäume zur Klimarettung gepflanzt.

www.duckduckgo.de
Suchmaschinen sammeln deine Daten. DuckDuckGo hingegen verspricht, keine Daten von dir zu sammeln.

www.blinde-kuh.de
Eine Suchmaschine, die sich auf Inhalte für Kinder und Jugendliche spezialisiert hat.

2. Schritt: Suchbegriff eingeben

Die Suchmaschine kann nur dann gut nach Informationen suchen, wenn du deine/n Suchbegriff(e) möglichst präzise formulierst.

3. Schritt: Wähle die passenden Ergebnisse aus

Bei den meisten Suchmaschinen erhältst du eine Liste mit den Ergebnissen deiner Suche. Abgebildet sind meistens Überschriften mit kurzen Textauszügen passender Internetseiten. Klickst du sie an, gelangst du zu dieser Internetseite. Achtung! Besuche nur Internetseiten, die dir seriös erscheinen. Internetseiten, bei denen in kürzester Zeit viele Werbeanzeigen aufblenden, du ständig zum „Bestelle hier“ aufgefordert wirst oder die unangemessene Bilder zeigen, gehören nicht zu den seriösen Internetquellen. Wie du herausfindest, ob eine Internetseite seriös ist oder nicht, kannst du dir über den QR-Code ansehen.

Seriöse Quellen im Internet erkennen

82301-07

Du hast die richtigen Informationen gefunden?
Dann weiter mit Schritt 4.

Du hast keine passenden Informationen gefunden?
Gehe zurück zu den Ergebnissen der Suchmaschine und versuche es bei anderen Internetseiten aus der angezeigten Liste. Passe notfalls deine Suchbegriffe (Schritt 2) an, um zu besseren Ergebnissen zu kommen.

4. Schritt: Informationen prüfen und speichern

Jeder kann im Internet Informationen veröffentlichen, daher prüfe, ob dir die Informationen plausibel vorkommen.
Passende Textstellen oder Bilder kannst du mit gedrückter rechter Maustaste markieren. Drücke die Tastenkombination Strg + C, um zu kopieren. Füge die Texte oder Bilder mit der Tastenkombination Strg + V zum Beispiel in ein Textverarbeitungsprogramm ein. Beachte das Urheberrecht und gib die Quelle deiner Informationen mit dem Namen, dem Link (URL) und dem Datum, an dem du die Information gefunden hast, an. Das sieht dann zum Beispiel so aus:

Quelle: Bundeszentrum für Ernährung, https://www.bzfe.de/ernaehrung/die-ernaehrungspyramide/die-ernaehrungspyramide-eine-fuer-alle/ernaehrungspyramide-wie-esse-ich-vegetarisch/ (besucht am 11.03.2023)

Arbeitsplatzeinrichtung

Wer länger in der Küche arbeitet, legt dabei häufig weite Wege zurück. Deshalb sollten alle Geräte und Zutaten im Vorfeld so bereitgestellt werden, dass keine unnötigen Wege zurückgelegt werden müssen. Deshalb wird ein Küchenarbeitsplatz möglichst effektiv eingerichtet.

Checkliste für die Ordnung am Arbeitsplatz

- Rezept lesen
- Zutaten, Arbeitsmittel und Werkzeuge bereitlegen
- Arbeitsplatz einrichten
- Mise en Place (S. 33)
- Zubereitung des Gerichts
- Aufräumen und Sauberkeit

Hier findest du weitere Infos zur Arbeitsplatzeinrichtung

82301-08

Der optimale Arbeitsplatz

Darstellung der Greifräume am Arbeitsplatz

Im sogenannten **inneren Greifraum** liegen das Schneidebrett sowie die Messer und der Sparschäler. Im **äußeren Greifraum** stehen im besten Fall drei Schüsseln bereit. Eine Schüssel für die gewaschenen und unverarbeiteten Lebensmittel, eine für die geschnittenen Lebensmittel sowie eine Schüssel für den Abfall. Dahinter können weitere benötigte Zutaten oder Geräte stehen.

Werkzeuge immer am richtigen Platz

Um zu verhindern, dass Schälmesser oder der Sparschäler versehentlich in der Abfallschüssel landen, bietet sich ein „Messerparkplatz“ an. Zudem erinnert er dich, dass alle Schneidwerkzeuge (Sparschäler, Universalmesser, Schälmesser) über dem Schneidebrett liegen sollten. So werden Unfälle vermieden, die durch das Herunterfallen von falsch abgelegten Messern z. B. auf der Kante der Arbeitsplatte, entstehen können. Wenn ihr die vorbereitete Druckvorlage des Messerparkplatzes mit einer Laminier-Folie verseht, könnt ihr diesen problemlos und hygienisch reinigen und deshalb in der Küche verwenden.

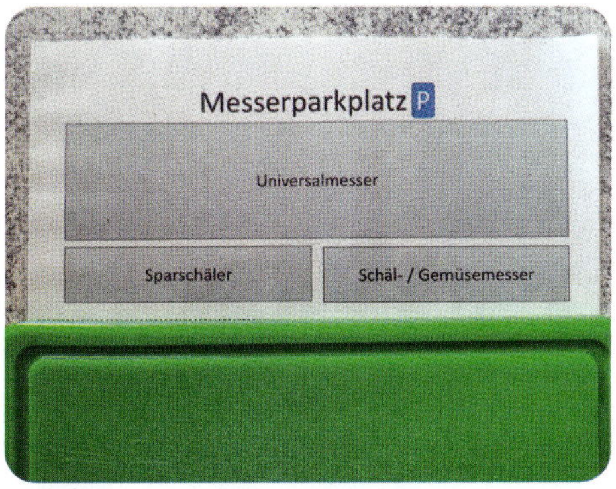

Messerparkplatz über dem Schneidebrett

Druckvorlage Messerparkplatz

82301-09

Mise en Place

Als Mise en Place (französisch für „Bereitstellung“) wird die Vorbereitung aller Zutaten für den Zubereitungsprozess verstanden. Wenn du alle Lebensmittel nach Rezept vorbereitest (z. B. waschen, wiegen, schneiden) und dir zurechtlegst, kannst du dich später besser auf die eigentliche Zubereitung fokussieren. Das spart Zeit und hilft, Fehler zu vermeiden.

Vorbereitete Zutaten

Sicher mit Messern arbeiten

Es gibt nur wenige Gerichte, für die du keinerlei Lebensmittel schneiden musst. Die Auswahl der richtigen Werkzeuge und die richtige Vorgehensweise sind deshalb sehr wichtig. Gerade mit Messern kann es sonst schnell zu Unfällen kommen.

Hilfs- und Arbeitsmittel zum Schälen und Schneiden

Für alle Schüler:innen sollte je ein Universalmesser 1, Gemüse-/Schälmesser 2, Sparschäler 3 und eine Schneideunterlage 4 aus Kunststoff oder Glas in der Lehrküche bereitstehen. Schneideunterlagen aus Holz dürfen in der Lehrküche nicht verwendet werden. Denn diese bleiben nach Gebrauch lange feucht. In den winzigen Einschnitten auf der Oberfläche können sich Mikroorganismen unkontrolliert vermehren und im schlimmsten Fall krank machen.

Erklärvideo zum richtigen Umgang mit dem Universalmesser

82301-11

Das richtige Werkzeug

Das Koch- oder Universalmesser wird für fast alle Lebensmittel zum Schneiden verwendet. Erfüllt das Messer die hier abgebildeten Kriterien, spricht man auch von einem Sicherheitsmesser.

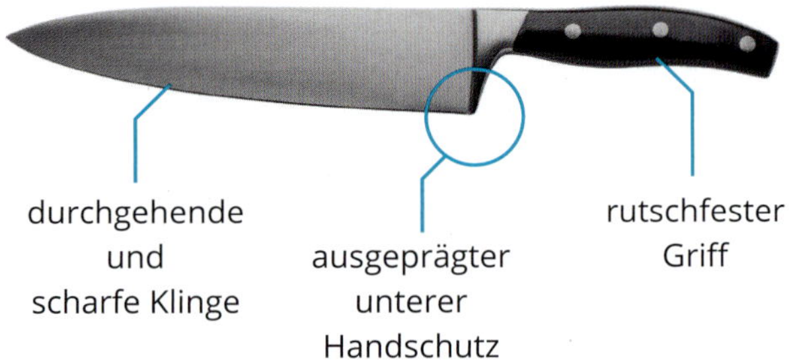

Ein sicheres Messer sollte, wenn du es auf den Messerrücken legst, immer auf die Seite kippen. So kannst du nicht versehentlich in die Klinge fassen.

Greiftechniken

Runde Lebensmittel (z. B. Möhren, Gurken) werden vor dem Schneiden immer mit Hilfe des Tunnelgriffs halbiert.

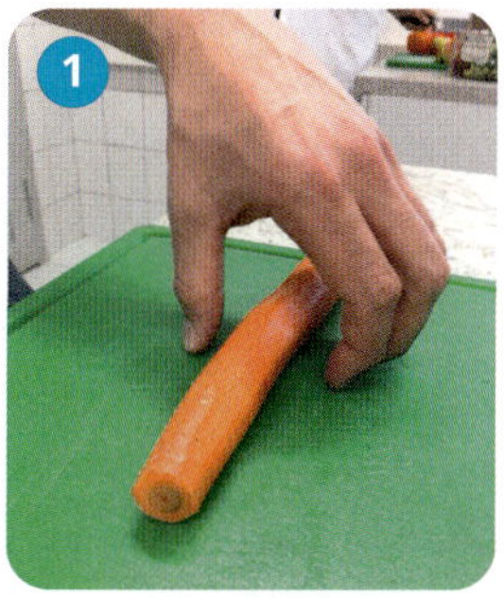

Der Tunnelgriff
Wird zum Halbieren von Lebensmitteln oder zum Grobschnitt angewendet. Das Messer „fährt" zum Schneiden in den durch Daumen und Finger gebildeten „Tunnel".

Der Krallengriff
Wird angewendet, um Scheiben, Streifen oder Würfel zu schneiden. Die Finger bilden hierzu eine „Kralle" und halten das Lebensmittel fest. Die Krallenform schützt die Fingerkuppen. Beim Schneiden, rutschen die Finger immer Stück für Stück nach hinten.

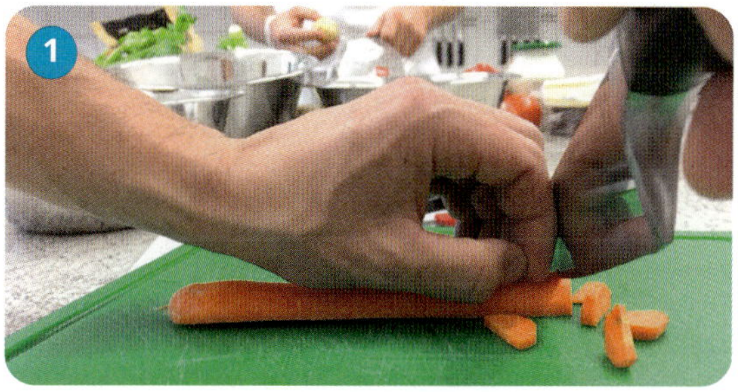

Schneidetechniken

1. Zum Hacken wird das Messer fest in eine Hand genommen. Zwei Finger und der Daumen der anderen Hand halten den Messerrücken. Schneide gleichmäßig und mit wenig Kraft.
   Anwendung: Kräuter wie z. B. Schnittlauch oder Petersilie
2. Beim Wiegeschnitt schneidet das Messer auf der Schneideunterlage in einer wiegenden Bewegung durch das Lebensmittel. Dazu wird es mittels Krallengriff fest in der Hand gehalten und nur wenig Druck ausgeübt. Dabei verliert das Messer möglichst nie den Kontakt zur Schneidunterlage.
   Anwendung: Gemüse, Obst und Fleisch
3. Zum Schälen von Obst und Gemüse wird der Sparschäler verwendet. Hierzu wird der Sparschäler fest in der Hand gehalten und immer weg vom Körper geschält.
   Anwendung: Gemüse, Obst

Erklärvideo „Schneidetechniken"

82301-12

Erklärvideo „Kräuter wiegen und hacken"

82301-13

Wie handelst du bei Verletzungen richtig?

In der Küche lauern jede Menge Gefahren. Solange du konzentriert arbeitest, wird nichts passieren. Aber wie Opa Schultz immer zu sagen pflegt: „unverhofft kommt oft“. Deshalb ist es gut, auf den Ernstfall vorbereitet zu sein. Nur, wie funktioniert eigentlich Erste Hilfe? Was mache ich, wenn etwas passiert ist und was sind meine Aufgaben?

Erklärvideo
Stabile Seitenlage

82301-14

M3 Bis Hilfe da ist

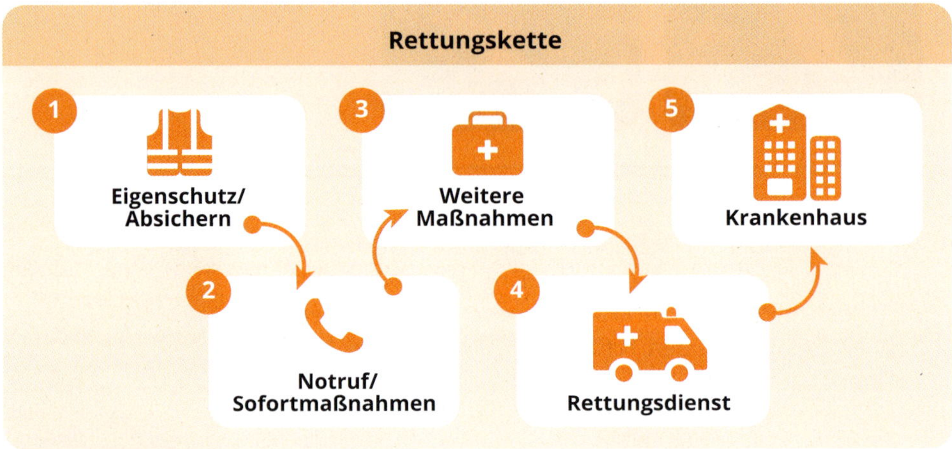

M4 Nochmal haarscharf gut gegangen

Stecken durch einen Unfall Fremdkörper (z. B. Messer) in einer verletzten Person, werden diese unter keinen Umständen durch die Ersthelfer:innen entfernt.

Jonna, Amea und Paul sind heute ein Team in der Lehrküche. Die Schüler:innen sollen die Schneidetechniken wiederholen. Dazu werden sie viel Gemüse klein schneiden, aus dem sie eine bunte Gemüsesuppe kochen. Paul beginnt mit dem Gemüsemesser die Schale einer Zwiebel zu schälen. Nun wechselt er das Messer. Dabei landet das Gemüsemesser versehentlich in der Abfallschüssel. Mit dem Kochmesser halbiert er nun die Zwiebel mit Hilfe des Tunnelgriffs, legt sie auf die flache Schnittfläche, schneidet sie ein und würfelt sie. Schnell legt Paul das Kochmesser neben das Schneidebrett. Er will Amea holen, um ihr sein gutes Schneidergebnis zu zeigen. Leider ragt das abgelegte Kochmesser mit dem Griff über die Arbeitsplatte hinaus. Jonna, die neben Paul gearbeitet hat, schält mit dem Sparschäler Möhren. Die vielen Schalen legt sie sorgsam in die Abfallschüssel, die sie sich mit Paul teilt. Die Schalen passen nicht richtig in die Schüssel. Sie drückt sie mit den Händen zusammen. Plötzlich schnellt eine Klinge durch die Möhrenschalen, genau zwischen ihre Hände. Jonna erschreckt sich, zieht die Hände blitzschnell aus der Schale. Mit dem Ellenbogen stößt sie dabei an das unglücklich abgelegte Kochmesser. Es fällt zu Boden und verfehlt um wenige Zentimeter Jonnas Schuh. Schnell checkt sie alles. Hände und Füße sind zum Glück unverletzt. Frau Fröhlich bemerkt die Situation und holt das Team zusammen. Sie möchte mit ihnen besprechen, welche Fehler passiert sind und wie sie zukünftig nicht mehr auftreten.

M5 Signalwörter verwenden

Um Verbrennungen und Verbrühungen zu vermeiden, bietet es sich an, Mitschüler:innen zu warnen, falls eine solche Gefahr unmittelbar besteht. Wird ein heißer Backofen geöffnet, eine heiße Pfanne oder ein mit heißer Flüssigkeit gefüllter Topf durch die Küche getragen, warnen wir die anderen: „**Achtung heiß!**“. Ist es zu einem schwereren Unfall gekommen oder Mitschüler:innen liegen bewusstlos am Boden, bietet sich das Signalwort „**ROT**“ an. Alle Mitschüler:innen stellen daraufhin sofort das Arbeiten ein, legen die Arbeitsmittel ab und nehmen die Hände sichtbar nach oben. Daraufhin wird auch der Notausschalter betätigt. So können weitere Gefahren abgewendet werden. **Rettungskette einleiten**!

KLEINE ERSTE HILFE

Kleine Schnittwunden, Verbrennungen und Prellungen zählen zu den häufigsten Unfällen in der Lehrküche. In diesen Fällen muss Erste Hilfe geleistet werden. Grundsätzlich versteht man unter Erster Hilfe alle Maßnahmen, die dazu führen, Schmerz zu lindern, ein Menschenleben zu retten und drohende Gefahren von den Verletzten abzuwenden.
Kleine Schnittwunden sollten mit einem Pflaster oder einem Wundverband verbunden werden. Kleine Verbrennungen mit kaltem (nicht eiskaltem) Wasser zwei bis drei Minuten kühlen und ggf. mit einem Brandgel versorgen. Prellungen werden mit einem, in ein Tuch eingeschlagenes, Ice-Pack gekühlt und ggf. einem Arzt oder einer Ärztin vorgestellt. Benötigtes Material findest du im Verbandskasten. Dieser sollte in jeder Lehrküche vorhanden sein. Tritt ein schwerwiegenderer Unfall auf, ist die Rettungskette zu aktivieren.

Ersthelfer:innen sollten bei der Versorgung von Verletzten immer medizinische Handschuhe tragen.

AUFGABEN

82301-20E

1. Stelle Vermutungen an (**M3**):
   a) Warum ist der Eigenschutz in der Rettungskette am wichtigsten?
   b) Wieso ist es wichtig, die stabile Seitenlage zu kennen und anwenden zu können?
2. Probealarm: Übt gemeinsam das Ausrufen des Signalwortes „**ROT**“ und die sich anschließende Durchführung der Rettungskette sowie die stabile Seitenlage (**M3**, **M5**).
3. Erläutere die Fehler, die Frau Fröhlich in **M4** ansprechen wird und wie diese hätten vermieden werden können.
4. Angenommen, Pauls Messer wäre sehr unglücklich gelandet und hätte Jonnas Fuß stark verletzt. Wie würdest du reagieren? Begründe ausführlich (**M3-M5**, **#kleine Erste Hilfe**).

1.3 Frei nach Schnauze oder Schritt für Schritt? – vom Rezept zum fertigen Gericht

Garverfahren: Wird in der Küche nur gekocht?

„Ich habe Lust, mir was zu kochen!“ Was für eine Suppe oder einen Grießbrei zutrifft, ist bei einer Pizza schon nicht mehr ganz korrekt, denn sie wird nicht gekocht, sondern gebacken. Darüber hinaus gibt es weitere sogenannte Garverfahren. Welche kennst du noch und wie unterscheiden sie sich?

M1 Alles gekocht?

Schnitzel mit Kartoffelsalat

Jiaozi-Teigtaschen

Borschtsch-Eintopf

Rührkuchen

M2 Gemüse mit Knack

Heute sind im Gemüseladen von Hüssein Kılıç zwei Kilogramm Brokkoli übriggeblieben, die er morgen nicht mehr zum Verkauf anbieten kann. Darum beschließt er, dass es heute zum Abendessen gekochten Brokkoli mit Kartoffeln und Soße geben wird. Die Auswahl des heutigen Abendessens trifft bei Tochter Elif auf wenig Gegenliebe: „Bähh! Papa, wenn du den Brokkoli kochst, sieht er immer so grau aus und ist mega matschig. Lass das doch bitte Mutti machen.“, entgegnet sie ihm. Heimlich ruft Vater Hüssein seine Frau auf der Arbeit an. Er will seiner Tochter beweisen, dass er mindestens genauso gut kochen kann wie seine Frau. Sie erklärt ihm: „Wenn du den Brokkoli 15 Minuten in Wasser kochst, verliert er seine Farbe und wird schlapp. Ich rate dir, ihn nur für fünf Minuten zu dämpfen. Dann bleibt er grün und knackig und die Vitamine bleiben da wo sie hingehören: Im Gemüse und nicht im Kochwasser. Denn das schüttest du danach in den Ausguss.“ Als Hüssein die Platte mit dem Gemüse auf den Tisch stellt, zwinkert Elif ihrem Vater zu und flüstert: „Danke, Mutti!“

M3 Garverfahren im Überblick

Garziehen

Druckgaren

Frittieren

Dämpfen

Dünsten

Backen

Sous-vide (Vakuumgaren)

Kochen

Grillen

Braten

Mikrowellengaren

Langsames Garen von vakuumierten Lebensmitteln in Flüssigkeit bei 50 °C-90 °C.

Garen in Flüssigkeit bei 75 °C-90 °C.

Garen in wenig Fett. Bei 140 °C-200 °C entsteht eine Bräunung.

Garen in Wasserdampf bei 97 °C-100 °C

Garen in 180 °C-450 °C heißer Luft, meist durch Verbrennung erzeugt.

Garen bei Überdruck und 105 °C-122 °C.

Garen mit wenig Wasser oder im eigenen Saft bei 97 °C-100 °C.

Garen in viel flüssigem Fett bei 160 °C-175 °C.

Garen in viel flüssigem Fett bei 160 °C-175 °C.

Garen von meist stärkehaltigen Lebensmitteln in 160 °C-275 °C heißer Luft.

Garen mit Hilfe von Mikrowellenstrahlung.

Garen in viel Flüssigkeit bei 97°C-100°C

Backofen

Fritteuse

Vakuumbeutel und Sous-vide-Garer

Kochstelle mit einer Tajine oder Topf mit fest verschließbarem Deckel

Holzkohle- oder Gasgrill

Kochstelle, Kochtopf, Deckel und Siebeinsatz

Kochstelle und Kochtopf ohne oder nur mit gekipptem Deckel

Kochstelle und Pfanne

Mikrowellengerät und geeignetes Geschirr

Kochstelle, Kochtopf und Deckel

Kochstelle, Dampfdrucktopf

Tajine
Kochtopf aus Ton, bestehend aus einer Schale und einem kegelförmigen Deckel. Wird seit Jahrtausenden im Orient zum Garen verwendet.

Sous vide
aus dem Französischen und heißt übersetzt: „unter Vakuum“

GARVERFAHREN

Um Geschmack, Aussehen, Konsistenz und Nährstoffgehalt von Lebensmitteln zu ändern, werden sie auf unterschiedliche Arten gegart (z. B. gekocht, gedämpft, gebacken). Durch das Erhitzen ändern sich diese Eigenschaften. Je nachdem, welche Beschaffenheit das Lebensmittel am Ende haben soll, wird das passende Garverfahren ausgewählt (z. B. das Frittieren für knusprige Pommes).
Die Auswahl des Garverfahrens hat auch Einfluss auf den Vitamingehalt in den Lebensmitteln. So werden z. B. wasserlösliche Vitamine beim Kochen ausgeschwemmt und verbleiben im Kochwasser.

M4 Vitamine unter Druck

Dampfdrucktöpfe werden wegen ihrer Funktion umgangssprachlich auch Schnellkochtopf genannt.

Eine lange Garzeit hat nicht nur Auswirkungen auf das Aussehen und die Konsistenz der Lebensmittel. Mit dem langen Garprozess werden auch eine Vielzahl an hitzeempfindlichen Vitaminen zerstört. Zudem sind lange Wartezeiten auf ein fertiges Gericht im zeitlich begrenzten Unterricht von Nachteil. Abhilfe kann hier die Verwendung eines Dampfdrucktopfes schaffen. In ihm werden Lebensmittel bei hohem Druck und hoher Temperatur gegart. Dadurch ist eine Verkürzung der Garzeit um bis zu 70 % für bestimmte Gerichte möglich. Ein weiterer Vorteil ist, dass weniger Vitamine in den so zubereiteten Lebensmitteln zerstört werden. Doch Vorsicht: Beim Umgang mit dem Dampfdrucktopf sind einige zusätzliche Regeln zu beachten. Diese findest du in der Gebrauchsanleitung dieser Töpfe.

Erklärvideo Dampfdrucktopf
82301-15

AUFGABEN

82301-207

1. Beschreibe, was du auf den Bildern siehst (**M1**).
   a) Stelle Vermutungen an, welche Garverfahren für deren Zubereitung zum Einsatz kamen.
   b) Welche Garverfahren hast du bereits eigenständig zur Zubereitung von Speisen genutzt? Erläutere ein Garverfahren mit deinen eigenen Worten.
2. a) Nenne Einflussfaktoren auf Geschmack, Aussehen, Konsistenz und Nährstoffgehalt von Lebensmitteln (**M2**, **#Garverfahren**).
   b) Begründe, warum es gesundheitsfördernder ist, Gemüse eher zu dämpfen, statt es zu kochen (**M2**, **#Garverfahren**).
3. Ordne den Garverfahren (blau) in **M3** die passende Beschreibung (orange) und die benötigten Hilfsmittel (grün) zu.
4. Analysiere die Gebrauchsanleitung eines Dampfdrucktopfes (**M4**). Welche Sicherheitsregeln im Umgang mit dem Dampfdrucktopf sind zu beachten?

F zu Aufgabe 3
Recherchiert zu zweit nach Beispielen für alle in **M3** genannten Zubereitungsarten für Kartoffeln.

Warum sollten wir uns an Rezepte halten?

„Wer will guten Kuchen backen, der muss haben sieben Sachen: Eier und Schmalz, Zucker und Salz, Milch und Mehl, Safran macht den Kuchen gehl." Selbst im Kindergarten weiß jedes Kind, dass es sich für einen guten Kuchen an ein Rezept halten sollte. Warum ein Rezept sogar Leben retten kann, erfährst du hier.

M5 Vor- und Nachteile von Rezepten

Unterricht in einer Lehrküche mit Rezepten.

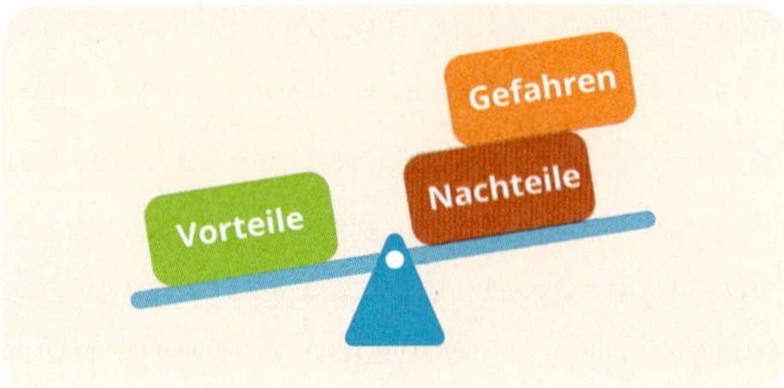

Azra zu Hause in der Küche.

M6 Einem 3700 Jahre altem Rezept auf der Spur

Forschenden der Harvard-University (USA) ist es 2020 gelungen, ein 3700 Jahre altes Rezept aus dem alten Babylon zu übersetzen. Das Problem am Rezept: Es waren alle Zutaten angegeben, jedoch keine Mengen. „Mit einem Rezept ist es wie bei einem Musikstück: Fehlt nur ein Teil, dann stimmt die ganze Komposition nicht mehr. Und so ist es auch, wenn nur eine Zutat fehlt." So der Experte der Harvard-University Gojko Barjamovic. Um dem Gericht auf die Spur zu kommen, gründete er ein Team aus Historiker:innen, Chemiker:innen und Köch:innen. Gemeinsam fanden sie heraus, dass es sich um einen wohlschmeckenden Eintopf handelte, den sie nachkochten. Er besteht aus einer Lammkeule, einer Tasse Schafs-Fett sowie Zwiebeln, Schalotten, Knoblauch, Koriandersaat, Kreuzkümmel, Rucola, rote Beete und Bier.

Rezept in Keilschrift auf einer Tontafel (1700 v. Chr.)

Nach Schmitt, Christian: Kochen wie in Babylon – So schmeckt das älteste Rezept der Welt, www.deutschlandfunknova.de, 20.04.2020

Babylon
historische Stadt am Euphrat im heutigen Irak. Die Blütezeit Babylons war zwischen 1800 – 140 v. Chr.

REZEPT UND REZEPTTREUE

Als Rezept bezeichnet man eine Anleitung zur Zubereitung einer bestimmten Speise. Im Rezept sind verschiedene Angaben enthalten: Zutaten, benötigte Mengen, Arbeitsgeräte und Zubereitungshinweise. Bei vielen Speisen ist es wichtig, sich sehr genau an die Angaben im Rezept zu halten, um ein optimales und gut schmeckendes Ergebnis zu erzielen. Im Unterricht ist es besonders wichtig, ausschließlich Zutaten zu verwenden, die auf dem vorgegebenen Rezept stehen (Rezepttreue). Werden andere Zutaten verwendet, besteht die Gefahr, dass Mitschüler:innen auf diese Zutat allergisch reagieren. Das kann (lebensbedrohlich) gefährlich werden.

M7 Kleine Ursache, große Wirkung

„Ich muss nur noch schnell die Suppe abschmecken!", ruft Eren seinen Teamkollegen, die bereits auf dem Weg zum Esstisch sind, in der Lehrküche zu. Eren kostet die Suppe immer wieder. „Irgendetwas fehlt noch", murmelt er, checkt erneut das Rezept und stellt fest, dass alle Zutaten in der Suppe sind. „Jetzt weiß ich es!", freut er sich und fügt der heißen Suppe noch einen Löffel Paprikapulver hinzu, obwohl es nicht im Rezept steht. Fix serviert er die heiße Suppe. Allen schmeckt sie hervorragend. Plötzlich hustet der WAT-Lehrer Herr Möller. Er wird rot im Gesicht und bekommt schlecht Luft. Schnell holt er aus seiner Tasche ein Notfallmedikament, welches er sich sofort verabreicht. Die Stunde nimmt ein abruptes Ende und eine Kollegin übernimmt kurzfristig die Klasse. Jetzt bekommt es Eren mit der Angst zu tun. War er etwa schuld an dem Vorfall?

M8 Maßhalten

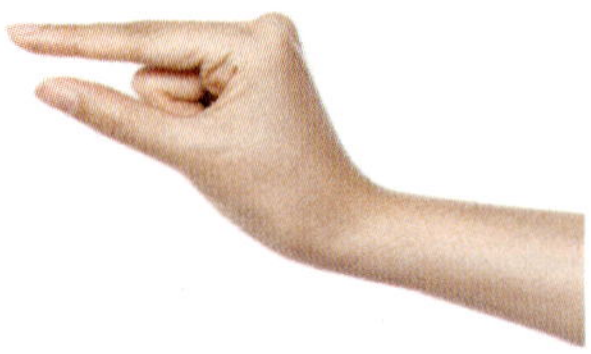

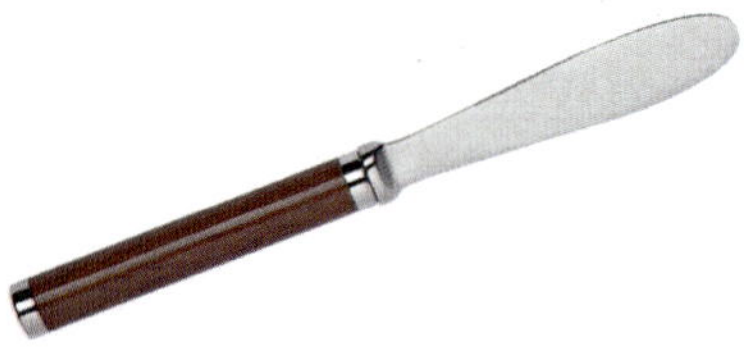

Erklärvideo zum richtigen Messen und Wiegen

82301-16

Backen ohne wiegen: Schoko-Becherkuchen

Du brauchst:

- 1 Becher Sauerrahm (= 200 g)
- 1 Becher Mehl
- ½ Becher Zucker
- 1 Becher Kakaogetränkepulver
- 1 Becher Nüsse / Mandeln, gerieben
- ½ Becher Öl
- 1 Pck. Backpulver
- 1 Pck. Vanillezucker
- 3 Ei(er)

Alle Zutaten mit dem elektrischen Handrührgerät in einer Schüssel für 2 Minuten verrühren und auf ein mit Backpapier ausgelegtes Backblech geben. Bei 170°C (Umluft) für ca. 40 Minuten backen.

Backen mit Becher/ Tasse:
Möchtest du einen kleinen Kuchen backen, nimm eine kleinere Tasse. Das Verhältnis der Zutaten bleibt gleich. Lediglich die Menge an Eiern und Backpulver muss dann angepasst werden.

AUFGABEN

82301-208

1. a) Vergleiche die beiden dargestellten Situationen (**M5**).
   b) Erläutere, warum es für Azra nicht zwingend notwendig ist, sich zu Hause an ein Rezept zu halten.
   c) Beschreibe Vor- und Nachteile von Rezepten für die Arbeit in der Lehrküche und zu Hause.
2. a) Befragt eure Verwandten nach alten Familienrezepten oder recherchiert im Internet nach historischen Gerichten (**M6**).
   b) Stellt die Rezepte in der Klasse vor und ermittelt die drei beliebtesten Gerichte.
   c) Bereitet die drei beliebtesten Gerichte in der Lehrküche zu. Welches Gericht schmeckt am besten?
3. Lies den Text (**M7**).
   a) Analysiere Erens Fehlverhalten.
   b) Nimm begründet Stellung zur These „Rezepttreue kann Leben retten." (**M7**, **#Rezept und Rezepttreue**)
4. Erläutere, welche Mengen- oder Maßangaben mit den abgebildeten Hilfsmitteln ermittelt werden können (**M8**).
5. Nenne weitere Hilfsmittel zur Bestimmung von Mengen in der Küche (**M8**).

F **zu Aufgabe 4**
Es muss nicht immer abgewogen sein. Backt den Schoko-Becherkuchen (M8) und verkostet ihn im Unterricht. Überlegt gemeinsam, welche Zutaten ihr beim nächstem Mal noch hinzufügen würdet.

Was macht ein gutes Rezept aus?

Einige Unternehmer:innen haben eine Marktlücke entdeckt: Sie verschicken Lebensmittelboxen mit den genau dazu passenden Rezepten. Die Rezepte sind einfach geschrieben und durch viele Bilder wird genau gezeigt, wie das perfekte Gericht gelingt. Viele Käufer:innen lieben dieses Angebot wegen der einfachen Rezepte. Doch was macht ein gutes Rezept aus?

M9 Mein Leibgericht

M10 Ein gutes Rezept?

Sind Bouletten international? Viele Landesküchen bereiten Speisen mit Klößen aus Hackfleisch zu.
Schweden: Köttbullar
Italien: Polpette
Algerien: Mtewem

Königsberger Klopse (Zubereitungszeit: ca. 35 Min.)

Du brauchst:
500 g gewürztes Hackfleisch, 1,5 l Wasser, 125 g Butter, 1 Glas Kapern (60 g), 3 gehäufte EL Mehl, 1 EL Zitronensaft, 1 TL Zucker, ½ TL Salz, 3 Pimentkörner, 1 Lorbeerblatt, 1 Zwiebel

Arbeitsgeräte:
1 Schüssel, 2 Töpfe (min. 3 l), 2 Messbecher, 1 Schneebesen, 1 Suppenkelle, 1 Schaumkelle, 1 Küchenwaage, 1 Schneideunterlage, 1 Gemüse-/Schälmesser, 1 Kochmesser, 1 Suppenteller, Teelöffel und Esslöffel, ggf. Zitronenpresse

1. Arbeitsbereitschaft herstellen.
2. 1,5 l kaltes Wasser in den Topf einfüllen und das bereits gewürzte Hackfleisch zu ca. 10 gleich großen Klößen formen und in den Topf legen.
3. Arbeitsfläche reinigen und Händewaschen nicht vergessen.
4. Zwiebel nur schälen und gemeinsam mit dem Salz, Piment und Lorbeerblatt in den Topf geben.
5. Klöße für 15 Min. leicht köcheln lassen und anschließend mit der Schaumkelle die Klöße und die Zwiebel auf dem Teller ablegen. Lorbeerblatt und Pimentkörner werden nicht mehr benötigt, entferne diese.
6. Die gekochte Zwiebel kurz abkühlen lassen, mit dem Kochmesser zunächst halbieren, dann in Würfel schneiden.
7. Mehlschwitze herstellen: dazu im zweiten Topf die Butter schmelzen lassen. Mehl und Zwiebel hinzufügen. Alles kurz aufschäumen lassen. Das Mehl sollte nicht braun werden!

8 Teamarbeit: Mit der Suppenkelle zügig die entstandene Fleischbrühe in den Topf mit der Mehlschwitze geben und gleichzeitig mit dem Schneebesen rühren. Achtung heiß!

9 Kompletten Inhalt (mit Flüssigkeit) des Kapernglases, Zitronensaft, Zucker und die bereits gekochten Klöße hinzufügen.

10 Alles bei schwacher Hitze und ständigem Rühren für 10 Min. köcheln lassen. Ggf. mit Pfeffer und Salz abschmecken.

11 Fertig! Mit gekochten Kartoffeln oder Reis servieren.

M11 Oma Ellis Rezeptbuch

Heute konnte sich Tom endlich überwinden, das alte Rezeptbuch seiner verstorbenen Oma aufzuschlagen. Ein Gefühl von Trauer, aber auch Vorfreude durchströmt ihn beim Durchblättern. In diesem Buch finden sich so viele Erinnerungen an Gerichte, die seine Großmutter extra für ihn zubereitete. Das Rezeptbuch ist handschriftlich geführt und gut strukturiert. Die Ränder der Seiten des Buches sind so abgeschnitten, dass sie kleine Kapitel ergeben. Auf ihnen ist zu lesen: Vorspeisen, Suppen, Hauptgerichte, Süßspeisen, Kuchen, Torten. Das letzte Kapitel ist nur mit einem Herz gekennzeichnet. Als Tom dieses Kapitel aufschlägt, stockt ihm der Atem. „Für meine Lieben" steht auf der ersten Seite geschrieben. Oma Elli hat feinsäuberlich notiert, welche Leibgerichte ihr Mann, ihre Kinder und Enkel am liebsten mögen. Neugierig sucht Tom seinen Namen und wird fündig: Grießbrei OHNE Rosinen; Königsberger Klopse; Topfwurst. Als er am Tag darauf die Klopse aus dem Rezeptbuch zubereitet, war es fast so, als würde Oma Elli mit ihm gemeinsam den Kochlöffel schwingen, was für ein tolles Gefühl!

AUFGABEN

82301-209

1. a) Beschreibe, was dein Leibgericht so besonders macht und ob du eine bestimmte Erinnerung (Person, Ort oder Zeit) damit verbindest (**M9**).
   b) Erarbeitet eine Übersicht der beliebtesten Gerichte eurer Klasse.
2. a) Lest das Rezept (**M10**).
   b) Nennt Aufgaben, die zum Schritt „Arbeitsbereitschaft herstellen" zählen.
   c) Verfasst einen Einkaufszettel zum Rezept. Vergesst nicht, zuvor den Bestand in der Lehrküche zu prüfen.
   d) Bereitet das Gericht nach Rezept zu.
   e) Erarbeitet rückblickend, welche Kriterien ein gutes Rezept erfüllen muss.
3. a) Diskutiert, was das Rezeptbuch von Toms Oma so besonders macht (**M11**).
   b) Gestalte ein eigenes Rezeptbuch. Überlege dir eine passende Struktur.
   c) Schreibe das Rezept deines Leibgerichts in dein Buch. Beachte dabei die Kriterien für ein gutes Rezept aus Aufgabe 2 (siehe Methode S. 46).

F **zu Aufgabe 2c**
Erstellt Fotos der einzelnen Arbeitsschritte und schreibt das Rezept in euer Rezeptbuch (s. Aufgabe 3). Ergänzt es mit euren Fotos.

Ein Rezept verfassen

Worum geht es?

Sicherlich ist es möglich, tolle Speisen ohne ein Rezept zuzubereiten. Es gibt jedoch Gerichte, deren Zubereitung man nicht im Kopf hat, z. B. weil man diese selten oder noch nie zubereitet hat. Zudem kennst du vielleicht die Situation, dass nach einem leckeren Essen gefragt wird: „Kannst du mir das Rezept geben?“ In diesen Fällen ist ein strukturiertes und inhaltlich korrektes Rezept Gold wert und der Dank deiner Rezept-Fans ist dir sicher.

Geht dabei so vor:

1. Schritt: Was wird zubereitet?

Nenne den Namen deines Gerichtes. Dieser sollte möglichst treffend sein. Bezeichnungen wie „Claras Traum“ sind grundsätzlich ok, es empfiehlt sich aber eine Konkretisierung z. B. „Claras Traum: Vanillepudding mit Zimtkirschen“.

2. Schritt: Was wird benötigt?

- Zähle alle benötigten Zutaten auf und gib eine konkrete Mengenangabe an, z. B. Gramm, Milliliter, Päckchen o. ä.
- Die Angabe aller Werkzeuge, Geräte oder Hilfsmittel erspart später unnötige Wege. So hast du bereits am Anfang alles Notwendige am Arbeitsplatz.
- Die Angabe einer Zubereitungszeit hilft abzuschätzen, wann du mit der Zubereitung beginnen musst. So kann unnötige Wartezeit vermieden werden.

3. Schritt: Eins nach dem Anderen

- Achte auf die richtige Reihenfolge der einzelnen Arbeitsschritte. Beachte, dass einige Arbeitsschritte parallel laufen können, um Zeit zu sparen. Z. B. Teig wie folgt zubereiten und dabei den Ofen auf 200°C (Umluft) vorheizen.
- Beachte beim Schreiben: verschiedene Satzanfänge (vermeide „und dann ... und dann ... und dann ...“), knappe und sachliche Sätze, Verwendung von Fachsprache, die richtige Zeitform (Präsens), keine Ich-Erzählungen.
- Fotos aller oder besonders komplizierter Arbeitsschritte können für dich oder andere hilfreich sein.

So nicht ...

„Claras rosa Wölkchen"

Zutaten: Milch, Erdbeeren, Zucker

Ich liebe Erdbeermilch. In den Sommermonaten macht mein Vater immer mit mir diese Milch. Zuerst wäscht er die Erdbeeren unter viel Wasser und dann schnippelt er sie klein. Das Grünzeug muss weg. Dann kommt alles in den Mixer. Mhhh lecker!

Gerne so ...

„Claras rosa Wölkchen: kalter Erdbeermilchshake"

Zutaten:

- 1 Liter Milch,
- 250g Erdbeeren, optional 20g Zucker

Das benötigt man zusätzlich:
Sieb, Schneidebrett, Kochmesser, Abfallschüssel, Standmixer oder hohe Schüssel und Stabmixer, Waage, Messbecher, Esslöffel

Zunächst die benötigten Erdbeeren abwiegen, in ein Sieb legen und unter kaltem, fließendem Wasser gründlich waschen. Die Erdbeeren gut abtropfen lassen. Mit dem Kochmesser die Erdbeeren halbieren, anschließend das Grüne entfernen und in der Abfallschüssel entsorgen. Die halbierten Erdbeeren in den Behälter des Standmixers geben. 1 Liter Milch abmessen und dazugeben.

Achtung: maximale Füllmenge des Standmixers beachten, Deckel des Standmixers fest verschließen und für 1 Minute auf höchster Stufe mixen. Wenn das Gerät ausgeschaltet ist, mit einem Esslöffel kosten. Sollte der Erdbeermilchshake noch zu sauer sein, den Zucker hinzufügen und nochmals mit verschlossenem Deckel 10 Sekunden mixen.

Der Erdbeermilchshake schmeckt gut gekühlt am besten. Dazu den Shake abdecken und für mindestens 1 Stunde in den Kühlschrank stellen. Kurz vor dem Servieren kurz und kräftig mit einem Löffel durchrühren.

Tipp: Wenn du keinen Standmixer hast, kannst du einen Stabmixer und eine Schüssel verwenden. Alternativ zum Stabmixer können viele elektrische Handrührgeräte mit einem Mix-Aufsatz versehen werden.

M1 Schnitt für Schnitt – küchenfit

Erstellungsprozess eines Videorezepts

M2 Geräte und Hilfsmittel für jeden Zweck

Azra ist bei ihrer Freundin Jule zu Besuch, während Mai-Thi und Charlotte zusammen übers Wochenende weggefahren sind. Jule und Mai-Thi sind gerade in eine neue Wohnung umgezogen. Für ihre neue und größere Küche hat sich Jule jede Menge Geräte und Hilfsmittel gekauft, nachdem sie sich von Azras Küchenroboter hat inspirieren lassen. Sie will jetzt viel mehr kochen als früher. Schließlich hat sie endlich Platz in der Küche. „Guck mal, Azra, was ich mir alles gekauft habe. Dann kann ich endlich alle Speisen perfekt zubereiten. Ich freue mich so sehr, die Geräte auszuprobieren." Als Azra die vielen neuen Produkte sieht, schüttelt sie nur mit dem Kopf. „Eine Küchenmaschine anzuschaffen, kann ich ja noch verstehen. Aber das ganze Zeug hier kostet ein Vermögen und braucht kein Mensch. Hast du dir wenigstens ein paar ordentliche Küchenmesser bestellt?" „Nein, warum sollte ich? Die alten sind doch noch gut!"

M3 Kochen ohne Plan

Wie so oft ist Jule nach der Arbeit schnell noch einkaufen gegangen, um Zeit zu sparen. Mit leerem Magen und vollem Korb für die Woche verlässt sie den Supermarkt. Zu Hause angekommen, stellt sie fest, dass sie viel zu viel eingekauft hat. Es passt gar nicht alles in den Kühlschrank. Außerdem fällt ihr in diesem Moment ein, dass sie nur noch zwei Tage zu Hause ist, bevor sie mit Mai-Thi und Charlotte in den Kurzurlaub fährt. Als sie das Abendessen zubereiten will, wird ihr außerdem klar, dass ihre Lebensmittel überhaupt nicht zusammenpassen. Muss sie jetzt alles wegwerfen? Dabei hat sie sich vorgenommen weniger Lebensmittel zu verschwenden. Verzweifelt ruft sie ihre Freundin Azra an. Mit ihrer umfangreichen Erfahrung hat sie bestimmt nützliche Tipps.

Aufgaben

1. Bereitet ein Gericht eurer Wahl zu (z. B. Rührei) (**M1**).
   a) Dokumentiert die Zubereitung des Gerichts in Form eines Videos (**siehe Methodenseite S. 48**).
   b) Erläutert bei der Zubereitung eure Arbeitsschritte.
   c) Geht im Video auch auf Aspekte der Lebensmittel- und Personalhygiene sowie der Arbeitssicherheit ein.
2. Erläutere, welche Grundausstattung in einer Küche zu finden sein sollte (**M2**).
3. Diskutiert die Anschaffung von Küchengeräten. Wann ist was für wen sinnvoll? Denkt dabei auch an eure Küche zu Hause (**M2**).
4. Führt das Telefonat zwischen Azra und Jule fort. Welche Tipps kann Azra geben? Denkt dabei an Haushaltsplanung, Einkaufsverhalten, Garverfahren und Rezepte (**M3**).
5. Werdet kreativ: Welche Gerichte könntet ihr aus den abgebildeten Lebensmitteln zubereiten? Geht davon aus, dass ihr verschiedene Gewürze und gut lagerbare Lebensmittel wie Nudeln, Reis, Kartoffeln zu Hause habt (**M3**).

Von Ketchup-Brötchen bis Edelbuffet – so unterschiedlich ist Schulessen in Berlin/Brandenburg

5 GRÜNDE,
WARUM ZUCKER SO GEFÄHRLICH IST!

Essen für Zwischendurch –
So beeinflussen Fertigprodukte unser Gehirn

Wo wächst unser Mittagessen?
Regionales Obst & Gemüse für Schulen!

Wasser trinken schön und gut, aber:
WELCHES WASSER IST DAS BESTE?

„Wer Fleisch isst, muss kein schlechtes Gewissen haben."

Was weißt du schon?

1. Tauscht euch zu zweit zu den Schlagzeilen aus: Welche Gedanken verbindet ihr mit ihnen?
2. Interessiert ihr euch schon für das Thema Ernährung? Erläutert, warum das Thema jetzt und in Zukunft für euch wichtig sein könnte.
3. Sammelt in der Klasse offene Fragen, die ihr zum Thema Ernährung habt.

2

#Ernährung und Gesundheit

Ernährung und Gesundheit gehen Hand in Hand. Durch unterschiedliche Esskulturen, Ernährungsformen und -empfehlungen gestaltet sich Ernährung jedoch vielfältiger als ein bunter Salat. Wie kann eine gesundheitsförderliche Ernährungsweise aussehen? Wie können Lebensmittel eingeteilt werden? Welche Lebensmittel sind gut für dich und deinen Körper? Welche Rolle spielen Getränke bei der Ernährung? Wer sich langfristig ungesund ernährt, kann seinem Körper damit schaden. Beispielsweise, wenn die Ernährung sehr einseitig ist. Wie groß der Zusammenhang von Ernährung und Gesundheit tatsächlich ist, wie du den Durchblick im Ernährungsdschungel behältst und wie du voller Energie durch den Tag kommst, erfährst du in diesem Kapitel.

Was lernst du in diesem Kapitel?

... den Zusammenhang zwischen Gesundheit und Ernährung herzustellen und für den Alltag zu reflektieren.
... die Wirkung von verschiedenen Nährstoffen auf den Körper zu verstehen.
... die Folgen übermäßigen Konsums von Fetten und Zucker für die eigene Gesundheit abzuschätzen.
... wie viel du von welchen Nährstoffen zu dir nehmen solltest.
... wie sich Ernährung über die Jahre verändert hat.
... dein eigenes Konsumverhalten zu reflektieren.
... was Essen mit Kultur zu tun hat und was es hierbei für unterschiedliche Aspekte gibt.

Lapbooks gestalten

Video: Was ist ein Lapbook?

82301-17

Sich gesund und ausgewogen zu ernähren und Lebensmittel bewerten zu können, stellt eine der größeren Herausforderungen unserer Zeit dar. Damit ihr möglichst viele wichtige Informationen sehr anschaulich auf einen Blick habt, könnt ihr ein Lapbook erstellen. Hier könnt ihr so richtig kreativ werden.

Ein **Lapbook** ist eine kreative Form eines Notizbuchs. Informationen werden dabei auf unterschiedlichsten Gestaltungselementen (Taschen, Klappkarten, Leporellos, Kärtchen, Klappbilder, Karten) festgehalten.

Geht dabei so vor:

Start

1

Bildet Vierergruppen und teilt die Arbeit in den Gruppen auf:

- Wer macht was?
- Gibt es ein Kreativ-Team und ein Recherche-Team?
- Alle machen alles und helfen einander?
- Teilt ihr die Inhalte und die kreative Arbeit jeweils auf?

Wichtig ist: Am Ende hat jeder ein eigenes Lapbook!

2

Informiert euch über die Gestaltungsmöglichkeiten und das Vorgehen bei der Erstellung eines Lapbooks im Internet über den Mediencode. Dort findet ihr auch Vorlagen, an denen ihr euch orientieren könnt.

Vorlagen zur Gestaltung eines Lapbooks

82301-18

Hier findet ihr Bilder eines Lapbooks als Beispiel

82301-19

3

Um euer Lapbook bestmöglich mit Informationen zum Thema zu füllen, entscheidet euch zunächst für die wichtigsten Aspekte des Kapitels.
Unbedingt dabei sein sollten:
Kap. 2.1: M2, M5, M6, M10, M12, M14, M23, M27, M33, M37, M41
Kap. 2.2: M4, M5, M8, M14

Hilfreich ist es zudem, alle **Hashtag-Kästen** dieses Kapitels gelesen zu haben.

4

Organisiert einen Grundstock an möglichst bunten Bastelmaterialien. Allen voran benötigt ihr 4 DIN A3 Blätter (oder größer). Ihr könnt außerdem speziell zu den Inhalten passende Materialien, Grafiken etc. ergänzen.
Klebstoffe, Büro- und Musterklammern sowie ein Tacker können beim Verbinden der Materialien sehr hilfreich sein.

5

Überlegt euch, wie ihr die Inhalte in euren Lapbooks präsentieren könnt. Seid bei der Erstellung kreativ, aber denkt auch funktionell.

- Könnt ihr euch bildliche Eselsbrücken bauen?
- Kann man mit dem Lapbook gut lernen?
- Sind alle wichtigen Informationen enthalten?
- Sind die Informationen sinnvoll angeordnet?

Ziel

6

Präsentiert alle Lapbooks aus der Lerngruppe in eurem Unterrichtsraum.

- Wer hatte die kreativsten Ideen?
- Welche Inhalte sind besonders gut aufbereitet?
- Lieber funktionell und praktisch oder lieber kreativ verspielt?

2.1 Das Einmaleins der Ernährung

Die Ernährungspyramide: Kann ich essen, so viel ich möchte?

Familie Kılıç hat schon viel versucht, um bei der Ernährung eine Balance für die ganze Familie zu finden: Kalorien zählen, Mahlzeiten abwiegen, auf Ungesundes verzichten und am besten nur Obst, Gemüse und Fisch essen. Eren findet: „Am besten gar kein Fleisch essen – idealerweise sogar vegan." Und was ist mit Zucker und Fett? Es gibt unzählige Empfehlungen, wer was essen sollte – doch jeder Mensch ist anders. Da fällt es schwer, den Überblick zu behalten. Von welchen Lebensmitteln du wie viel essen solltest, ohne dabei kompliziert zu rechnen oder etwas abzuwiegen, erfährst du hier.

M1 Muss Ernährung vielseitig sein?

Elif: Tiere finde ich auch gut. Insbesondere zu Steak und Wurst verarbeitet kann ich nicht genug davon bekommen.

Charlotte: Obst ist gesund und schmeckt mir am besten. Weil ich so viel Obst esse, brauche ich kein Gemüse mehr zu essen, das schmeckt mir eh nicht.

Eren: Tiere und ihr Wohlergehen sind mir sehr wichtig. Deshalb verzichte ich auf möglichst viele tierische Produkte: Kein Fleisch, kein Fisch, wenig Milchprodukte.

Paul: Als Sportler ist es wichtig, genug Power zu haben. Reis und Hühnchen gibt es bei mir täglich.

M2 Was steckt drin?

Lasagne, Croissants, Homemade Lemonade oder Sandwiches. Jeder kennt sie, aber was steckt drin?

M3 Die Pyramide als ein möglicher Maßstab

Bundeszentrum für Ernährung: Ernährungspyramide: Wie viel esse ich? In: www.bzfe.de, 06.07.2021

Ernährungspyramide als App „Was ich esse"

82301-20

DIE RICHTIGE PORTIONSGRÖSSE

Jeder Tag und jeder Mensch ist anders. Deshalb gibt es keine richtige, festgesetzte Menge, in der bestimmte Lebensmittel verzehrt werden sollen, lediglich Empfehlungen.
In der Ernährungspyramide stellt ein Baustein eine Portion dar. Eine Portion entspricht dabei der Menge, die in die Handfläche der jeweiligen Person passt. Für geschnittenes Gemüse oder Obst gilt als eine Portion die Menge, die in zwei Hände passt. Eine Portion Öl/Fett hingegen entspricht ca. 1-2 Esslöffeln und nicht der Größe der Handfläche. Die Handgröße stellt eine Orientierung dar, die jeder Mensch für sich und seine körperliche Aktivität anpassen sollte. Vor allem aber sollte auf den Körper gehört werden: essen, wenn man hungrig ist und aufhören, wenn man satt ist.

AUFGABEN

82301-210

1. Beschreibe, welche Lebensmittel in **M1** jeweils bevorzugt werden und auf welche verzichtet wird.
2. Ermittelt in eurer Klasse, welche Lebensmittel(gruppen) beliebt sind und auf welche eher verzichtet wird.
3. Benenne die einzelnen Bestandteile der Lebensmittel in **M2**.
4. Untersucht die Bausteine der Ernährungspyramide (**M3**).
   a) Was fällt euch auf?
   b) Vergleiche die Empfehlungen mit deiner Ernährungsweise.
   c) Ordne die Bestandteile aus **M2** den Stufen der Pyramide zu.
   d) Erarbeite für jeden Baustein weitere Lebensmittel.
   e) Überprüft zu zweit, welche Bausteine/Portionen in den abgebildeten Lebensmitteln und Gerichten (**M2**) abgedeckt werden (**M3**, **#Die richtige Portionsgröße**).

F **zu Aufgabe 1**
Wie nennt man diese Ernährungsformen? Hilfe findest du im Kapitel 2.2.2. , S. 82

F **zu Aufgabe 4**
Wie kann die Pyramide gestaltet werden, dass sie nachhaltiger und umweltfreundlicher ist?

Wo bekommt der Körper Energie her, wenn die Reserven leer sind?

„Beim Nichtstun verbraucht man keine Energie" sagt Charlotte zur ihrer Mutter Mai-Thi – „Von wegen! Bei allem was du machst, verbrauchst du Energie, sogar, während du einfach nur faul auf dem Sofa liegst. Denn auch beim Herumliegen verbraucht dein Körper Energie: du atmest, dein Herz schlägt, dein Körper hält die Temperatur aufrecht und baut Zellen auf und ab." In welchen Lebensmitteln Energie steckt und was damit in deinem Körper passiert, erfährst du hier.

M4 Kohlenhydrate: Energie oder Ballast?

M5 1, 2, viele – der Aufbau von Kohlenhydraten

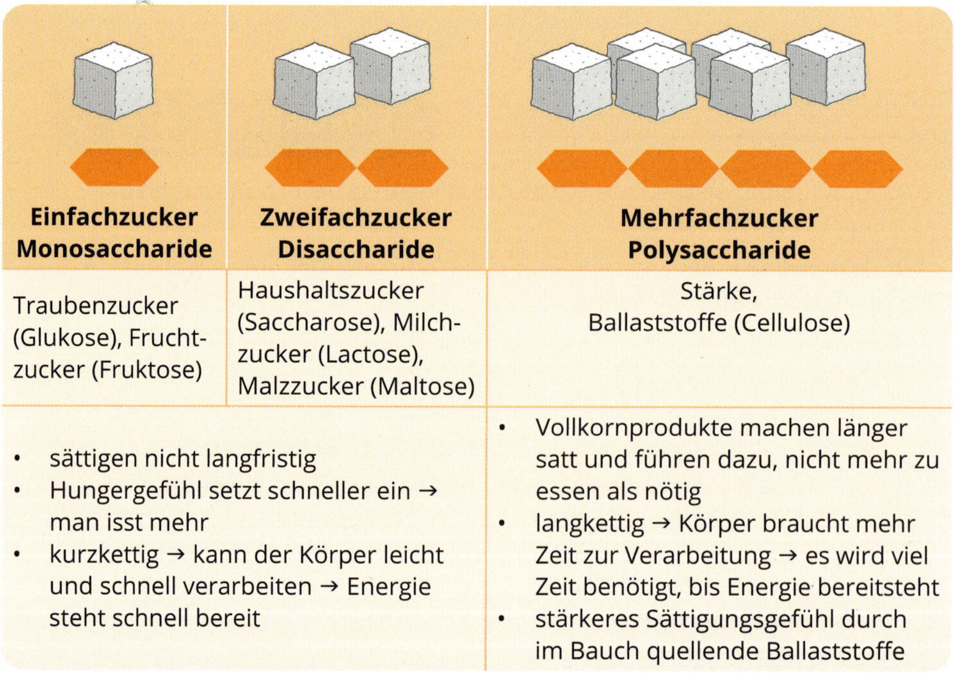

Einfachzucker Monosaccharide	**Zweifachzucker Disaccharide**	**Mehrfachzucker Polysaccharide**
Traubenzucker (Glukose), Fruchtzucker (Fruktose)	Haushaltszucker (Saccharose), Milchzucker (Lactose), Malzzucker (Maltose)	Stärke, Ballaststoffe (Cellulose)
• sättigen nicht langfristig • Hungergefühl setzt schneller ein → man isst mehr • kurzkettig → kann der Körper leicht und schnell verarbeiten → Energie steht schnell bereit		• Vollkornprodukte machen länger satt und führen dazu, nicht mehr zu essen als nötig • langkettig → Körper braucht mehr Zeit zur Verarbeitung → es wird viel Zeit benötigt, bis Energie bereitsteht • stärkeres Sättigungsgefühl durch im Bauch quellende Ballaststoffe

M6 Steckt Zucker nur in Süßigkeiten?

Kartoffeln, geschält, gekocht	Pro 100 Gramm
Kalorien	69 kcal
Eiweiß	2 g
Fett	0,02 g
Kohlenhydrate	14 g

Spaghetti, gekocht, ungesalzen	Pro 100 Gramm
Kalorien	158 kcal
Eiweiß	6 g
Fett	0,9 g
Kohlenhydrate	31 g

Paprika roh	Pro 100 Gramm
Kalorien	43 kcal
Eiweiß	1,3 g
Fett	0,5 g
Kohlenhydrate	6,4 g

NÄHRSTOFFE

Nährstoffe werden in Makronährstoffe und Mikronährstoffe unterschieden. Zu den Makronährstoffen gehören Kohlenhydrate (Saccharide), Fette (Lipide) und Eiweiße (Proteine). Zu den Mikronährstoffen zählen Mineralstoffe und Vitamine.

Der Körper gleicht einem Kraftwerk, welches sich ständig im Umbau befindet. Er benötigt Brennstoffe (Fette, Kohlenhydrate) z. B. zur Energiegewinnung und Baustoffe (Eiweiße, Wasser) z. B. zum Auf- und Abbau von Zellen. Zudem muss er Hilfsstoffe (Mineralstoffe und Vitamine) aufnehmen. Werden alle diese Stoffe in ausreichender Menge aus einer ausgewogenen Ernährung aufgenommen, funktionieren alle Körperfunktionen wie u. a. Atmung, Gehirnleistung, Verdauung.

M7 Wie aus Zucker Fett wird

Bei der Verdauung werden die meisten Kohlenhydrate zu Einfachzuckern abgebaut, denn nur diese Bausteine sind klein genug, um durch die Darmwand ins Blut zu gelangen und für die nötige Energie zu sorgen. Wird dem Körper zu viel Energie in Form von Kohlenhydraten zugeführt, speichert der Körper die Energie. Er speichert sie für harte Zeiten – größtenteils in Form von Fett. Ist diese erhöhte Zufuhr von Kohlenhydraten ein Dauerzustand, werden Fettpolster angelegt.

Kleines Experiment:
Nimm ein Stück Vollkornbrot in den Mund und zerkaue es für mindestens drei Minuten. Schmeckt süß, oder?

KOHLENHYDRATE (SACCHARIDE)

Kohlenhydrate gehören zu den Makronährstoffen. Sie sind ein wichtiger Energielieferant für den Körper. Kohlenhydrate können in Mono-, Di- und Polysaccharide eingeteilt werden. Nicht alle Kohlenhydrate sind energieliefernd. Ballaststoffe (Polysaccharide) liefern dem Körper keine Energie, dennoch sind sie wichtig für bestimmte Körperfunktionen.
Allein das Gehirn benötigt ca. 20 % der gesamten Körperenergie. Der Körper kann Kohlenhydrate nur in der kleinsten Form, also in Form von Monosacchariden in die Blutbahn aufnehmen. Aus diesem Grund spaltet der Körper während des Verdauungsvorgangs lange Kohlenhydratketten zu Einfachzuckern auf. Dieser Vorgang startet bereits beim Kauen von Nahrung im Mund. Ein Enzym im Speichel spaltet hier erste Polysaccharide in Disaccharide. Den Beweis liefert das nebenstehende Experiment.

M8 Ist Fett gleich Fett?

Avocado:
15g/100g

Mettwurst:
51g/100g

Butter:
82g/100g

Margarine:
80g/100g

Mayonnaise:
80g/100g

M9 Fett kann viele Erscheinungsformen haben

Getreide, Getreideprodukte, Kartoffeln (z. B. Pommes Frites, Kuchen, Kartoffelchips)

Öle und andere Fette (Olivenöl und Leinöl sind besser als Palmöl und Sonnenblumenöl)

Milch, Milchprodukte (z. B. Sahnejoghurt, Sahne, Crème fraîche, griechischer Joghurt)

Fleisch, Wurst, Fisch, Eier (einige Fleischsorten wie z. B. Schweinefleisch) enthalten von Natur aus mehr Fett als andere (z. B. Hähnchen). Auch Fisch enthält eine Vielzahl von Fettsäuren, die besonders gesundheitsförderlich sind (Omega-3-Fettsäuren).

M10 Die Menge macht's

Die angegebenen Werte entsprechen den Empfehlungen der Deutschen Gesellschaft für Ernährung (DGE).

	Kohlenhydrate	Fette
Wie viel braucht der Körper am Tag?	5-6g/kg Körpergewicht	0,8g/kg Körpergewicht
Wie viel Energie liefern sie?	4kcal/g	9kcal/g

FETTE

Fette sind die größten Energielieferanten und haben viele weitere wichtige Funktionen, auf die ein Körper nicht verzichten kann. Inzwischen weiß man, es kommt hier mehr auf die Fettqualität als auf die Menge an.
Erst nachdem die aufgenommenen Kohlenhydrate vom Körper verbrannt wurden, macht sich der Körper an die Fettverbrennung.
Gesunde Fette (am besten in Form von mehrfach ungesättigten Fettsäuren) versorgen den Körper mit lebensnotwendigen Fettsäuren und sorgen für die Aufnahme fettlöslicher Vitamine. Ein bisschen Fett unter der Haut schützt den Körper vor Wärmeverlust und vor Verletzungen von außen.
Fett dient zudem als Geschmacksträger – deshalb gehört auf eine gute Soljanka auch ein Klecks Crème fraîche. Etwas Öl im Salat fördert die Aufnahme von fettlöslichen Vitaminen im Körper. Pflanzliche Fette (pflanzliche Öle) sind gegenüber tierischen Fetten (Butter, Sahne, Wurst) zu bevorzugen, da sie vorrangig ungesättigte Fettsäuren enthalten.

AUFGABEN

82301-211

1. Reiht euch in der Klasse entlang einer Positionierungslinie (Methodenglossar S. 283) auf, wie kritisch ihr Kohlenhydrate in der Ernährung findet (**M4**). Begründet eure Position.
2. Arbeite die Informationen zu den verschiedenen Kohlenhydraten aus der Tabelle in **M5** und **#Kohlenhydrate** heraus und fasse diese zusammen.
3. Ergänze die Beispiele in der Tabelle **M5**, indem du recherchierst, in welchen weiteren Lebensmitteln Einfach-, Zweifach- und Mehrfachzucker vorkommen. Nutze dafür auch **M4**, **M6** und **M7**.
4. Vergleiche die Nährwertangaben der unterschiedlichen Lebensmittel in **M6**. Und vergleiche sie mit denen deines Lieblingslebensmittels.
5. a) Ordne die Lebensmittel den Kategorien „pflanzliche Fette“ und „tierische Fette“ zu. Ergänze mit weiteren selbstgewählten Beispielen (**M8**).
   b) Tauscht euch zu zweit aus: Was hat euch hinsichtlich der enthaltenen Fettmenge erstaunt (**M8**)?
6. Recherchiere, wie viel Fett die Lebensmittel aus **M9** enthalten.
7. Berechne für dich deinen empfohlenen Bedarf an Kohlenhydraten und Fetten laut der DGE (**M10**). Aus welchen Lebensmitteln könnte sich der Bedarf zusammenstellen?
8. Erkläre mit eigenen Worten die Bedeutung von Kohlenhydraten und Fetten für den Körper. Nimm dabei Stellung zu der Aussage „Es kommt mehr auf die Qualität an als auf die Menge“ (**#Nährstoffe**, **#Kohlenhydrate**, **#Fette**, **M10**).

F **zu Aufgabe 6**
Recherchiere im Internet, warum gerade Palmöl häufig in der Kritik steht.

Sind Proteine die Baustoffe im Körper?

In Erens Klasse ist ein regelrechter Protein-Hype ausgebrochen. Sämtliche Riegel, Puddings und Müslis, die „reich an Proteinen" sind, werden in der Pause aus den Taschen geholt. Brauchst du überhaupt eine extra hinzugefügte Portion Eiweiß oder genügt die normale Menge an Proteinen, die du einfach über eiweißreiche Lebensmittel zu dir nimmst? Wofür brauchst du Eiweiße und wo bekommst du sie her?

M11 Eiweiß-Bomben

Proteinvielfalt

Hülsenfrüchte

M12 Eiweiß – ein Baustoff des Körpers

Warum gelten Proteine als Baustoffe oder Bausteine des Körpers? Körperzellen erneuern sich ständig und daher benötigt der Körper eine regelmäßige Eiweißzufuhr. Proteine entstehen aus Aminosäuren, von denen der Körper nicht alle selbst bilden kann. Diese werden aus der Nahrung gezogen und in das Material umgewandelt, welches der Körper gerade braucht: Baustoff für Zellen und Gewebe (z. B. Muskeln, Organe), für Enzyme, Hormone und Antikörper. Welche Menge an Proteinen der Körper braucht, wurde lange Zeit in Gramm pro Kilogramm Körpergewicht pro Tag angegeben. Diese Angaben für die Proteinzufuhr berücksichtigen jedoch nicht die Aktivität und den Gesundheitszustand einer Person. Es sind also weitere Größen notwendig, um den exakten Bedarf zu bestimmen. Als Orientierung genügen diese Angaben jedoch.

Je nach seinem Ursprung werden zwei Arten von Eiweiß unterschieden: pflanzliches Eiweiß und tierisches Eiweiß. In Hülsenfrüchten (insbesondere Sojabohnen), Haferflocken, Nüssen und Samen steckt besonders viel pflanzliches Eiweiß, während in Milchprodukten, Fisch, Fleisch und Eiern tierische Eiweiße enthalten sind.

M13 Insekten – knusprig und proteinreich?

Insekten werden immer mehr als Fleischalternative in Betracht gezogen – doch warum ist das so? Insekten liefern viel hochwertiges Eiweiß, sind reich an Mineralien und Vitaminen. In ihrem Geschmack unterscheiden sie sich: einige erinnern an Pinienkerne, andere an Haselnuss. Insekten gelten als deutlich klimafreundlicher, da sie im Vergleich zu Tieren, die Fleisch liefern, deutlich weniger Futter, Wasser und Landfläche benötigen. Zudem liegt der essbare Anteil bei ihnen bei 80 %, beim Rind werden hingegen für gewöhnlich nur 40 % gegessen. Ob gegrillt, gebraten, zu Müsliriegeln oder Burgerpatties verarbeitet – Insekten sind vielfältig genießbar, wenn man denn möchte.

Info zu Insekten:
Insekten zum Verzehr gibt es mittlerweile in vielen Supermärkten oder in Onlineshops zu kaufen. Probiert es aus! Bei einer Allergie gegen Hausstaubmilben, Weich-, Schalen- und Krustentiere sollte auf den Verzehr von Insekten verzichtet werden.

Insekten am Spieß

Mehl aus Bambuswürmern

M14 Die Menge macht's

	Proteine (Eiweiße)
Wie viel braucht der Körper am Tag?	0,9g/kg Körpergewicht
Wie viel Energie liefern sie?	4kcal/g

Die angegebenen Werte entsprechen den Empfehlungen der DGE.

AUFGABEN

82301-212

1. Recherchiere zu jedem der Begriffe die Bedeutung im Zusammenhang mit Proteinen (**M11**).
   a) Lies dafür **M12** sowie **M13** und schau dir die Tabelle **M14** an.
   b) Berechne deinen eigenen Eiweiß-Bedarf.
   c) Erkläre, welche proteinreichen Lebensmittel du regelmäßig konsumierst.
2. Erstelle eine Tabelle, in welcher du Vor- und Nachteile vom Insekten- und Fleischkonsum gegenüberstellst (**M13**). Weitere Informationen findest du im Internet.
3. Diskutiert in der Klasse, ob Insekten in der Zukunft einen festen Platz auf unserem Speiseplan erhalten sollten.

F **zu Aufgabe 2**
Recherchiere das Konzept „nose to tail" oder Ganztiernutzung und ergänze die Tabelle.

Ist Wasser das Lebenselixier des Körpers?

Unser Körper besteht je nach Alter zu 60-80 % aus Wasser. Dieses wird insbesondere in den Zellen, im Zellzwischenraum und im Blut eingelagert. Trinkt ein Mensch über einen bestimmten Zeitraum nichts oder zu wenig, kann dieser Umstand lebensbedrohlich sein. Hast du heute schon etwas getrunken?

M15 Ist Wasser gleich Wasser?

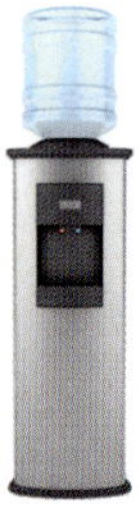

Wasser kann man in verschiedensten Formen bekommen.

M16 Ausreichend Trinken leicht gemacht

Regelmäßige Trinkpausen beim Sport, bei Ausflügen und auf Reisen einlegen.

Am besten zu jeder Mahlzeit etwas trinken.

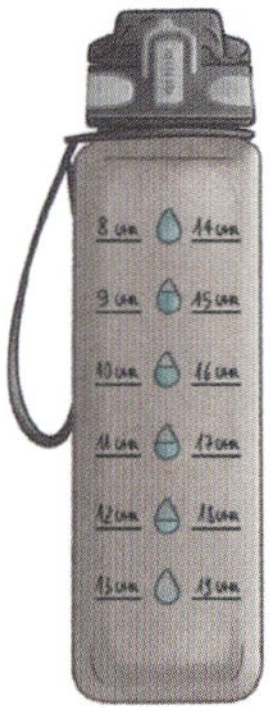

Bunte Trinkflaschen oder schön gestaltete Trinkgefäße motivieren zum Trinken.

Wasserspender in der Schule (und in der Öffentlichkeit) aufstellen.

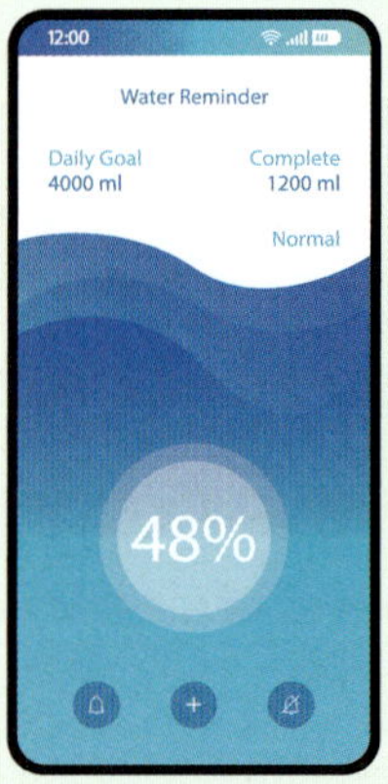

Erinnerung über eine Trink-App.

M17 Einmal auftanken bitte

„Habe deine Trinkflasche dabei! Schütze unsere Umwelt! Trink genug Wasser! Lebe gesund! Spare Geld!"
Quelle: Refill Station. In: www.refill-deutschland.de

Bei den mit Stickern gekennzeichneten Auffüllstationen, können mitgebrachte Trinkflaschen kostenlos mit Leitungswasser aufgefüllt werden.

Refill Station
KOSTENFREI TRINKWASSER | FREE TAP WATER

Konzept von Refill Deutschland

82301-21

Die Europäische Bürgerinitiative Right2Water vertritt die Ansicht, dass die Wasserversorgung der Menschen ein Grundrecht ist. Deshalb kämpft sie dafür, dass jedem Bürger der EU Zugang zu Wasser und sanitären Einrichtungen gewährt wird.

Basierend auf: Europäische Union: Right2Water, 2019.

Konzept von Right2Water

82301-22

FLÜSSIGKEITSBEDARF

Wasser ist einer der wichtigsten Grundbestandteile unserer Ernährung und zählt neben Eiweißen zu den Baustoffen. Der menschliche Körper besteht zu ca. 70 % aus Wasser.

Empfohlen wird für Jugendliche und Erwachsene eine Flüssigkeitszufuhr von mindestens 1,5 Litern täglich – je nach körperlicher Aktivität. Diese Liter sollten sinnvoll über den ganzen Tag verteilt werden. Deutlich höher sollte die Trinkmenge bei trockener Luft, Hitze und bei Erkrankungen wie Fieber und Durchfall sein. Nicht nur Wasser, auch ungesüßte Kräuter- oder Früchtetees sowie stark verdünnte Saftschorlen sind geeignet, da sie den Durst wirklich stillen. Softgetränken, Säften und Eistees gelingt dies nicht, sie enthalten aber oft so viel Zucker, dass der Tagesbedarf an Zucker allein durch diese Getränke bereits erreicht oder überschritten wird. Übermäßiger Konsum von Zucker führt nachweislich zu ernährungsbedingten Krankheiten wie Diabetes und Adipositas.

AUFGABEN

82301-213

1. Führt eine Umfrage durch: Wer trinkt am Tag mindestens 0,5 Liter, 1,0 Liter oder 1,5 Liter? Welche Getränke (z. B. Wasser, Tee, Softdrinks, Säfte, Schorlen) werden in eurer Klasse häufig getrunken?
2. Beschreibe, worin sich die dargestellten Wasser unterscheiden (**M15**).
3. Betrachte die Trinktipps in **M16** und diskutiere diese mit einer/m Partner:in.
4. Ergänze die Tipps zum regelmäßigen Wassertrinken (**M16**).
5. Bildet Kleingruppen.
   a) Recherchiert im Internet nach den Aufgaben einer der Organisationen aus **M17**.
   b) Erstellt einen Steckbrief zu der gewählten Organisation.
   c) Stellt der Klasse euren Steckbrief vor.
   d) Entwickelt gemeinsam Ideen: Was könnt ihr dafür tun, dass in eurer Schule/in eurer Stadt mehr (Leitungs-) Wasser getrunken wird?

F zu Aufgabe 2
Recherchiere die konkreten Unterschiede von Mineralwasser und Tafelwasser.

F zu Aufgabe 5
Das könnt ihr in den Steckbrief aufnehmen:
- Wo und wann ist die Organisation entstanden?
- Gibt es in deiner Nähe ein Angebot, welches du nutzen/unterstützen kannst?
- In welchen Ländern wird diese Organisation aktiv?

Soft Drinks oder harter Stoff – was steckt drin?

Koffein:
Wird im Englischen mit *caffeine* und im Spanischen mit *caffeina* übersetzt.

Wenn Charlotte mal wieder das Aufstehen schwerfällt, rettet sie manchmal der Gedanke an einen erfrischenden und wachmachenden Energydrink, den sie sich gerne auf dem Weg zur Schule holt. Ihr Cousin Tom meint, da sei zu viel Zucker und Koffein drin und sie soll lieber einen dieser Tee-Drinks nehmen. Neben denen trinkt er auch gerne Multivitaminsaft – ist ja schließlich gesund, oder?

M18 Durstlöscher oder Süßigkeit?

Eistee
Zucker: 7,2g/100ml

Apfelsaft
Zucker: 9,6g/100ml

Grüner Tee
Zucker: 0g/100ml

Energydrink
Zucker: 13,8g/100ml

M19 Koffein: steckt nicht nur in Kaffee …

Info zur Umrechung:
Da es bei der Umrechung von Milligramm und Milliliter auf die Dichte des Stoffes ankommt, ist 1 mg nicht gleich 1 ml.
1 mg entsprechen etwa 0,001 ml, 100 mg entsprechen etwa 0,1 ml.

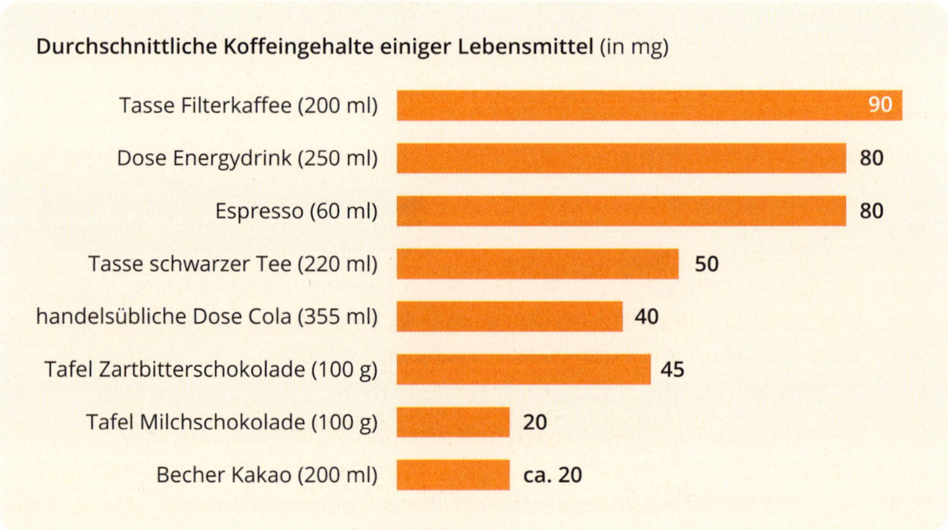

Bundesanstalt für Landwirtschaft und Ernährung, 2018 / www.ble.de

M20 Voller Geschmack, zero Zucker?

Elif unterhält sich auf dem Schulhof mit ihrem Kumpel Max. Weil dieser bald Geburtstag hat, fragt sie ihn, was er sich wünscht. Er sagt, er möchte eine besondere Trinkflasche. Obwohl man nur Wasser trinkt, soll man unterschiedliche Geschmacksrichtungen wie Ananas, Gurke oder Limette schmecken können – ganz ohne Zucker, Zusatz- oder Farbstoffe. Über Duft-Pads, die über das Mundstück gesteckt werden, riecht man sozusagen die verschiedenen Geschmacksrichtungen. Max erklärt weiter, dass diese Duftringe zwar immer wieder nachgekauft werden müssen, man dafür aber das Geld und die Kalorien spart, die sonst für Softdrinks oder Säfte zusammenkommen. „Wenn du dir eine Scheibe Gurke und Limette in deine Wasserflasche wirfst, hast du auch einen tollen frischen Geschmack und das für weniger Geld und Verpackung, dafür aber mit Vitaminen und echten Zutaten. Sind diese Duftringe nicht auch voll teuer und umwelttechnisch eher fragwürdig?" entgegnet Elif daraufhin.

ENERGYDRINKS

Fast 70 % aller Jugendlichen (10-18 Jahre) trinken regelmäßig Energydrinks. Diese zeichnen sich insbesondere durch einen hohen Koffein- und Zuckergehalt aus.

Für Kinder und Jugendliche gelten 3mg Koffein pro Kilogramm Körpergewicht als unbedenklich. In kleinen Mengen ist Koffein grundsätzlich nicht schädlich, jedoch wird schnell die empfohlene Höchstmenge überschritten, da Koffein nicht nur in Energydrinks steckt bzw. oftmals mehr als eine Dose (250ml) getrunken wird. Energydrinks enthalten oft Zusatzstoffe wie Taurin, Glucuronolacton und Insonit – die angeblich belebende Wirkung der letzteren wurde nicht vollständig wissenschaftlich belegt. Die Auswirkungen von einem überhöhten Koffeinkonsum können unter anderem Schlaflosigkeit, Bluthochdruck, Herzrasen und Wahrnehmungsstörungen sein.

Basierend auf: Europäische Behörde für Lebensmittelsicherheit EFSA 2013

Die Dosen sind oft bunt designt und versprechen durch ihr Design viel Action, was junge Konsument:innen besonders anspricht.

Film: junge Menschen und Energydrinks

82301-23

AUFGABEN

82301-214

1. Betrachte die Produkte und deren Zuckerangaben in **M18**.
   a) Vergleiche die Zuckerangaben miteinander.
   b) Welche Getränke trinkst du außerdem? Recherchiere deren Zuckergehalt pro 100ml.
   c) Erstelle eine Zuckeranteil-Rangliste der Getränke aus **M18** und deinen persönlichen Favoriten.
   d) Meistens bleibt es nicht dabei, dass nur ein Glas (250ml) getrunken wird. Berechne den Zuckergehalt für jeweils ein Glas und die gesamte Flasche/Dose.
2. Stelle die Kernaussage der Grafik **M19** in zwei Sätzen dar.
3. Beurteile den Wunsch von Max und Elifs Argumente (**M20**).
4. Bewerte, inwiefern AirUp hinsichtlich Preis, Verpackung und Haltbarkeit eine Alternative zu Softdrinks darstellt.

F zu Aufgabe 1
Recherchiert nach Rezepten für leckere Getränke ohne Zucker oder künstliche Zusätze

Bunt und lecker? Der Vitamincheck

„Nehmen Sie noch einen Kohlrabi mit, da stecken viele Vitamine drin!“ – versucht Hüssein seine Kund:innen im Gemüseladen zum Kauf zu motivieren. Er weiß, alle solten täglich frisches Obst und Gemüse essen, damit man eine ausreichende Menge an bestimmten Vitaminen zu sich nimmt. Aber warum brauchst du Vitamine, welche gibt es, wo genau stecken diese denn nun drin und vor allem: wie bekommt man sie dort raus?

M21 Beipiele: Gesundheitsmythos oder nicht?

Stimmt's oder nicht? Gesundheitsmythen im Check

82301-24

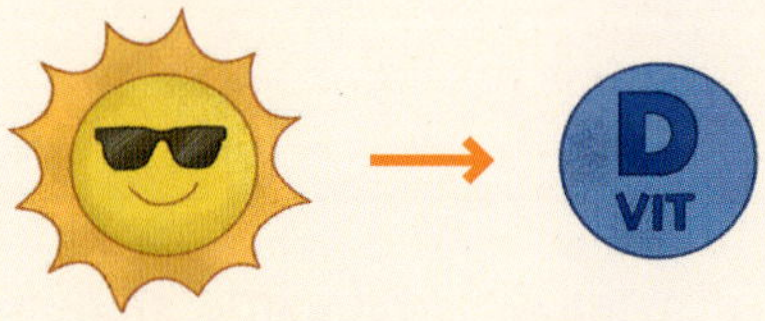

Sonne: bringt Vitamin D

Zitrone: liefert Vitamin C

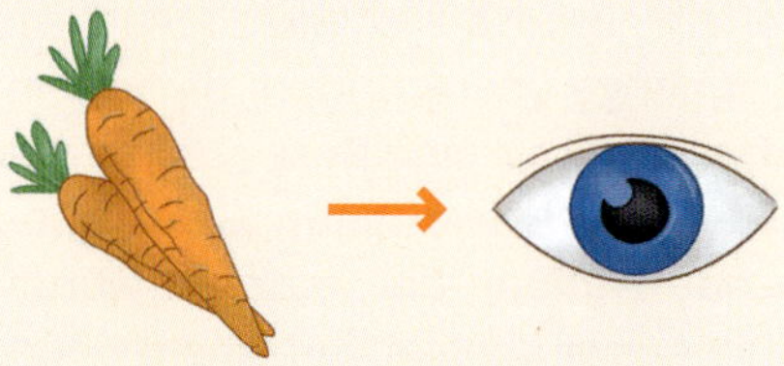

Möhre: gut für Augen

Spinat: macht stark

M22 Mehr als gesund sein

Eselsbrücke Vitamine
Merke dir diese Eselsbrücke, um dir die fettlöslichen Vitamine (A, D, E, K) herzuleiten: ED(E)KA

Vitamine sind wichtig, um gesund zu sein – doch das ist nicht alles. Was gehört zum gesund sein alles dazu? Vitamine sind generell gut für das Immunsystem, aber auch entscheidend für den Auf- und Abbau von Zellen, für den Stoffwechsel und vieles mehr.

Die bunte Welt der Vitamine lässt sich grundsätzlich in fettlösliche und wasserlösliche Vitamine unterscheiden. Fettlösliche können am besten vom Körper aufgenommen werden, wenn sie mit etwas Fetthaltigem gegessen werden (z. B. in Öl anbraten). Sie brauchen eine Transporthilfe (Öl), damit sie aus der Nahrung über das Blut in den Körper geliefert werden können. Bei der Aufnahme von wasserlöslichen Vitaminen sollte beachtet werden, dass diese nicht im Kochwasser herausgeschwemmt werden. Dünsten oder Dampfgaren ist hier die bessere Zubereitung. Am besten werden Lebensmittel, die diese Vitamine enthalten, roh gegessen. Wasserlösliche Vitamine können nicht vom Körper gespeichert werden und sollten daher regelmäßig aufgenommen werden.

Vertiefungstext zu Vitaminen

82301-25

M23 Eine Hand voll guter Sachen

Verschiedenes Obst und Gemüse enthält verschiedene Vitamine und Mineralstoffe. Damit der Körper mit allen versorgt wird, braucht er eine vielseitige Ernährung und die ausreichende Menge. Daher sollten täglich drei Portionen Gemüse und zwei Portionen Obst konsumiert werden. Der Vitaminbedarf ist von Mensch zu Mensch unterschiedlich – deshalb gleicht eine Portion auch nicht der anderen. Eine Portion ungeschnittenes Obst oder Gemüse passt dabei etwa in die eigene Hand.

M24 Brokkoli – das Supergemüse im grünen Umhang

Grünes Gemüse ist ein richtiger Superheld, wenn es um den Vitamingehalt geht.

Nicht nur die Röschen stecken voller Vitamine – auch der Strunk und die Blätter! Diese können genauso mitverarbeitet werden.

Ein weiterer Vorteil: viele grüne Gemüsesorten können in Deutschland angebaut werden und müssen deshalb keine langen Wege zurücklegen, bis sie auf dem Teller landen.

AUFGABEN

82301-215

1. Tauscht euch in Kleingruppen über die abgebildeten Gesundheitsmythen aus.
2. Lies den Text **M22**.
   a) Benenne die beiden Gruppen der Vitamine (**M22**).
   b) Erläutere, was du bei der Zubereitung von Lebensmitteln beachten solltest, um Vitamine möglichst gut aufzunehmen.
3. Schau dir **M23** an und stelle Vermutungen an, was eine ausgewogene Ernährung in Bezug auf den Konsum von Obst und Gemüse bedeutet.
4. Trage die enthaltenen Vitamine sowie interessante Fakten über zwei weitere Gemüse- und zwei weitere Obstsorten, wie in **M24** zusammen.
5. Gestaltet ein Vitamin-Memory „Vitaminory" und spielt es.

F zu Aufgabe 2
Lies dir den Vertiefungstext zu **M22** durch und fertige eine Tabelle an, in welcher du auflistest, welche Vitamine im Text genannt werden, in welchen Lebensmitteln sie enthalten sind und für was sie gut sind.

H zu Aufgabe 3
Weitere Multitalente in Sachen Vitamingehalt findest du in **M22** und dem dazugehörigen QR-Code.

Welche Rolle spielen Mineralstoffe im Körper?

Damit dein Körper einwandfrei funktioniert, benötigst du nicht nur Kohlenhydrate, Fette, Eiweiße und Vitamine. Auch Mineralstoffe leisten einen wichtigen Beitrag für die Abläufe im Körper. Du dachtest bisher, Mineralien gibt es nur in Steinen? Dann schau selbst ...

M25 Eisen, Chrom und Kupfer sind auch in deinem Körper

M26 Regionale Supermineralien

Johannisbeeren

Regenbogenforelle

Rote Beete

Nüsse

MINERALSTOFFE

Mineralstoffe (auch: Mineralien) gehören zu den Mikronährstoffen. In nur kleinen Mengen sorgen sie dafür, dass einzelne Abläufe im Körper funktionieren – daher werden sie auch Hilfsstoffe genannt.
Mineralstoffe sind von großer Bedeutung für eine Vielzahl von Aufgaben im Körper, obwohl sie selbst keine Energie liefern und auch nur in geringer Menge benötigt werden. Eine längerfristige Unterversorgung mit bestimmten Mineralstoffen hätte schwerwiegende gesundheitliche Konsequenzen. Mineralstoffe sind Bestandteile aus der Nahrung, die in pflanzlichen und tierischen Lebensmitteln vorkommen. Der menschliche Körper benötigt diese in unterschiedlich großen Mengen, weshalb Mineralstoffe in Mengenelemente und Spurenelemente unterteilt werden. Von Spurenelementen benötigt der Körper noch weniger als von Mengenelementen.

M27 Diese Mineralstoffe benötigt der Körper

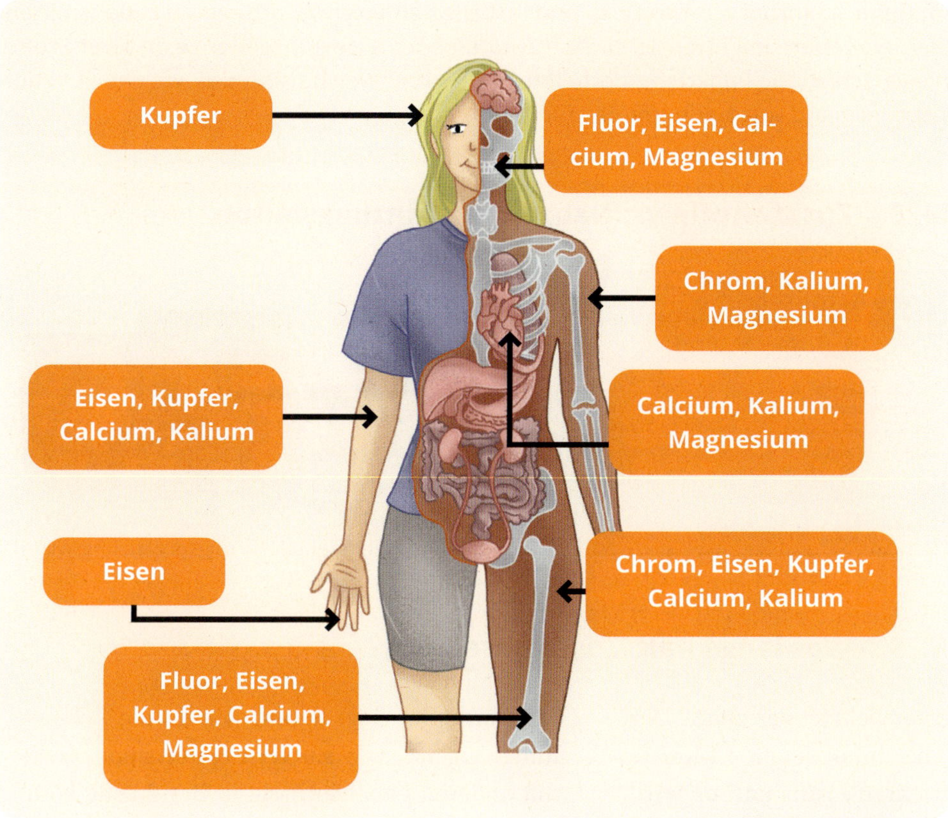

AUFGABEN

82301-216

1. a) Beschreibe die Abbildung **M25**. Was könnte Mai-Thi tatsächlich meinen?
   b) Recherchiere, welche Symptome bei Eisenmangel üblicherweise auftreten.
2. Recherchiere, was die Lebensmittel aus **M26** zu regionalen „Superfoods" macht.
3. Erläutere in eigenen Worten, warum Mineralstoffe wichtig für den Menschen sind (**#Mineralstoffe**, **M27**).
4. Trage zusammen, welche Lebensmittel Mai-Thi der Patientin empfehlen könnte.
5. Den Körper stärken:
   a) Findet euch in Kleingruppen zusammen. Jede:r sucht sich einen Bereich des Körpers (z. B. Knochen), der gestärkt werden soll und recherchiert zu diesem, welche Lebensmittel für den Aufbau oder Erhalt helfen.
   b) Alle erstellen ein Rezept, in dem vorrangig dieses Lebensmittel verarbeitet wird.
   c) Tragt eure Rezepte in der Klasse zu einem Gesundheitsheft zusammen.

Was steckt noch in unseren Lebensmitteln?

Im Gemüseeintopf aus der Dose und fast allen anderen verarbeiteten Lebensmitteln stecken neben den offensichtlichen Zutaten noch eine ganze Menge anderer Stoffe, die verschiedene Funktionen erfüllen sollen. Aber welche sind das, welche Funktion haben sie und was bedeutet das für dich?

M28 Zusatzstoffe vs. Nahrungsergänzungsmittel

Klare Gemüsebrühe

Zutaten: Jodsalz, Geschmacksverstärker (Mononatriumglutamat, Dinatriuminosinat, Dinatriumguanylat), pflanzliches Eiweiß, biologisch aufgeschlossen (**Weizeneiweiß**, Salz), Hefeextrakt, 4 % Sonnenblumenöl, Palmfett, Stärke, 2,1 % Gemüse (Zwiebeln, Karotten, Lauch), Kräuter (mit **Sellerie**), Gewürze, Gewürzextrakte, Aromen (mit **Weizen, Sellerie, Senföl**).

[Spuren: Eier, Soja, Milch, Senf]

Verschiedene Nahrungsergänzungsmittel

M29 Was lange hält ... ist konserviert?

Elif: Papa wie verrückt ist das denn? Der Ketchup steht bestimmt schon 4 Monate offen im Kühlschrank rum und er wird einfach nicht schlecht. Außerdem ist der so rot, da können selbst deine besten Tomaten nicht mithalten und die würden auch keine 4 Monate im Kühlschrank überleben. Das ist ja der absolute Hammer! Aber ... Wie geht das denn?

Hüssein: Das liegt daran, wie du die Lebensmittel lagerst, wie sie verarbeitet sind, ob sie mit anderen Lebensmitteln in Berührung kommen und auch an den Zusatzstoffen. In diesem Fall Konservierungsstoffe und Farbstoffe. Die einen verhindern das Wachstum von Bakterien, die unsere Lebensmittel verderben lassen und die anderen Sorgen für eine viel stärkere Farbe. Du weißt doch, das Auge isst mit.

LEBENSMITTELZUSATZSTOFFE

Lebensmittelzusatzstoffe haben die Aufgabe, die Eigenschaften von Lebensmitteln zu verbessern. Sie beeinflussen ihren Geschmack, verbessern das Aussehen, verlängern die Haltbarkeit und erleichtern deren Verarbeitung.
Es gibt eine Vielzahl an natürlichen und künstlichen Zusatzstoffen. Die meisten müssen in der Zutatenliste auf der Verpackung eines Produktes erkennbar aufgelistet sein. Entweder unter ihrer vollständigen Bezeichnung oder unter einer sogenannten E-Nummer. Bei all den positiven Effekten von Zusatzstoffen, stehen sie auch im Verdacht Allergien auszulösen und Krankheiten zu fördern.

M30 Auswirkungen von Zusatzstoffen

Endlich kann ich den probieren. Der Riegel schmeckt so unfassbar lecker, wie er aussieht.

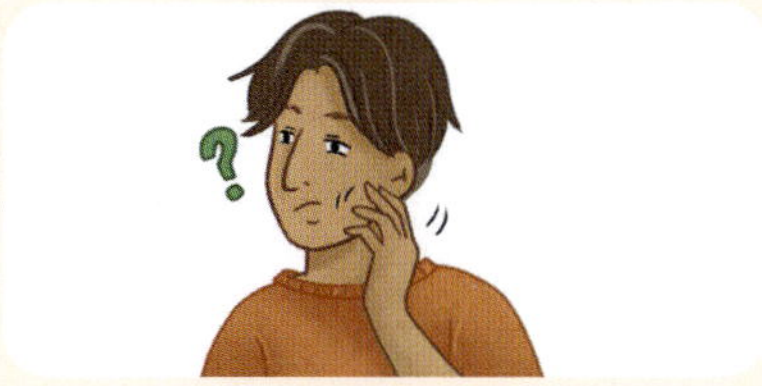

Was ist das denn? Na ja. Wird schon wieder weggehen

Eren, was ist denn mit dir los? Du hast da einen großen roten Fleck Hast du 'ne Allergie oder so?

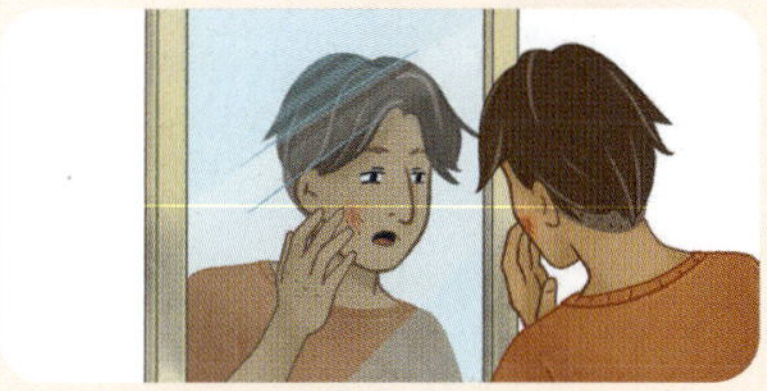

Oh man, das sieht ja mega schlimm aus! Hoffentlich geht das wieder weg ... Das kann nur an diesem Riegel gelegen haben.

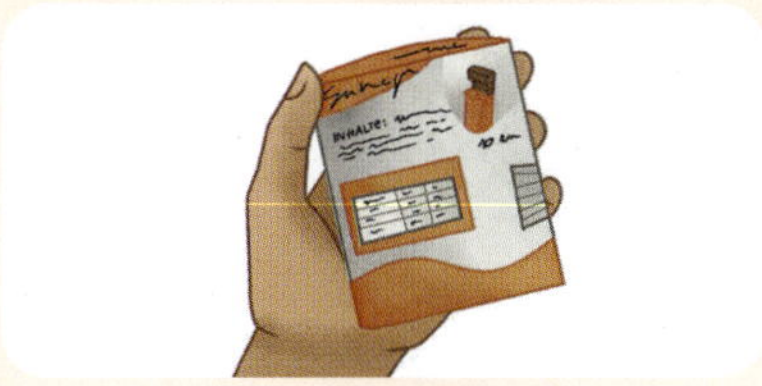

Bei den ganzen Begriffen blickt doch keiner durch. Was soll das alles sein?

Davon lasse ich wohl lieber die Finger. Papa sagt eh immer, ich soll weniger Süßkram futtern.

M31 Süß ohne Zucker

Es steht überall in den Medien: Zucker ist der große Krank- und Dickmacher. Er ist günstig, schmeckt lecker und steckt in vielen (teil)verarbeiteten Lebensmitteln. Genau das ist ein Problem. Aber was tun? Weniger süß bedeutet weniger lecker und damit weniger gern gekauft. Sind Süßstoffe das alle Probleme lösende Wundermittel? Zwei der bekanntesten Zuckeralternativen kannst du hier entdecken. Süßstoffe ...:

- können helfen, den Zuckerkonsum zu reduzieren.
- haben ein geringeres Kariesrisiko gegenüber Zucker.
- enthalten meist weniger Kalorien als Zucker.

- stehen im Verdacht in größeren Mengen krebserregend zu sein.
- sollen Heißhunger verursachen und damit Übergewicht eher fördern als verhindern.

Der Süßstoff Stevia wird aus der Stevia-Pflanze, auch „Süßkraut" oder „Honigkraut" genannt, gewonnen.

Der Süßstoff Xylit wurde zuerst aus Birkenholz gewonnen. Er ist im Handel daher auch unter „Birkenzucker" oder dem Markennamen „Xucker" zu finden.

M32 Die Menge macht's

„Das eigentliche Problem sind unsere Gewohnheiten. Es ist schwer, sie zu ändern" […] „Zucker per se ist ja nicht böse. Es ist wie bei allem: Die Dosis macht das Gift."

Röcker, Annika: Wie gesund sind Xucker, Stevia und Co? In: www.spektrum.de, 22.11.2019

M33 Gesundheit kosten, Gesundheit kostet

NAHRUNGSERGÄNZUNGSMITTEL

Nahrungsergänzungsmittel enthalten Nährstoffe, die auch in normalen Lebensmitteln enthalten sind, aber in einer viel größeren Menge. Dazu zählen Vitamine, Mineralstoffe, Ballaststoffe, verschiedene Pflanzen- oder Kräuterextrakte. Sie bestehen aus pflanzlichen, tierischen oder künstlichen Stoffen.

Nahrungsergänzungsmittel können einen Nährstoffmangel verringern. Sie sollten jedoch nicht als Ersatz für eine Abwechslungsreiche Ernährung verwendet werden. Ebenso darf die auf den Packungen angegebene Höchstmenge nicht überschritten werden. Der Konsum und der versprochene Mehrwert von Nahrungsergänzungsmitteln ist, bei gesunder und ausgewogener Ernährung, umstritten.

M34 Nahrungsergänzungsmittel: sinnvoll oder unnötig?

AUFGABEN

82301-217

1. Beschreibe die Bilder. Wo findest du im Alltag Zusatzstoffe und wo Nahrungsergänzungsmittel (**M28**)?
2. Erläutere Vor- und Nachteile von Zusatzstoffen (**M29**, **M30**, **#Lebensmittelzusatzstoffe**).
3. Hast du Erfahrungen mit dem Geschmack von Süßstoffen im Gegensatz zu zuckergesüßten Lebensmitteln? Tausche dich mit Mitschüler:innen aus (**M31**).
4. Analysiere die Gemeinsamkeiten und Unterschiede von Lebensmittelzusatzstoffen und Nahrungsergänzungsmitteln (**M32-M34**, **#Lebensmittelzusatzsstoffe**, **#Nahrungsergänzungmittel**)
5. Nimm Stellung zu der Aussage in **M32**.
6. Diskutiert die Aussage: „Nahrungsergänzungsmittel und Zusatzstoffe sind die perfekte Ergänzung für deine Ernährung." (**M33**, **M34**, **#Nahrungsergänzungsmittel**).

F zu Aufgabe 5
Entwickelt Ideen, wie man Zucker im Alltag ersetzen oder reduzieren könnte.

Liefert Ernährung Energie rund um die Uhr?

„Morgens sollst du essen wie ein Kaiser, mittags wie ein König und abends wie ein Bettler" – doch wie königlich ist es, wenn es in der Schulkantine nur Milchnudeln, Ketchup-Brötchen und Schokoriegel gibt? Mensa-Köchin Azra ist stets bemüht, so zu kochen, dass die Köpfe der Schüler:innen den ganzen Schultag über fit bleiben – aber wie kann das gelingen?

M35 Guten Appetit

Essen aus einer Kantine

Schüler:innenfirma aus Berlin

Ketchupbrötchen

Selbstbedienungs-Buffet

M36 Eine Ernährung für alle

	Typ 1	Typ 2	Typ 3
Frühstück	Avocado-Vollkorn-Brot	Haferflocken mit Hafermilch, eine Handvoll Beeren	Weizenbrötchen mit Salami und Ei
1. Zwischenmahlzeit	/	Müsliriegel	Handvoll Nüsse
Mittag	Lasagne aus Zucchinischeiben und passierten Tomaten	Pitabrot mit Feta und buntem Salatmix mit leichtem Dressing	Mit Käse überbackene Hähnchenbrust mit Reis, Röstzwiebeln
2. Zwischenmahlzeit	Birne	Chia-Hirse-Joghurt	Banane
Abendessen	Brokkoli-Salat	Vollkornstulle mit Gewürzgurke und Käse	Pizza mit Sauce Hollandaise

M37 Mit voller Power durch den Schultag

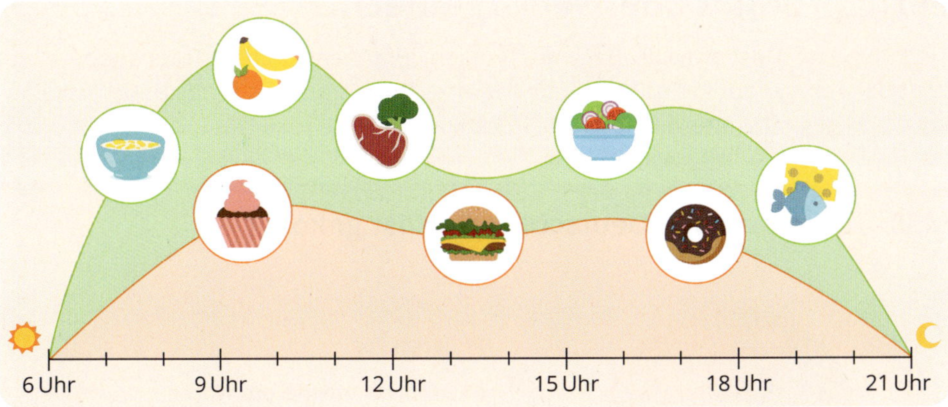

GRUNDUMSATZ UND LEISTUNGSUMSATZ

Menschen und ihr Bedarf an Kalorien unterscheiden sich u. a. durch ihre Größe und ihr Alter, aber auch durch den Aktivitätsgrad, der ihren Alltag prägt.

Der Grundumsatz entspricht der Energiemenge, die ein Körper pro Tag bei völliger Ruhe benötigt, um die Körperfunktionen aufrechtzuhalten (z. B. wenn du ruhig auf dem Sofa liegst). Der Leistungsumsatz ist die Energie, die ein Körper zusätzlich für körperliche Aktivitäten nutzt. Das bedeutet also, wer sich täglich viel bewegt, hat einen höheren Kalorienbedarf als jemand, der/die lediglich sitzende Tätigkeiten ausführt.

AUFGABEN

82301-218

1. Beschreibe die verschiedenen Essen-Angebote in **M35**. Welchem der Bilder würdest du das Essen-Angebot eurer Schule am ehesten zuordnen?
2. Vergleicht zu zweit die Angebote hinsichtlich des zu erwartenden Preises, Herstellungsaufwands und der Nährstoffqualität (**M35**).
3. Betrachte die Tabelle **M36**.
   a) Stelle Vermutungen an, welcher Typ eher der Ernährung einer Sportskanone, einer krankgeschriebenen Person und einer/m Umwelt- und Tierfreund:in entspricht (**#Grundumsatz & Leistungsumsatz**).
   b) Diskutiert eure Ergebnisse in der Klasse.
   c) Recherchiert, wie ein typisches spanisches, englisches und türkisches Frühstück aussehen kann.
4. Ordne den einzelnen Mahlzeiten für beide Leistungskurven konkrete Lebensmittelbeispiele zu (**M37**).
5. Diskutiert, wie ihr euch nach den folgenden Mittagessen fühlt:
   - Schnitzel mit Pommes und Champignons in Sahnesauce
   - Bunter Salat mit Falafelbällchen und magerer Kräuterquark

F zu Aufgabe 1
Entscheide, mit welchem der Angebote du am besten durch den Tag kommen würdest.

H zu Aufgabe 3
Inspiration findest du auf den vorherigen Seiten dieses Kapitels.

Die Qual der Wahl – Fertigprodukt oder selbstgemacht?

Tiefkühlpizza, Dosenravioli, Backmischungen, Pfannengerichte, Tütensuppe – die Welt der Fertigprodukte ist bunt und vielfältig. Doch sind dies für dich wirklich sinnvolle und gesunde Alternativen zum Selbstkochen?

M38 So oft wird in Deutschland selbst gekocht

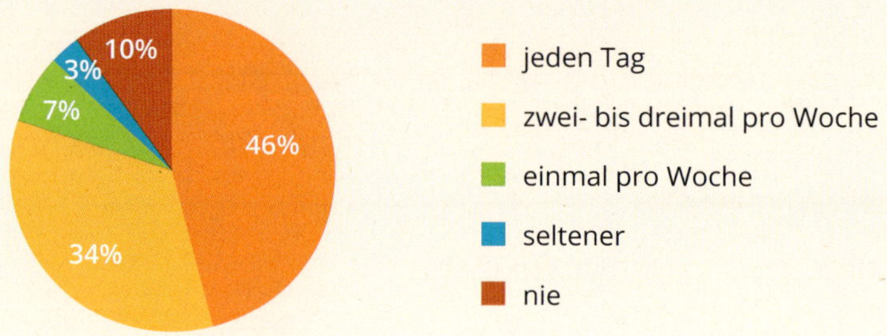

Zahlen: BMEL, Ernährungsreport 2022

M39 Bequem oder gesund – entscheide dich

Opa Schultz: Fertigprodukte sind ein Segen! So kann ich mir ohne große Kochkünste und ohne Unterstützung von außerhalb etwas zu essen machen. Die Mikrowellengerichte schmecken mir richtig gut und zum Nachtisch gibt es Dosenpfirsiche als Kompott. Außerdem bleibt die Küche so auch sauber ... deutlich weniger Arbeit für einen alleinstehenden Rentner wie mich.

Sabine: Fertigprodukte kommen mir nicht in die Tüte! Nur selbst gekocht schmeckt am besten und ist gesund. Wenn ich an die Kosten, die Inhaltsstoffe und den ganzen Verpackungsmüll von Fertigprodukten denke, wird mir ganz übel.

M40 Wie viel darf's kosten?

M41 Vier Stufen zum Fertigprodukt

Stufe	betrifft	Verarbeitung	Beispiele	Verzehr
1	frische Lebensmittel	frisch, getrocknet, erhitzt, gepresst, fermentiert, gefroren	Gemüse, Pilze, Kräuter, Obst, Nüsse, Getreide/-mehl, Kartoffeln, Fleisch, Fisch, Eier, Milch, Joghurt, Käse, Wasser	Basis der Ernährung, sollte Hauptanteil der Speisen stellen
2	Zutaten, leicht verarbeitet	gepresst, raffiniert, gemahlen, getrocknet, zerkleinert	*werden nicht "einzeln" verzehrt, sondern für Geschmack der Speisen zugegeben:* Salz, Zucker, Honig, Pflanzenöle, Essig, Getreidestärke, Backpulver	in kleinen Mengen zur Zubereitung frischer Speisen
3	verarbeitete Lebensmittel	geräuchert, gepökelt, gebacken, konserviert, gegärt	Brot/Brötchen, Teigwaren, Konfitüren/Aufstriche, eingelegtes Gemüse, Konserven, Eingemachtes, Bier, Wein	in eher geringen Mengen als Beigabe zu frischen Speisen
4	stark verarbeitete Lebensmittel	industriell meist mit Zusätzen hergestellt	*Produkte mit Zusätzen aller Art:* Fertigprodukte, Cerealien, Riegel, Milchprodukte mit Fruchtzusätzen, Back-/Süßwaren, Wurst-/Fischprodukte mit Zusätzen	möglichst meiden/in geringen Mengen verzehren

CONVENIENCE FOOD

Lebensmittel, die aufgrund ihrer starken Verarbeitung mit sehr wenig weiterem Aufwand verzehrfertig und daher sehr bequem (engl.: convenient) sind, werden als Convenience Food bezeichnet.

Diese Lebensmittel zeichnen sich im Vergleich zu Rohwaren durch einen höheren Bearbeitungsgrad aus, da sie bestimmte Be- und Verarbeitungsstufen durchlaufen. Die Zubereitung bestimmter Gerichte wird somit für private Haushalte und Gastronomie erleichtert. Es wird zwischen teilfertigen oder verzehrfertigen Gerichten unterschieden. Einige Beispiele sind Tiefkühlgerichte, Tütensuppen, Backmischungen und Konservengerichte.

AUFGABEN

82301-219

1. Beschreibe das Diagramm **M38**.
2. Macht eine Umfrage in eurer Klasse:
   - Wie oft wird bei euch zu Hause selbst gekocht?
   - Was schmeckt dir besser: selbst gekocht; geliefert oder selbst aufgewärmt?
3. Betrachte die Darstellungen in **M39** und **M40**. Für welche Variante im **M40** würdest du dich entscheiden?
   a) Erläutere, was alles benötigt wird, um eine Pizza selbst herzustellen.
   b) Vergleiche die Varianten hinsichtlich der Kosten und des Arbeitsaufwands.
   c) Erarbeite die Vor- und Nachteile für selbstgemachte Gerichte und Convenience-Produkte in einer Tabelle (**M39**, **M40**, **#Convenience Food**).
4. Bewerte die Verzehrempfehlungen in **M41**.

Lebensmittelcheck

Worum geht es?

Als Verbraucher:in von Lebensmitteln kannst du beim Einkauf in einige Fallen tappen. Damit du bei der Vielfalt der angebotenen Lebensmittel den Überblick behältst, ist es sinnvoll, alle Angaben auf der Verpackung genau zu prüfen. Dadurch kannst du deren Wert für deinen Körper einschätzen und erfährst, welche Zutaten verwendet wurden und teilweise auch, wo diese herkommen.

Geht dabei so vor:

1. Schritt: Prüfe den Inhalt

Zutatenliste – Was steckt drin?
Die Zutatenliste zeigt dir die mengenmäßige Reihenfolge der verwendeten Lebensmittel, beginnend bei der größten Menge.

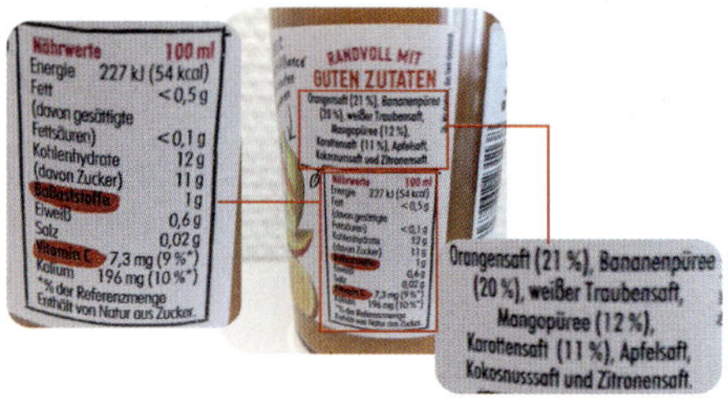

Nährwertangaben – Was steckt drin?
Die Nährwertangaben geben dir Aufschluss darüber, welche Nährwerte in welcher Menge enthalten sind. Die Angaben werden meist auf 100g oder ml runter- oder hochgerechnet oder für eine Portion angegeben. Du solltest im Blick behalten, welche Nährstoffe du in welchen Mengen zu dir nehmen musst, um gesund zu bleiben.

Mengenangabe & Preis – Ist das Produkt teurer geworden bzw. bekommst du inzwischen weniger für dein Geld?

2. Schritt: Prüfe die Angaben auf der Verpackung

Mogelpackung

Folgende Fragen können dir helfen, um eine Mogelpackung zu enttarnen:

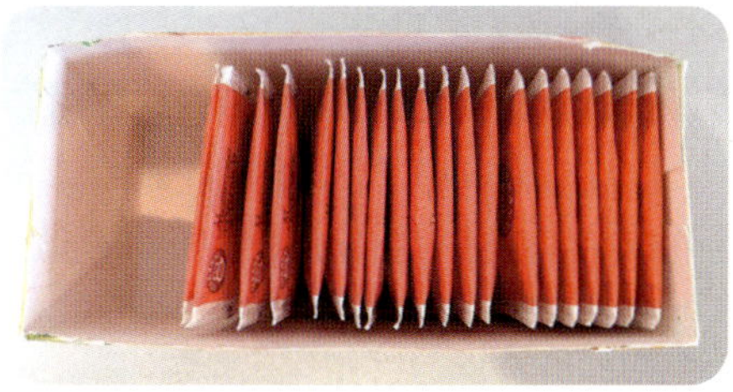

- Sind die Zutaten enthalten, die auf der Packung abgebildet sind?
- In welcher Menge sind die Zutaten enthalten, die im Titel des Produktes (z. B. Mango-Maracuja-Smoothie) stehen?
- Ist die Packung vollständig gefüllt?

Werbeaussagen kritisch prüfen: z. B.: High Protein

Prüfe hier kritisch, um welches Produkt es sich handelt. Ist ein Schokopudding mit „high protein" gekennzeichnet, ist neben viel Eiweiß in der Regel auch Zucker und Fett enthalten. Bei anderen Produkten ist die Angabe überflüssig, da sie von Natur aus einen hohen Eiweißgehalt haben. Z. B. Haferflocken damit zu kennzeichnen, dient hier nur als Marketinginstrument.

Siegel

Um einen Überblick über den Siegel-Dschungel zu erhalten, schau dir Kapitel 3 „Kann man Siegeln vertrauen?" (S. 110 f.) an. Viele Siegel bedeuten nicht immer auch eine bessere Qualität oder nachhaltigere Herstellung.

3. Schritt: Kaufen oder selbst machen?

Letztendlich solltest du überlegen, ob du ein ggf. stark verarbeitetes bzw. Convenience-Produkt wirklich kaufen möchtest, oder dieses lieber selbst zubereitest.

- Welche Verarbeitungsstufen wurden durchlaufen?
- Welche Zutaten stecken drin?
- Braucht dein Körper diese Zutaten?
- Wie viel Geld würdest du ausgeben, wenn du selbst kochst?

2.2 Ernährung im Wandel von Kultur und Zeit

Ernährungsverhalten früher und heute: Was hat sich verändert?

„Gegessen wird, was auf den Teller kommt", sagt Opa Schultz nicht ohne Grund zu seinen Enkelkindern. Er hat erlebt, wie sehr sich die Ernährung im Laufe der Jahrzehnte verändert hat: Sei es aus der Not oder wegen eines Trends. Nur was genau hat sich über die Jahre verändert?

M1 Opa, warum hat sich das Essen verändert?

- 1939-1945: 2. Weltkrieg
- 50er Jahre: Die fetten Jahre
- 50er & 60er Jahre: Das Wirtschaftswunder wirkt.
- 70er Jahre: Der Reisetrend hält an.
- 80er Jahre: Lebensmittelqualität ist gefragt.
- 90er & 00er Jahre: Immer schneller und gesünder.
- 2010-heute: Ich muss wissen, was drin ist.

a Fastfood wird in allen Varianten und überall verzehrt. Selbst kochen nimmt weiter ab. Gleichzeitig entsteht ein immer stärker werdendes Bewusstsein für den Zusammenhang zwischen Gesundheit und Ernährung.

b Lebensmittelallergien werden zur Volkskrankheit, Haltungs- und Herstellungsbedingungen werden zu Kaufargumenten. Umweltschutz wird wichtiger, verschiedenste Ernährungsformen werden massentauglich.

c Inhaltsstoffe beginnen wichtig zu werden. Ökologische Landwirtschaft entsteht. Grund dafür sind Umweltskandale (Waldsterben, Pestizide in Nahrung und Grundwasser) und -katastrophen (Unfall im Atomkraftwerk Tschernobyl).

d Fertigprodukte und Kühlschränke werden modern. Viele neue Technologien zur Lagerung und Herstellung von Lebensmitteln entstehen. Deutschen Haushalten geht es so gut wie noch nie.

e Es sind kaum Nahrungsmittel verfügbar. Kohlrüben und Kartoffeln werden in allen Variationen zubereitet. Alle sind froh, wenn sie irgendetwas zu essen bekommen.

f Das Essen wird internationaler. Pizza und Burger gehören schon zum guten Ton. Exotische Früchte erobern den heimischen Küchentisch.

g Es wird sehr viel und fettig gegessen. Der Verzicht und das viele Leid haben ihre Spuren hinterlassen. Die beleibte Figur ist Statussymbol und Schönheitsideal zugleich.

M2 Entwicklungen im Überblick

Interaktive Aufgabe: Ordne die Bilder den Ernährungsentwicklungen zu

82301-96

ERNÄHRUNGSVERHALTEN (ERNÄHRUNGSSOZIALISATION)

Warum wir ein bestimmtes Essen mögen, ist unter anderem davon abhängig, mit welchen Lebensmitteln wir früh in Berührung gekommen sind. Je nachdem, in welchem Kulturkreis und an welchem Ort wir geboren wurden, unterscheidet sich die Auswahl und Zubereitung von bestimmten Lebensmitteln oder vorherrschenden Tischsitten stark.
Zudem wurde unser Essverhalten im Laufe der Zeit durch weitere Faktoren beeinflusst: neue technologische Möglichkeiten (z. B. Elektroherd, Konserven), gesellschaftlich Fortschritte (z. B. internationaler Handel) oder globale Krisen (z. B. Kriege oder Hungersnöte). Unser Essverhalten wandelt sich daher stetig. Diesen Prozess nennt man Ernährungssozialisation.

AUFGABEN

82301-220

1. Ordne den Zeiträumen das passende Ernährungsverhalten zu (**M1**).
2. Gestaltet zu zweit einen Zeitstrahl der Ernährung (**M1**).
3. Beschreibe, anhand der Abbildungen in **M2** und dem dazugehörigen QR-Code, wie sich die Trends in den letzten 100 Jahren verändert haben.
4. Diskutiert in der Klasse, ob die beschriebenen Ernährungsverhalten immer für alle Menschen in Deutschland zutreffend waren (**M1**, **M2**, **#Ernährungsverhalten**).

F zu Aufgabe 2
Ergänzt den Zeitstrahl aus Aufgabe 2 durch weitere besondere Fakten.

Du bist, was du isst – welche Ernährungsformen gibt es?

Das Essen auf dem Teller ist heute so vielfältig wie nie zuvor. Auch die Ansprüche an die eigene Nahrung sind größer geworden. Bei Familie Kılıç ist das ein Thema am Essenstisch und nicht immer frei von Konflikten, besonders, wenn die Großeltern aus der Türkei zu Besuch sind.

M3 Familie Kılıç am Küchentisch

M4 Ernährungsformen: die großen Drei

Es gibt eine Vielzahl an weiteren Ernährungsformen. Zum Beispiel Paleo, Rohköstler, Fruganismus, Clean Eating... Sie alle sind abgewandelte, zumeist extremere Formen, der drei Hauptgruppen.

Aslan: Du kannst doch nicht nur Salat essen. Das macht doch krank. Deinem Körper mangelt es mindestens an Eisen und Vitamin B12.

Eren: Ich bin Vegetarier, kein Veganer. Ich nehme tierische Produkte zu mir: Milch, Käse, Eier, Honig. Deshalb habe ich diese Probleme nicht. Vielleicht werde ich irgendwann vegan, aber da möchte ich mich vorher viel mehr informieren. Das schaffe ich nicht von heute auf morgen.

Aslan: Ve... was?

Eren: Vegan. Wenn du vegan lebst, verzichtest du bei deiner Ernährung auf alle Produkte, die vom Tier stammen, weil sie, wie z. B. Milchkühe, trotzdem eingesperrt und unter schlechten Bedingungen leben. Das gilt auch abseits der Ernährung. Kleidung aus Leder ist z. B. tabu. Aber man kann auch vorwiegend vegan leben. Also nicht auf alles achten, aber auf vieles.

Aslan: Und was bin ich dann? Gibt es für den klassischen Fleischesser einen Begriff?

Eren: Ganz einfach, du ernährst dich omnivor. Das bedeutet, du isst alles, was für den menschlichen Verzehr geeignet ist.

M5 Essen nach Plan

Auch im Spreewald gibt es immer wieder Aufregung ums Essen. Die Geschwister probieren gerade selbst jeweils etwas Neues aus. Beide essen grundsätzlich alles.

Alina trainiert gerade sehr regelmäßig im Fitnessstudio. Sie verzichtet deshalb weitestgehend auf Kohlenhydrate. „Im Fitti sagen sie, ‚das Sixpack wird in der Küche gemacht' deshalb ernähre ich mich ketogen. Auch bekannt als low carb. Manche essen sogar no-carb, aber das ist mir zu kompliziert. Die Energie, die mir fehlt, nehme ich durch zusätzliche gesunde Fette und einen deutlich höheren Eiweißkonsum auf."

Tom hingegen fühlte sich oft aufgebläht, weil er den ganzen Tag isst: besonders abends vor dem Rechner. „Ich habe das Intervall-Fasten für mich entdeckt. Ich esse 16 Stunden am Tag nichts, trinke nur Wasser, ungesüßten Tee und Kaffee. Die anderen acht Stunden esse ich ganz normal. Das funktioniert für mich super. Alina hat am Essenstisch deutlich mehr Probleme als ich. Sie verfolgt aber auch ein anderes Ziel."

AUFGABEN

82301-221

1. Lest die Sprechblasen in **M3** mit verteilten Rollen.
2. Beschreibe, mit welchen Problemen Eren konfrontiert ist. Wie würdest du reagieren? (**M3**).
3. a) Benenne die drei genannten Ernährungsformen (**M4**).
   b) Erläutere, worin sich die Ernährungsformen unterscheiden (**M4**).
   c) Entwickelt zu zweit eine Übersicht zu den Ernährungsformen (**M4**, **M5**).
   d) Diskutiert in der Klasse, ob und wie man in der Familie auf die Ernährungsgewohnheiten einzelner Familienmitglieder Rücksicht nehmen kann (**M3-M5**).

F zu Aufgabe 3b
Beziehe auch die in der Randnotiz genannten Ernährungsformen mit ein.

H zu Aufgabe 3c
Überlegt, ob ihr manches doppelt einordnen könnt.

Wie geht man mit Ernährungsempfehlungen um?

„Du musst weniger davon essen, das ist nicht gesund!“ Wer kennt diesen Satz nicht? Aber wenn wir von allem weniger essen, essen wir dann überhaupt noch genug? Gibt es andere Mittel und Wege den Problemen in der Ernährung entgegenzutreten?

Interaktive Aufgabe: Pyramidenpuzzle

82301-26

M6 Das Ernährungspyramidenpuzzle

M7 Eine für alle?

M8 Zehn gegen Zehn

Die Deutsche Gesellschaft für Ernährung (DGE) hat zehn Regeln aufgestellt, die dabei helfen sollen, gesünder zu leben. Aber was verbirgt sich dahinter?

Eure **10** Regeln	Die **10** Regeln der DGE

Die zehn Regeln der DGE

82301-95

VOLLWERTIGE ERNÄHRUNG

Eine vollwertige Ernährung kann dabei helfen, Wachstum, Entwicklung, Leistungsfähigkeit und die Gesundheit des Menschen zu unterstützen. Die Grundlage bildet gesundheitsförderliches Essen und Trinken, das auf den eigenen Energiebedarf angepasst ist. Dieser ist abhängig von Alter, Geschlecht und Vorerkrankungen (z. B. Allergien, Diabetes...), aber auch von der eigenen körperlichen Aktivität. Außerdem liefert eine vollwertige Ernährung ausreichend Vitamine, Mineral- und Ballaststoffe, um den eigenen Bedarf zu decken.

M9 „Gönnung!"

Eren und sein Kumpel Samy wollen heute den Ferienstart mit einer Zockernacht feiern. Zur Vorbereitung waren sie gemeinsam einkaufen. Neben Tiefkühlpizza und Pommes haben sie jede Menge Chips, Gummitiere und Schokolade gekauft. Natürlich dürfen kalte Getränke wie Eistee und Cola nicht fehlen. „Woooohoooo! Heute gönnen wir uns richtig!", rufen beide im Chor, als sie ihren Einkauf auf den Schreibtischen verteilen. „Die richtige Energie für eine lange und erfolgreiche Nacht", sagt Samy. Erens Eltern sind wenig begeistert, als sie den Einkauf sehen. „Wenn ihr das alles in euch reinstopft, fallt ihr tot um. So viel Ungesundes kann euer Körper doch gar nicht verarbeiten."

AUFGABEN

82301-222

1. Setze die zerfallene Ernährungspyramide wieder zusammen (QR-Code zu **M6**).
2. Beschreibe die Abbildung. Stelle Vermutungen an, was sie aussagen soll (**M7**, **#Vollwertige Ernährung**).
3. a) Entwickelt zu zweit zehn Ernährungsempfehlungen, die ihr euren Freunden geben würdet.
   b) Erarbeitet euch mithilfe des QR-Codes (**M8**) zu zweit die zehn Regeln der DGE.
   c) Vergleicht eure Regeln mit den Regeln der DGE. Welche Gemeinsamkeiten und Unterschiede stellt ihr fest (**M8**)?
4. Diskutiert in der Klasse, ob Erens Eltern mit ihrer Aussage recht haben (**M9**).

Ist Esskultur überall gleich?

Das Gefühl von Hunger kennt man auf der ganzen Welt. Essen spricht jedoch seine eigene Sprache. Es bestehen riesige Unterschiede darin, was, wann, wie und wo gegessen wird. Um davon einen Eindruck zu bekommen, musst du nicht einmal weit reisen.

M10 Göffel, Stäbchen und Co.

M11 Das Pfannkuchenproblem

Pfannkuchen international
Pfannkuchen und Schmalzgebäck gibt es auf der ganzen Welt. Recherchiere nach weiteren Varianten und zeige auf, worin sie sich in der Herstellung unterscheiden.

Christian Schultz macht einen Tagesausflug nach Berlin. Dort angekommen möchte er sich beim Bäcker einen kleinen Snack kaufen. Er bestellt: „Einen Berliner bitte." Der Verkäufer begegnet ihm einem freundlichen „Steht vor Ihnen. Sowat ham wa hier nich, junger Mann." Christian ist verwirrt. Er sieht doch mindestens 20 Stück in der Auslage liegen. „Aber da liegen doch so viele." entgegnete er. „Dit sind keene Berliner, sondern Pfannkuchen." „Verrückt!" sagt Christian. „Da fahre ich von Brandenburg nach Berlin und es werden aus Berlinern Pfannkuchen." „Richtig. Dafür jibt's auch noch 'ne janze Menge anderer Begriffe, müssen Se mal googlen. Dit is wie mit der Schrippe, der Stulle und der Boulette. Da kann man sich schon mal missverstehen. Also allet jut!" Christian bedankt sich und lässt sich seinen Pfannkuchen schmecken, während er auf seinem Handy nach weiteren Bezeichnungen für das Gebäck sucht.

M12 Ein Stück Heimat im Urlaub

Elif: Ich gebe zu, ich bin sehr mäklig und esse eh nicht viel. Im Urlaub ist es die Hölle für mich, wenn weder Spaghetti noch Pizza auf der Speisekarte stehen. Keine Ahnung, was die da alles essen, ich esse es nicht. Dazu kommen noch meine Allergien gegen Walnüsse und Zitrusfrüchte. Woher soll ich wissen, ob die das in ihren typischen Gerichten verarbeiten?

Eren: In einigen Ländern spielt Fleisch eine so große Rolle, dass ich als Vegetarier eine Woche lang große gemischte Salate und Pommes essen muss. Hier habe ich Glück, es gibt es so viele leckere vegetarische Gerichte, da hat Deutschland noch einiges nachzuholen. Bei der Reiseplanung spielt das Kulinarische in meiner Familie leider keine Rolle.

Azra: Ich liebe es, im Urlaub die vielen kulturtypischen Zutaten und Speisen zu probieren. Es gibt so viel Neues zu entdecken. Das Essen hier ist mit Restaurants in Deutschland nicht zu vergleichen. Die ausländische Küche inspiriert mich dazu, auch zu Hause neue Gerichte und Kombinationen auszuprobieren.

Hüssein: Das Schwierigste im Urlaub ist es, etwas Anständiges zu essen zu finden. Ich verstehe weder die Sprache, noch kann ich dem Essen hier etwas abgewinnen. Gibt es hier denn gar keine Restaurants mit deutscher Küche? Ich will weder auf meine Kräuterlimonade noch auf meine Kartoffeln verzichten.

ESSKULTUR

Die Esskultur umfasst alles, was mit dem Essen verbunden ist und von Menschen entwickelt und hergestellt wurde. Hierzu zählen z. B. Lebensmittel und benötigte Geräte (materielle Ebene), ebenso wie Gedanken, Gefühle, Rituale und Kenntnisse (immaterielle Ebene).
Wie und womit bereite ich etwas zu? Woher stammen die Zutaten und Gerichte? Wer isst und trinkt was gerne und warum? Wie und wo wird gegessen? Diese Fragen dienen der Zubereitung und Auseinandersetzung mit Essen und Getränken, dem Essverhalten und damit der Esskultur.

immateriell
geistig, nicht greifbar

M13 Andere Tische, andere Sitten: Abendessen

TISCHSITTEN

Tischsitten sind Umgangsformen, die beim Einnehmen von Speisen und Getränken in Gesellschaft gelten. Ziel ist es, allen Anwesenden das gemeinsame Essen und Trinken so angenehm wie möglich zu gestalten. Tischsitten unterscheiden sich je nach Land und Kulturkreis teils deutlich voneinander und ändern sich mit der Zeit.

M14 Darf´s ein bisschen mehr (Qualität) sein?

Azra geht nach der Arbeit gerne einen Kaffee bei ihrem Lieblingsbarista trinken. „Der kostet etwas mehr, ist aber von sehr hoher Qualität und sehr lecker. Für mich ist das mein Feierabendritual, meine Me-Time". Sie trinkt sonst keinen weiteren Kaffee am Tag.

Mai-Thi trinkt auf der Arbeit mehr als sechs Tassen Kaffee. „Ohne Kaffee könnte ich nicht leben. In der Praxis trinken wir immer den günstigsten Kaffee. Wirklich gut schmeckt der zwar nicht, aber bei der Menge wird es schnell teuer."

AUFGABEN

82301-223

1. Beschreibe, welches der Hilfsmittel zu welchen Gerichten, Situationen, Kulturen und Regionen passen könnte (**M10**).
2. Wo wird was gesagt? Recherchiere nach Synonymen für Berliner, Boulette und Schrippe und gestaltet eine Wortlandkarte mit den Begriffen (**M11**).
3. Reiseplanung: Erarbeitet zu zweit, wie ihr euch in Bezug auf die Esskultur für euren nächsten Urlaub vorbereiten könntet. Bedenkt die genannten Besonderheiten der Familie Kılıç (**M12**).
4. Welche Tischsitten gibt es in eurer Klasse? Diskutiert in der Klasse, ob Tischsitten heute noch wichtig sind (**M13**, **#Tischsitten**).
5. Scanne den nebenstehenden Mediencode und vergleiche den Essensalltag von Ama mit dem der Zeppelin WG.
6. Nimm begründet Stellung/Positioniere dich: Bist du eher auf Azras oder auf Mai-This Seite? Lässt sich die Situation auf andere Konsumgüter übertragen (**M14**, **#Esskultur**)?

F zu Aufgabe 2
Kennst du noch andere Speisen, die verschiedene Namen haben? Benenne sie.

Unterschiedlicher Essensalltag

82301-101

H zu Aufgabe 5
Welche Vor- und Nachteile hat es, allein oder gemeinsam zu essen?

Welche Bedeutung hat unser tägliches Brot?

Deutschland und das Brot sind untrennbar miteinander verbunden. Deutsches Brot ist in der ganzen Welt bekannt. Nirgendwo gibt es so viele verschiedene Brotsorten wie hier. Welche Bedeutung hat Brot für uns und wie ist das in anderen Ländern und Kulturen?

M15 Sortenvielfalt von Brot

Interaktive Aufgabe: Ordne die Brotsorten zu

82301-28

Knäckebrot | Toastbrot | Weißbrot | Fladenbrot | Misch- und Vollkornbrot

M16 Sorten von Brot in der Welt

Interaktive Aufgabe: Andere Länder, andere Brote

82301-27

M17 Mach dich locker: Brotteig geht auf

Um ein leckeres, fluffig weiches Brot zu backen brauchst du Unterstützung aus der Natur und Zeit, denn ein Brotteig muss vor dem Backen „gehen". Durch biochemische Prozesse wird der Teig größer und luftiger. Dafür verwendest du entweder Hefe (Pilzkulturen) oder Sauerteig (Bakterien). Hefeteige sind die Grundlage für Weißbrot, Brötchen oder Ciabatta, Sauerteige für Brote aus Roggen- oder Vollkornmehl. Probiere es aus und beobachte, wie sich die Teige bei der Zubereitung verändern.

Brotteig bevor und nachdem er aufgegangen ist.

Erfahre mehr über Mikroorganismen in **M11** „Nützliche Helfer", Kapitel „Sicher ist Sicher: S. 25

M18 Die Bedeutung von Brot

- In der Politik versteht man unter „Brot-und-Butter-Themen" alle wichtigen und eher alltägliche Themen, so wie es zu Hause jeden Tag Brot und Butter zu Essen gibt.
- *Brot für die Welt* ist eine international tätige Hilfsorganisation, die sich gegen Hunger und Armut einsetzt.
- Der Begriff „Brot und Spiele" stammt aus dem römischen Reich und steht im negativen Sinne für eine Politik, die nur dazu da ist, Wählerstimmen zu gewinnen, anstatt zielgerichtet Probleme zu lösen.
- Im Judentum und im Christentum hat das Brot ebenfalls eine besondere, spirituelle Bedeutung:
- Das Teilen („Brot brechen") ist ein Zeichen der Nächstenliebe
- Das jüdisches Pessach Fest gedenkt dem Auszug der Israeliten aus Ägypten. An diesem Tag wird traditionell ungesäuertes Brot verzehrt.

AUFGABEN

82301-224

1. Ordne die Brotsorten zu (QR-Code zu **M15**).
2. Nenne zu den Brotsorten passende Beispielgerichte, Mahlzeiten und Herkunftsregionen (**M15**).
3. Erarbeite 2-Minuten-Vorträge zu den Brotarten. Sprich über die Zubereitung, Herkunft und Geschichte, sowie Gerichte die traditionell dazu gegessen werden.
4. Bereitet in der Schulküche verschiedene Varianten von Brot zu und führt eine Verkostung durch (**M16**, **M17**).
5. Führe eine Umfrage in deiner Familie durch. Was verbindet sie mit Brot und seiner Bedeutung? Kennen Sie Sprichwörter? (**M18**).

Interaktive Aufgabe: Vervollständige die Tabelle

82301-29

M1 Die große Nährstofftabelle

Makronährstoffe			Mikronährstoffe			
			Vitamine		Mineralstoffe	
Eiweiße		Fette				
			Vitamin E			
tierisch				Vitamin C	Calcium	
						Jod

M2 Energie für den Tag

M3 Packung öffnen, fertig, los!

Convenience Food gibt es in vielen Varianten. Es erleichtert das Essen im Alltag und macht es auch unterwegs vielfältig. Dennoch ist Convenience Food nicht unproblematisch.

M4 Durchblick im Ernährungsdschungel

Karnivore Ernährung

Vegetarismus

Veganismus

Low-carb

Omnivore Ernährung

Rohkost

Intervall-Fasten

M5 Eine Frage der Manieren

„Wie war das noch mal? Kommt das Handy auf die rechte Seite oder auf die linke?"
Mark Heath, 2009

„Leg sofort diese komischen Dinger weg! Wo sind nur deine Manieren geblieben?"
Kelly Kincaid, 2011

Aufgaben

1. Ordne die Nährstoffe in die Tabelle ein (QR-Code) und finde passende Beispiele, in welchen Lebensmitteln sie vorkommen (**M1**).
2. Erläutere die Aufgaben und Funktionen der Nährstoffe für den Körper (**M1**).
3. Erläutere, wie sich die Leistungsfähigkeit über den Tag entwickelt und was der Grundumsatz und der Leistungsumsatz damit zu tun haben (**M2**).
4. Diskutiere Vor- und Nachteile von Convenience Food. Denke dabei unter anderem an die Verbraucher:innen, deren Gesundheit und die Umwelt (**M3**).
5. Gestaltet eine Mindmap (Methodenglossar S. 282) zu den Ernährungsformen (**M4**).
   a) Ergänze ihre Besonderheiten und passende Lebensmittel.
   b) Stelle dar, welche Ernährungsformen sich gegenseitig ausschließen und welche man miteinander kombinieren kann.
6. Beschreibe die Karikaturen (**M5**).
   a) Vergleiche die Karikaturen miteinander.
   b) Stelle Vermutungen an, auf welche Probleme hier aufmerksam gemacht werden soll.

Was weißt du schon?

1. Entscheide dich spontan: Welches Hemd würdest du kaufen?
2. Begründe deine Kaufentscheidung.
3. Vergleicht eure Begründungen zu zweit.

3

#Verbraucher:innen im Alltag

Eine Brezel beim Bäcker, ein T-Shirt im Sommer, ein neues Smartphone oder Kosmetik: „Shoppen gehen" kann gleichzeitig Erlebnis, Lust aber auch Frust sein. Vielleicht macht es dir Spaß, dich auf die Jagd nach dem besten Angebot zu machen. Du darfst aber nicht immer selbst entscheiden, was du kaufen möchtest ...
Und überhaupt: Wie sollst du dich orientieren, warum ist das coole Shirt so teuer und wer oder was hat eigentlich Einfluss darauf, was du am Ende kaufst?

Was lernst du in diesem Kapitel?

... Kaufentscheidungen zu treffen und dich über Produkte und Dienstleistungen zu informieren.
... was Nachhaltigkeit ist und warum nachhaltiges Konsumieren und Handeln wichtig ist.
... welche Faktoren deine Kaufentscheidungen beeinflussen.
... Möglichkeiten von nachhaltigem Konsum zu beschreiben.

Kommilagen gestalten

Als Kinder und Jugendliche seid ihr auch aktiv als Verbraucherinnen und Verbraucher am Wirtschaftsgeschehen beteiligt. Die zentralen Fragen hierbei sind: Kann ich alles kaufen was ich will? Werden meine Kaufentscheidungen beeinflusst? Sparen oder Konsumieren? Wie schütze ich mich vor Fehlkäufen?
Im Laufe dieses Kapitel erstellt ihr eine Kommilage – eine kommentierte Collage. Diese hat zum Ziel, die wichtigsten Informationen anschaulich und verständlich darzustellen.

Geht dabei so vor:

Start

1 Bildet Fünfergruppen.

2 Entscheidet euch zunächst für die wichtigsten Aspekte des Kapitels. Nicht vergessen solltet ihr:
- Kap. 3.1: M1-M13, #Zielgruppe, #Influencer:innen, M20, #Verbrauchersiegel; M23, #Regionalität, M26
- Kap. 3.2: M1-M6, #Verbraucherschutz
- Methode: Eine Kaufentscheidung treffen

3 Entscheidet anschließend, welche Kommilage welchen Schwerpunkt haben soll, z. B. Kaufentscheidungen im Supermarkt (**Kap. 3.1; M4**). Beachtet, dass für jedes Unterkapitel eine Kommilage entstehen soll.

4 Plant, wie und wo ihr die ausgewählten Aspekte szenisch darstellen wollt.
Ihr solltet euch bereits jetzt Gedanken um die dazugehörigen Texte (Sprechblasen oder Kommentare) machen.
! Achtung! Nicht an allen Orten darf ohne Erlaubnis fotografiert werden.

5 Setzt die in Schritt 4 geplanten Szenen um. Nehmt mehrere Bilder auf. Hierfür könnt ihr eine Digitalkamera oder ein Smartphone nutzen. Vergesst nicht, eure Bilder zu sichern.

6 Wählt ein gängiges Präsentationsprogramm (von Microsoft Office, Libre Office, o. ä.) aus. Fügt die aufgenommenen Bilder ein und verseht diese mit den Sprechblasen oder Kommentaren aus Schritt 4.
Es empfiehlt sich, für den Ausdruck das Format A3 zu wählen.

7 Präsentiert eure Kommilagen. Hier sind unterschiedliche Präsentationsformen möglich (digital am Smartboard oder ausgedruckte Poster).

8 Legt gemeinsam Kriterien fest und beurteilt die Kommilagen anschließend.

Beispiel einer Kommilage zum Thema „Kaufentscheidungen im Supermarkt"

Greifzone
Markenprodukte

Reckzone
wenig rentabel

Bückzone
preisgünstige Ware

Robert sucht im Supermarkt ein passendes Futter für seinen Kater.
Das Problem: Es ist Monatsende und von seinem Taschengeld ist nicht mehr viel übrig.
Robert entscheidet sich dieses Mal für ein günstiges Produkt. So wird der Kater noch eine Woche satt.

3.1 Was und wer bestimmt meine Kaufentscheidungen?

Bestimme ich allein, was ich kaufe?

Du hast verschlafen und kommst gerade noch pünktlich in der Schule an. Und dann auch noch das: Dein Frühstück liegt zu Hause auf dem Küchentisch. Nach dem Unterricht läufst du deshalb in den naheliegenden Supermarkt, um dir etwas zu Essen zu kaufen. Erschrocken schaust du beim Bezahlen auf die Supermarktkasse. Warum hast du nur so viel eingekauft?

Teste dich: Welcher Kauftyp bist du?

82301-30

M1 Kaufentscheidungen reflektieren

M2 Verschiedene Arten von Kaufentscheidungen

Ob im Supermarkt oder beim Bäcker, wahrscheinlich täglich musst du viele Kaufentscheidungen treffen. Sie können in verschiedene Arten eingeteilt werden: Wohlüberlegte, meist kostenintensive Käufe bezeichnet man als **echte** (extensive) Kaufentscheidungen. Ist ein Produktkauf durch bestimmte Faktoren (Menge, Auswahl...) eingeschränkt, spricht man von **limitierten** Kaufentscheidungen. Spontane Einkäufe, über die wenig nachgedacht wird und bei denen der Preis der Ware meist eher gering ist, werden als **impulsive** Kaufentscheidungen bezeichnet. Greift ein Kunde oder eine Kundin aus Gewohnheit immer zum gleichen Produkt, spricht man von gewohnheitsmäßigen (habituellen) Kaufentscheidungen.

M3 An der Kasse im Supermarkt – zum Schluss noch etwas Süßes?

Einkaufstricks im Supermarkt durchschauen

82301-31

M4 Die Verführung lauert überall: Tipps für deinen Einkauf

- ✓ Plane deinen Einkauf. Schreibe einen Einkaufszettel, er erinnert dich an das, was du wirklich benötigst. Du kannst diesen natürlich auch im Smartphone notieren.
- ✓ Gehe nicht hungrig einkaufen, denn dann kauft man meist mehr.
- ✓ Lass dir Zeit für Entscheidungen! Botschaften wie „Nur für kurze Zeit“ oder „Nur heute!“ sollen dich zum Sofortkauf verleiten.
- ✓ Hinterfrage Geschenke wie Sammelkarten oder Gratisprodukte. Sie sollen dafür sorgen, dass du möglichst viel einkaufst oder ganz bestimmte Produkte kaufst.
- ✓ Bleibe stark in der Quengelzone! Die schnell gegriffenen Produkte dort sind in der Regel viel teurer, weil z. B. Süßwaren wie Schokoriegel einzeln angeboten werden.

Quengelzone
Bereich rund um die Kassen im Supermarkt

AUFGABEN

82301-226

1. a) Betrachte die Bilder in **M1** und beschreibe, wie du deine Kaufentscheidung vorbereiten würdest.
b) Vergleicht eure Vorgehensweisen anschließend in der Klasse: Welche Gemeinsamkeiten und Unterschiede könnt ihr feststellen?

2. a) Erarbeite dir die verschiedenen Arten von Kaufentscheidungen in **M2** und ordne sie den Abbildungen in **M1** zu.
b) Findet zu zweit weitere Beispiele für alle Arten von Kaufentscheidungen aus eurem Alltag und notiert diese in eurem Heft.

3. Betrachte die Supermarktkasse (**M3**).
a) Nenne typische Produkte, die an Kassen für Kinder und für Erwachsene zu finden sind.
b) Analysiert zu zweit, warum genau diese Produkte hier angeboten werden.

4. Erarbeite drei weitere Tipps, die dazu beitragen, unnötige Einkäufe zu verhindern (**M4**).

Beeinflussen Marken meine Kaufentscheidungen?

Seit Wochen liegst du deinen Eltern in den Ohren: Dein größter und einziger Geburtstagswunsch ist das neue iPhone! Mit dem wärst du die Nr. 1 in der Klasse. Jetzt packst du das Geschenk aus ... und dann ist das Handy von einer „Schrott-Marke" ...!

M5 Marken – immer und überall?

M6 Wer verdient an teurer Markenkleidung?

Nach: Kleider machen arme Leute, Video-Produktion der Hochschule Furtwangen (Prof. Michael Hoyer), Digital Imaging 2006

Patent
Schutz für Erfindungen. Besitzer:in des Patents kann anderen die gewerbliche Nutzung der Erfindung verbieten.

materiell
greifbare, gegenständliche Dinge

MARKENWERT

Der Wert eines Unternehmens besteht nicht nur aus dem Umsatz, den Unternehmensimmobilien, den Mitarbeitenden oder Patenten, sondern auch aus dem nicht-materiellen Wert, seiner Marke.
Menschen verbinden positive Gedanken und Gefühle mit verschiedenen Produkten. Dadurch ist es einem Unternehmen möglich, mehr Geld für das eigene Produkt zu verlangen. Daher hat eine Marke auch einen (immateriellen) Wert.

M7 Die wertvollsten Marken der Welt 2021

Die „wertvollsten" Marken der Welt
Stand: 2021

73000-417

Platz	Marke	Markenwert [Mrd USD]	Ursprung	Veränderung im Vergleich zum Vorjahr in Prozent
1	Apple	408,251	USA	+ 26 %
2	Amazon	249,249	USA	+ 24
3	Microsoft	210,191	USA	+ 27
4	Google	196,811	USA	+ 19
5	Samsung	74,635	Südkorea	+ 20
6	Coca-Cola	57,488	USA	+ 1
7	Toyota	54,107	Japan	+ 5
8	Mercedes Benz	50,866	GER	+ 3
9	McDonalds	45,865	USA	+ 7
10	Disney	44,183	USA	+ 8

Die fünf „wertvollsten" deutschen Marken ...

Platz	Marke	Markenwert [Mrd USD]	Veränderung im Vergleich zum Vorjahr in Prozent
8	Mercedes Benz	50,866	+ 3
12	BMW	41,631	+ 5
20	SAP	30,090	+ 7
34	Allianz	15,174	+ 17
46	Audi	13,474	+ 8

©C.C. Buchner Verlag, aktuelle Daten nach interbrand – Best Global Brands Ranking, 2021

AUFGABEN

82301-227

1. a) Ordne den abgebildeten Produkten in **M5** gängige Marken zu, die du mit diesen Produkten verbindest oder in deinem Alltag nutzt.
b) Erkläre an drei konkreten Beispielen, warum du dich bei bestimmten Produkten für Marken oder für eine No-Name-Variante entscheidest.

2. Erläutere, wer an teuren Markenprodukten besonders viel Geldverdient (**M6**).

3. Kennt ihr die wertvollsten deutschen Marken? Recherchiert arbeitsteilig, was die Unternehmen in **M7** herstellen bzw. verkaufen.

4. Welche Marken spielen in eurer Klasse eine große Rolle?
a) Ermittelt von allen in der Klasse die persönlichen Marken TOP 5.
b) Erstellt ein Klassen-Ranking und stellt dieses grafisch dar.
c) Diskutiert, warum ausgerechnet diese Marken bei Jugendlichen so erfolgreich sind.
d) Vergleicht euer Markenranking mit den wertvollsten Marken aus **M7**.

No-Name-Produkte
Gegenteil zur Markenware. Zeichnet sich durch schlichtere Verpackungen und günstige Preise, bei vergleichbarer Qualität aus.

H zu Aufgabe 4c
Berücksichtigt in der Diskussion auch die Informationen aus **M6**.

Was macht Werbung mit mir?

Bestimmt kennst du das auch: gerade willst du das neue Video deines Lieblings-Youtubers anschauen, aber erst mal heißt es warten – Werbung! Ständig werden dir die gleichen langweiligen Werbungen und Songs vorgespielt. Wie nervige Ohrwürmer setzen sie sich in deinem Kopf fest. Aber erreichen die Unternehmen damit auch ihr Ziel, dich zum Kauf der Produkte zu bewegen?

M8 Bist du überzeugt?

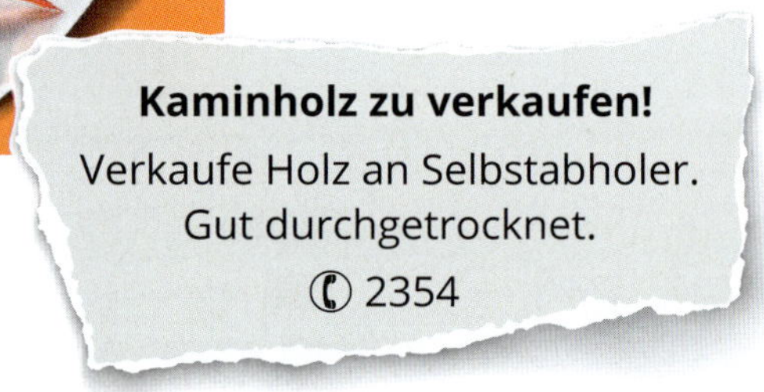

M9 Die Sprache der Werbung

Als **Werbung** werden alle Maßnahmen (Radiospots, Prospekte, Plakate u. a.) bezeichnet, die das Ziel verfolgen, dich zum Kauf eines Produkts oder einer Dienstleistung zu bewegen.

Sprache der Werbung

ist einprägsam, witzig	macht persönlich betroffen	ist schnell auffassbar
durch:	durch:	durch:
Reime	Ausrufe	Einfachheit
Slogans	Befehle	Verkürzung
Wortspiele	Aufforderungen	Auslassungen
Wortneubildungen	Behauptungen	Verständlichkeit
	persönliche Anreden	Eingängigkeit
	Fragestellungen	

→ bleibt im Gedächtnis, steuert unbewusst

Nach: Gisela Stanglmeier, medieninfo bayern, Juni 2011

M10 So ist Werbung erfolgreich

Werbung versucht, durch besondere Methoden Botschaften zu vermitteln. Diese sollen dich stärker als sachliche Informationen erreichen und zum Kauf verleiten. Um diesen Prozess zu erklären, wurden verschiedene Modelle entwickelt. Das bekannteste ist das sogenannte AIDA-Modell. Dieses wurde bereits 1898 vom Werbestrategen Elmo Lewis erstellt. Inzwischen wurden auch eine Vielzahl anderer Modelle entwickelt, welche den heutigen Anforderungen an eine moderne Werbung gerechter werden, wie z. B. das Lavidge-Steiner-Modell (1961) das du hier sehen kannst:

M11 Gespräch in der Marketingabteilung einer Versicherung

M12 Der BVG-Sneaker

Das Marketing der Berliner Verkehrsbetriebe (BVG) ist zumindest unter Berliner:innen fast schon Kult. Doch auch überregional schafft es das Unternehmen durch lustige und kluge Einfälle immer wieder in die Presse. Dennoch ist das Image der BVG bei ihren täglichen Kund:innen nicht das Beste. Charlotte und Eren feiern viele der selbstironischen Instagram-Posts und Plakate in der Stadt. Sie finden aber auch, dass pünktliche Busse und Bahnen viel wichtiger sind als witzige Werbeslogans. Die BVG weiß, dass einige Fahrgäste ihnen kritisch gegenüberstehen. Das soll sich zukünftig ändern. Öffentliche Verkehrsmittel, sowie die BVG als Unternehmen und möglicher Arbeitgeber sollen schließlich für alle attraktiv sein. Dazu müssen die BVG an ihrer Markenwahrnehmung arbeiten. Sie wollen von jungen Leuten geschätzt werden. Gleichzeitig wollen sie erreichen, dass sie Tickets kaufen, statt schwarz zu fahren. Es brauchte eine neue Marketing-Kampagne. Was dabei raus kam und warum sie sich zu einem großen Erfolg entwickelte, kannst du im Video aus der Randspalte sehen.

Exklusiver Sneaker der BVG mit Sitzbezugmuster

Neue Markenstrategie der BVG

82301-32

AUFGABEN

82301-228

1. Untersuche die Werbeanzeigen in **M8**. Erläutere, was dich an den Beispielen anspricht und was dich nicht überzeugt.
2. Wie funktioniert Werbung (**M9**, **M10**)?
   a) Beschreibe, wann, wie oft und in welcher Form dir Werbung begegnet.
   b) Erkläre, welche Art von Werbung dich besonders anspricht und nenne Beispiele. Gibt es hierbei Unterschiede zwischen Online- und Offlinewerbung?
   c) Erläutere eine Werbung, die dich besonders anspricht und überprüfe sie mit Hilfe des Lavidge-Steiner-Modells (**M9**, **M10**).
   d) Ihr bekommt einen Anruf von einem Unternehmen und werdet mit der Entwicklung einer Werbekampagne eures Lieblingsproduktes beauftragt. Gestaltet in Kleingruppen eine Werbung eurer Wahl und stellt eure Ergebnisse anschließend in der Klasse vor.
3. Diskutiert, ob die vorgeschlagene Marketingaktion bei der Zielgruppe erfolgreich sein könnte (**M11**).
4. a) Fühlst du dich von der Marketingaktion angesprochen? Begründe deine Aussage (**M12**).
   b) Diskutiert in der Klasse: Kommt die Marketingaktion der BVG gut bei der Zielgruppe an (**M12**)?

F zu Aufgabe 2
Diskutiert, ob es problematisch ist, dass Werbung das Ziel der Beeinflussung der Kund:in verfolgt.

H zu Aufgabe 2c
Überprüfe, ob die Werbung alle Stufen des Modells berücksichtigt. Achtet dabei besonders auf Name, Aussehen (Verpackung, Etikett), Werbeslogan, Werbeplakat.

Ein Werbevideo produzieren

Worum geht es?

Unser Alltag ist voll von kurzen oder langen Werbevideos: in Serien, auf Social Media, im Fernsehen – ständig sind wir alle davon umgeben. Ein gutes Werbevideo zu produzieren, ist aber gar nicht so einfach. Es lohnt sich, einmal selbst einen Versuch zu unternehmen.

Geht dabei so vor:

1. Schritt: Ein Produkt und die Zielgruppe auswählen

- Was will ich bewerben? Dienstleistung oder Produkt, real oder fiktiv?
- Wen spreche ich damit an? Welche Produkte interessieren die Zielgruppe?
- Welches Problem löst das Produkt für die Zielgruppe?

Hinweise zur Filmsprache

82301-33

2. Schritt: Darstellungsform wählen

- Welchen Stil soll das Video haben? (z. B. Realfilm, Animation, Stop-Motion, Explainity, One-Take-Video, Tik-Tok ...)

Erschließe dir unbekannte Begriffe mit Hilfe des Internets.

3. Schritt: Ablauf und technische Ausrüstung festlegen

- Die Handlung des Videos sollte zur besseren Orientierung vor den Aufnahmen schriftlich festgehalten werden.
- Fertigt dafür grobe Skizzen oder Stichpunkte in logischer Reihenfolge an.
- Welche Ausrüstung und Requisiten (Gegenständen) werden zur Aufnahme benötigt?
- Welche Unterstützung brauche ich bei der Aufnahme?

Tipps & Tools zur Umsetzung:

1) Aufnahme
   - Mache mehrere Aufnahmen von jeder Szene.
   - Achte auf eine möglichst ruhige Umgebung und gute Lichtverhältnisse.
2) Bearbeitung
   - Füge einzelne Aufnahmen zu einem Video zusammen.
   - Schneide Aufnahmen, unterlege sie mit Musik und Soundeffekten.
   - Lege Musik, Sounds oder Sprachaufnahmen über deine Aufnahmen, um sie besser wirken zu lassen.
   - Lizenzfreie Musik, Sounds und Effekte findest du z. B. unter Freemusicarchive.org und Soundbible.com.
   - Welche Unterstützung brauche ich bei der Aufnahme?

Tipps zum Videoschnitt

82301-34

Mögliche Apps zur Videoproduktion

82301-35

Bestimmt mein Star, was ich kaufe?

Bekannte Instagram-Stars wie Bibi wissen, dass Likes und Reichweite die entscheidende Währung auf Social-Media-Plattformen sind. Mit steigenden Zahlen werden nicht nur sie selbst bekannter, sondern sie kriegen auch immer mehr Anfragen für Produktkooperationen. Hinter den bunten Bildern versteckt sich eine ganze Geschäftswelt. Doch wie wirken sich die Aktivitäten der Influencer:in auf unseren Alltag aus?

M13 Wie präsentieren sich Werbeprofis im Netz?

Bianca „Bibi" Claßen ist eine klassische Influencerin, die durch das Testen und Bewerben von Produkten auf YouTube bekannt wurde.

Rapper Xatar wurde durch Musik berühmt. Nun nutzt er seine Reichweite auch, um unter anderem seine eigenen Tiefkühlprodukte zu vertreiben.

Deutschlands erfolgreichster TikToker Younes Zarou ist erst seit 2019 auf der Plattform aktiv. Er blockt, nach eigenen Angaben, fast alle Werbeanfragen ab.

M14 Welche Apps erreichen die meisten Jugendlichen?

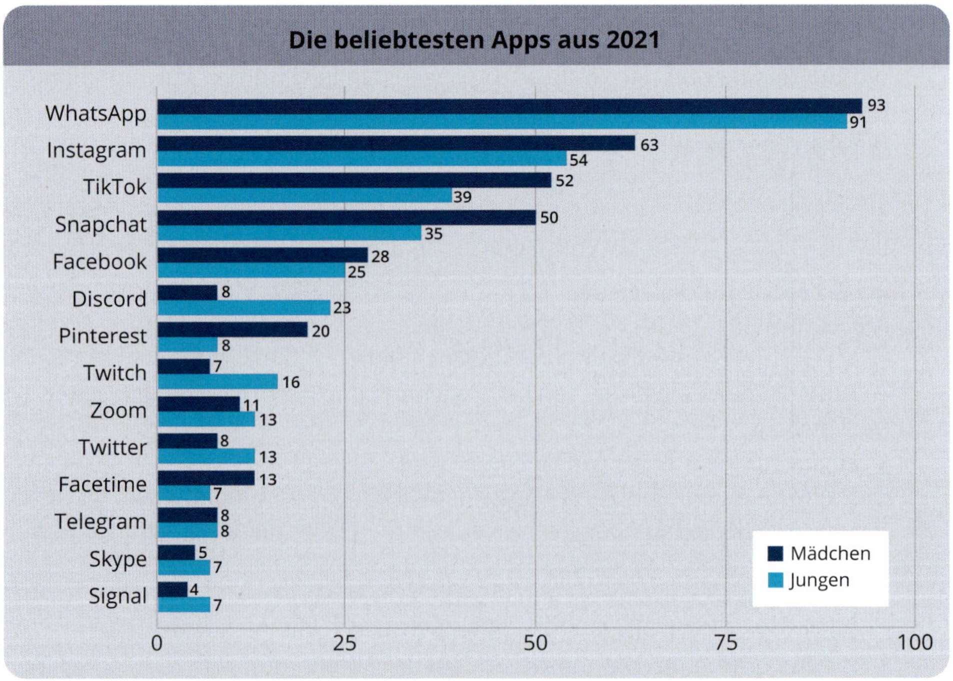

JIM 2021, Angaben in Prozent, Basis: Internetnutzer:innen, n = 1.188 (gekürzt), www.mpfs.de

M15 Sind Jugendliche immer online?

Laut Studien nutzen Jugendliche und junge Erwachsene im Alter von 12-19 Jahren durchschnittlich 241 Minuten täglich Onlineangebote auf ihrem Smartphone oder am PC. Im Vergleich zum Vorjahr (2020: 258 Minuten) ist die tägliche Nutzungsdauer nach einem starken Anstieg von 2019 auf 2020 nun wieder um 17 Minuten zurückgegangen. Portale, auf denen die meisten Influencer:innen tätig sind, sind unter den TOP 10 der meist genutzten Apps von Jugendlichen und jungen Erwachsenen. (→ M14).

Basierend auf: Medienpädagogischer Forschungsverband Südwest, JIM Studie 2021, Inhaltliche Aspekte der Internetnutzung, S. 32

INFLUENCER:INNEN

Influencer:innen (von englisch to influence ‚beeinflussen') sind Personen, die in den sozialen Medien über ihr Leben oder zu einem bestimmten Themengebiet (z. B. Tanzen, Games, Mode ...) berichten. Aufgrund ihrer starken Internetpräsenz genießen sie ein hohes Ansehen und können dadurch viele Menschen erreichen und beeinflussen.
Unternehmen, die ein bestimmtes Produkt in einer Zielgruppe vermarkten möchten, fragen heutzutage häufig Influencer:innen an, um sich mit ihren Produkten zu zeigen, sie positiv zu erwähnen oder diese ihren Follower:innen direkt vorzustellen. Im Gegenzug erhalten Influencer:innen kostenlose Produkte oder eine Werbegage (Geld). Dabei richtet sich die Höhe der Werbegage meist nach der Anzahl der Follower:innen, die für den Hersteller des Produkts als Käufer:innen am ehesten in Frage kommen (Zielgruppe).

Zielgruppen
können unterschiedlich eingeteilt werden (bspw. nach Alter, Geschlecht, Beruf, Interessen).

AUFGABEN

82301-229

1. a) Beschreibe, wie die Bilder in **M13** auf dich wirken.
   b) Diskutiert in der Klasse die folgenden Aussagen:
   - „Früher oder später wird jede:r Künstler:in Influencer:in."
   - „Influencer:innen teilen mit mir ihren Alltag und ihre Lieblingsprodukte, die auch mein Leben erleichtern."
2. a) Ermittle für einen Tag (24 h) deine Onlinezeiten sowie die genutzten Apps.
   b) Vergleiche deine Onlinezeiten und Nutzungsarten mit den Studienergebnissen aus **M14** und **M15**.
   c) Begründe mit Hilfe von **M14** und **M15**, warum Influencer:innen fast ausschließlich in den TOP 6 der beliebtesten Apps tätig sind.

F zu Aufgabe 1
Recherchiere, was „Sinnfluencer:innen" sind.

Welche Verantwortung trage ich beim Einkaufen?

Täglich stehst du vor einer Vielzahl von Auswahlmöglichkeiten, mit denen Kaufentscheidungen verbunden sind. Doch welche Folgen haben unsere Kaufentscheidungen für die Umwelt oder nachfolgende Generationen?

M16 Machen Erwachsene immer alles richtig?

M17 Nachhaltigkeit und nachhaltiges Handeln

Erklärfilm zu Nachhaltigkeit

82301-36

© *wirtschaftsmuseum.at und www.konsumentenfragen.at, 4.10.2016*

M18 Ungeliebte Produkte – aber wohin damit?

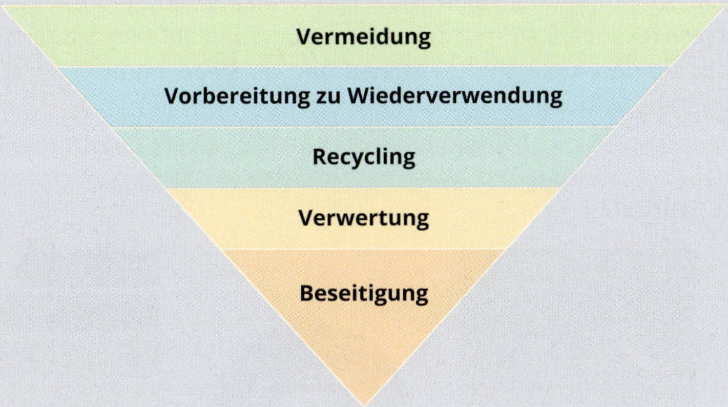

- Müllverbrennung
- Mieten oder Leihen statt Neukauf
- Verlängerung der Lebensdauer von Produkten
- Reparatur beschädigter Produkte
- Kauf gebrauchter Produkte
- Aufbereitung von Materialien für den ursprünglichen oder andere Zwecke
- Ausbringung von Kuhmist als Düngemittel
- Endlagerung in Behältern oder Deponien

NACHHALTIGKEIT

Nachhaltig zu konsumieren bedeutet, bei seiner Lebensweise auch auf die Umwelt und das soziale Miteinander zu achten. Zum Beispiel geht es darum, Produkte zu kaufen, die möglichst wenige Rohstoffe verbrauchen und die umweltschonend hergestellt werden. Die Verteilung der Güter soll weltweit möglichst gerecht erfolgen.
Nachhaltiger Konsum bedeutet, Ressourcen zu schonen und Rücksicht auf die Generationen der Zukunft zu nehmen. Vom Wohlstand sollen möglichst alle profitieren, also auch die Hersteller der Konsumgüter.

Natürliche Ressourcen sind z. B. Kohle oder Erdöl (Rohstoffe).

AUFGABEN

82301-233

1. a) Arbeite heraus, welche Aspekte Charlotte am Verhalten ihrer Mütter kritisiert (**M16**).
   b) Sammelt zu zweit weitere Möglichkeiten, wie man die Umwelt durch sein eigenes Verhalten schützen kann.
2. Erläutere die Begriffe Nachhaltigkeit, nachhaltiges Handeln und nachhaltigen Konsum mit eigenen Worten (**M17**, **#Nachhaltigkeit**).
3. In Deutschland gilt die sogenannte Abfallhierarchie, um in Zukunft weniger Müll zu produzieren (**M18**).
   a) Beschreibe die Pyramide der Abfallhierarchie in eigenen Worten.
   b) Ordne die Beispiele in den Kärtchen (Randspalte) den einzelnen Stufen zu.
   c) Sammelt zu zweit konkrete Beispiele aus eurem Alltag, wo ihr die Maßnahmen der Pyramide umsetzt oder umsetzen könntet.
   d) Stellt eure Ergebnisse der Klasse vor.
4. Diskutiert, wie sich das Konsumverhalten von Charlottes Müttern im Gegensatz zur Einhaltung der Abfallhierarchie auf Ökonomie, Ökologie und Soziales auswirkt (**M16-M18**).

F Du rätst deiner Oma, ihren kaputten Fernseher durch ein Gebrauchtgerät zu ersetzen. Sie sagt dazu: „Elektroschrott kaufe ich nicht!“. Nimm Stellung zu ihrer Aussage.

Methode zum Upcycling von Produkten

82301-100

Kann man Siegeln vertrauen?

Egal, ob beim Shopping oder beim Supermarkteinkauf – du findest sie auf fast allen Produktverpackungen, auf Aufstellern im Laden und auf Werbetafeln: Siegel sind überall. Wozu sie da sind, wofür sie stehen und ob Siegel immer vertrauenswürdig sind, gilt es herauszufinden.

M19 Siegelquiz

M20 Kassensturz bei Familie Müller-Kim

Bei Familie Schultz ist Jule in der Regel für den Einkauf zuständig. Aufgrund eines Missverständnisses haben heute aber Jule und Charlotte beide die Lebensmittel für die nächsten Tage eingekauft. Jule fällt aus allen Wolken, als sie feststellt, dass Charlottes Einkauf deutlich teurer war, obwohl sie doch das gleiche eingekauft haben.

Charlotte bleibt jedoch ganz gelassen und erklärt ihrer Mutter: „Ich habe im Gegensatz zu dir eben Biolebensmittel gekauft, die sind nun mal teurer. Das hat zwei Gründe: Erstens sind die Kosten in der Herstellung höher. Die Arbeiter:innen bekommen mehr Geld und es werden weniger schädliche Düngemittel eingesetzt, was mehr Aufwand und weniger Ertrag für die Landwirte bedeutet. Und zweitens kostet es die Unternehmen viel Geld, diese Siegel auf die Verpackung drucken zu dürfen. Es muss ja überprüft werden, ob das Produkt auch die Anforderungen des Siegels erfüllt. Die Kosten werden auch mit auf das Produkt aufgeschlagen. Dafür kann ich so erkennen, dass es ein Bioprodukt ist. Wir sollten unbedingt mehr auf die Herkunft unserer Einkäufe achten!"

Jules Einkauf

Tomaten	500 g	1,53€
Zwiebeln	1 kg	1,19 €
Mozzarella	500 g	0,59 €
Hackfleisch	500 g	3,98 €
Eier (Bodenhaltung)	6 St.	1,39 €
Milch	1 l	0,72 €
Gesamt:		9,40 €

Charlottes Einkauf

Tomaten	500 g	2,99 €
Zwiebeln	500 g	2,65 €
Mozzarella	500 g	0,89 €
Hackfleisch	400 g	5,99 €
Eier (Bio)	6 St.	2,29 €
Biomilch	1 l	1,29 €
Gesamt:		16,10 €

Ertrag
die produzierte Menge

VERBRAUCHERSIEGEL

Ein Verbrauchersiegel stellt bestimmte Anforderungen an ein Produkt (z. B. biologischer Anbau, fair produziert, energiesparend, ...). Das Siegel auf der Verpackung bestätigt, dass das Produkt den gestellten Anforderungen entspricht.
Vergeben werden Siegel vom Staat (z. B. der Grüne Knopf, Blauer Engel) und von unabhängigen Organisationen (z. B. Demeter, FairTrade). Siegel bieten Verbraucher:innen eine gute Möglichkeit, sich beim Einkaufen zu orientieren, wenn sie auf bestimmte Merkmale Wert legen. Gleichzeitig sind sie für Unternehmen eine gute Werbemöglichkeit. Deshalb werden auch Siegel von Unternehmenszusammenschlüssen einzelner Branchen angeboten, die eher geringe Anforderungen an das Produkt haben (z. B. Initiative Tierwohl).

M21 Versiegelte Informationen

AUFGABEN

82301-231

1. a) Benenne die verfremdeten Siegel (**M19**).
   b) Beschreibe, von welchen Produkten du diese Siegel kennst und wofür sie stehen (**M19**).
   c) Untersucht, ob und welche Produkte mit welchen Siegeln ihr Zuhause in euren Schränken findet. Erstellt eine Übersicht.
   d) Vergleiche, welche bei dir und welche in deiner Klasse am häufigsten auftreten.
2. Erläutere, warum die sich Einkäufe von Jule und Charlotte im Preis deutlich unterscheiden (**M20**).
3. Diskutiere die Aussage „Würden alle Menschen beim Einkaufen auf Siegel achten, wäre die Welt viel besser." (**M20**, **#Verbrauchersiegel**, **M21**).
4. Gestalte ein eigenes Siegel für ein Produkt oder eine Produktgruppe und überlege dir, wofür es stehen soll.

F zu Aufgabe 1a
Recherchiere, welche Kriterien die Siegel und Label in **M19** jeweils einfordern und beurteile danach, wie streng sie sind.

Nur Rüben aus Teltow? Die Reise der Lebensmittel

Äpfel, Birnen, Tomaten und Gurken findest du wahrscheinlich in eurer Küche. Obst und Gemüse sind im Jahresverlauf zwar unterschiedlich teuer, aber verfügbar. Wie kann das sein, wenn die Brandenburger Felder viele Monate im Jahr kahl sind?

M22 Immer bunte Vielfalt

M23 Hauptsache Rüben?

Christian Schultz isst das ganze Jahr über Rüben in allen Varianten. Ganz besonders haben es ihm die Teltower Rübchen angetan. Eine Spezialität aus der Region. Leider gibt es sie nur wenige Wochen im Jahr zu kaufen. Rüben allgemein gibt es aber das ganze Jahr über im Supermarkt. „Das ist doch ein klassiches Gemüse aus der Region, super für die Umwelt", sagt Christian. Seine Frau Sabine erwiedert: „Christian, noch ein Grund mehr, dass auch du mal einkaufen gehen solltest. Auf den Etiketten und Schildern im Laden muss der Herkunftsort angegeben sein. Rüben lassen sich zwar gut lagern, kommen aber die meiste Zeit des Jahres aus niederländischen Gewächshäusern. Du sagst doch selbst immer, dass die Rüben im Winter am besten schmecken und eine viel intensivere Farbe haben. Da kommen sie auch frisch vom Feld." „Verrückt", sagt Christian. „Wenn die Rüben aus dem Gewächshaus kommen und so eine lange Reise hinter sich haben, dann sind da so weit ich weiß doch kaum noch Nährstoffe drin. Vom gesunden Gemüse bleibt nur noch wenig übrig. Aber warum sind sie so viel billiger?"

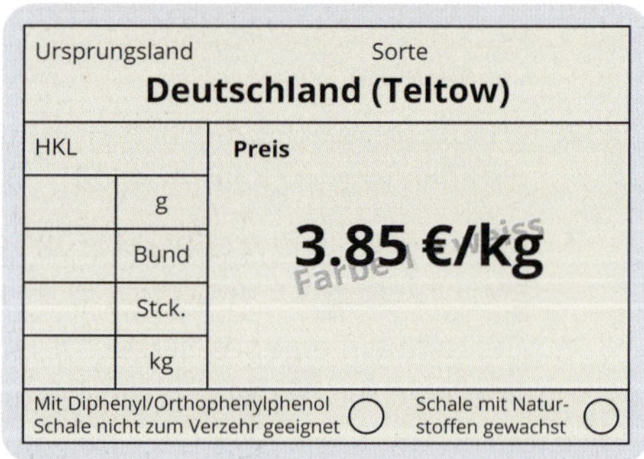

M24 Weite Wege, große Folgen

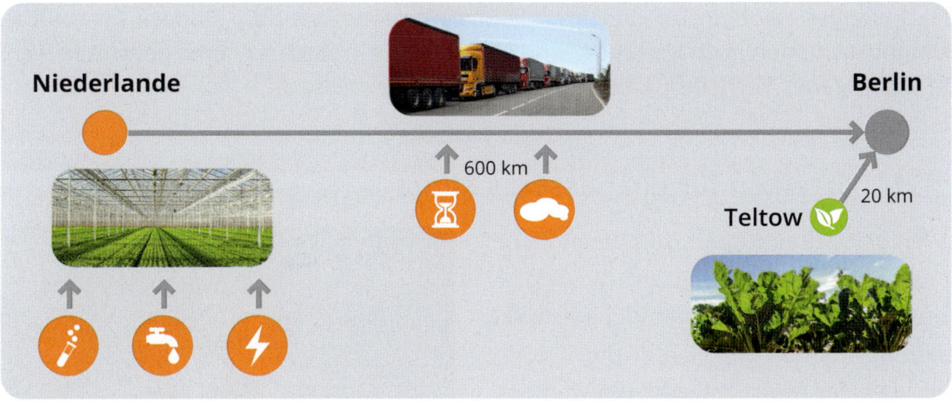

Eine Menge Obst und Gemüse, das du im Supermarkt kaufen kannst, kommt nicht aus Deutschland. Sehr oft kommt es mit dem LKW aus anderen Ländern. Dort stehen riesige Gewächshausanlagen oder Ackerflächen, aber kaum Bäume. Einige Waren kommen sogar z. B. aus Tunesien oder Chile zu uns. Dabei handelt es sich nicht immer nur um exotische Sorten wie Papaya oder Granatäpfel, die hierzulande nicht wachsen. Auch eigentlich heimisches Gemüse wie Spargel wird zum Teil tausende Kilometer weit transportiert, um ganzjährig verfügbar zu sein.

\# **REGIONALITÄT**

Regionale Lebensmittel wachsen in deiner direkten Umgebung. Beispielsweise kann ein Lebensmittel aus dem eigenen Garten, dem Spreewald oder aus der Region Brandenburg kommen. Alternativ kann aber auch ein Landschaftsraum oder Gebiet ausgewählt werden (z. B. Landkreis Uckermark). Sie weisen also geringe Transportwege zwischen Erzeugern (z. B. Landwirt:innen) und Verbraucher:innen auf. Regionale Produkte und die damit verbundene Saisonalität wirken sich positiv auf die Umwelt und die Wirtschaft vor Ort aus.

Saisonkalender erklärt

82301-37

AUFGABEN

82301-232

1. a) Benenne dir bekannte Obst- und Gemüsearten (**M22**).
   b) Vergleiche die Bilder von **M22** miteinander. Was stellst du fest?
2. Welche Vorteile hat das regionale Teltower Rübchen gegenüber den konventionell erzeugten Rüben, z. B. aus den Niederlanden (**M23**)?
3. Erläutere die Abbildung (**M24**).
4. Gestaltet einen eigenen Saisonkalender mit eurem Lieblingsobst und -gemüse auf einem (digitalen) Plakat (QR-Code Randspalte).

F zu Aufgabe 2
Stelle Vermutungen an, warum Rüben aus den Niederlanden günstiger sind als die aus der Region.

Welche Folgen hat mein Handeln für das Klima?

Nachhaltiges Handeln für die Umwelt ist spätestens seit den „Fridays for future"-Demonstrationen auch für Kinder und Jugendliche ein großes Thema geworden. Prüfe dein eigenes Verhalten, kannst du noch etwas verbessern?

M25 Streiken für ein besseres Klima

Rede von Greta Thunberg

82301-38

Weltweit gehen Kinder und Jugendliche auf die Straße, weil sie auf die Bedrohung durch den Klimawandel aufmerksam machen wollen. Unter dem Motto „Fridays for future" streiken sie gemeinsam für eine bessere Klimapolitik. Man sagt „Gemeinsam kann man viel bewegen" – Welchen Beitrag kannst du leisten?

Greta Thunberg, Klimaaktivistin und Schülerin aus Schweden, bei einer Demonstration.

M26 Was, wenn wir alle Vegetarier:innen wären?

Wenn niemand mehr Fleisch äße, wären wir und der Planet deutlich gesünder. Dafür liegen jetzt erstaunliche Zahlen vor: Sieben Millionen weniger Tote pro Jahr bis 2050, zwei Drittel weniger Treibhausgase aus der Lebensmittelproduktion. Etwa 1,5 Billiarden US-Dollar würden jährlich eingespart.

Bruttoinlandsprodukt (BIP)
Das BIP ist die Summe aller wirtschaftlichen Leistungen eines Landes in einem Jahr.

[W]ie sähe unsere Welt aus, wenn wir alle Vegetarier wären? Ein Forscherteam um Marco Springmann von der Universität Oxford beantwortet in einer Studie genau diese Fragen mit konkreten Zahlen. Demnach könnte es bei einer weltweit vegetarischen Ernährung gut sieben Millionen weniger Tote jährlich bis 2050 geben. Die Sterberate sänke um etwa sieben Prozent. Denn wer kein Fleisch, dafür aber mehr Obst und Gemüse isst, wird seltener dick und herzkrank. Zwei Drittel weniger Treibhausgase gelangten aus der Nahrungsmittelproduktion in die Atmosphäre – eine ordentliche Menge! Denn ein Viertel der gesamten Treibhausgasemissionen geht auf das Nahrungskonto. Beide Effekte zusammen wären auch volkswirtschaftlich viel wert: Knapp 1,5 Billiarden US-Dollar könnte man einsparen bei der Krankenversorgung und den Kosten für Klimafolgeschäden. Allein die eingesparten Gesundheitskosten wären drei Prozent des erwarteten weltweiten Bruttoinlandsprodukts für 2050. [...]

Tierhaltung stößt mehr Treibhausgase aus als der weltweite Verkehr

Vor allem aber fiele einer der größten Klimakiller weg: Das Methan, das vor allem Rinder bei der Verdauung produzieren – ein Gas, 25 Mal so klimaschädlich wie CO_2. Die Tierhaltung insgesamt stoße mehr Treibhausgase aus als alle Flugzeuge, Züge und Autos zusammen.

Auch auf unseren Wasserhaushalt würde sich eine fleischlose Ernährung geradezu revolutionär auswirken. Siebzig Prozent weniger Wasser bräuchten wir laut AsapScience.

Wahnbaeck, Carolin: Was, wenn wir alle Vegetarier wären?, www.geo.de, 07.04.2016

KLIMAWANDEL

Das Klima ist die Zusammenfassung aller Wetterphänomene in einem größeren Gebiet über einen Zeitraum von 30 Jahren. Der Klimawandel ist die Veränderung dieser Klimazonen, die durch den Menschen bewirkt und beschleunigt wird.
Schon Temperaturerhöhungen um wenige Grad können weitreichende Folgen für Lebewesen und Natur haben. Einige Folgen davon sind Überschwemmungen, starke Stürme und Hitzewellen. Der Klimawandel wird vor allem durch die Entstehung klimaschädlicher Abgase (Kohlenstoffdioxid CO_2) in Fabriken, Autos oder Flugzeugen hervorgerufen. Aber auch Massentierhaltung und Landwirtschaft produzieren große Mengen klimaschädlichen Methans (CH_4).

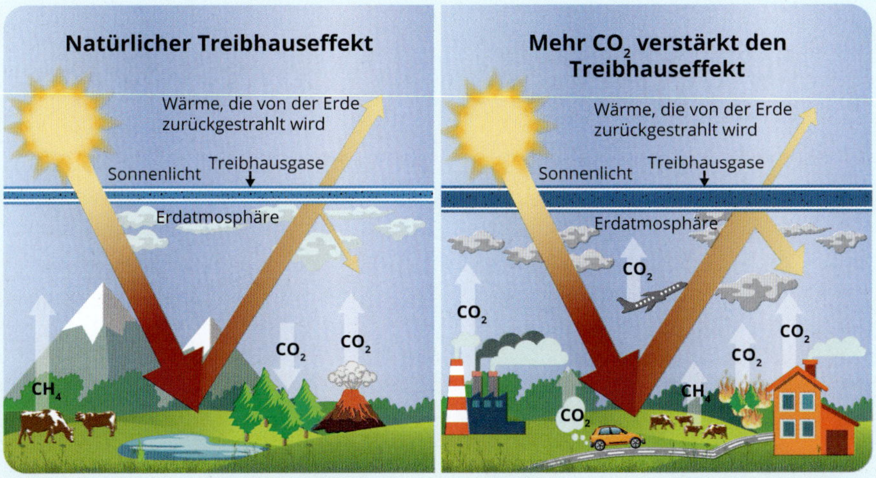

Funktionsweise des Treibhauseffekts, der durch Menschen verursacht wird.

AUFGABEN

82301-233

1. Erstelle auf Basis von **M25** und weiterführenden Recherchen (z. B. anhand der Rede aus dem Mediencode) einen Steckbrief von Greta Thunberg und ihren Zielen.
2. Führt eine Positionslinie (Methodenglossar S. 283) zur Frage durch: Sollten alle Menschen vegetarisch leben?
3. a) Arbeite aus **M26** die Argumente für eine vegetarische Welt heraus.
   b) Führt die Positionslinie aus Aufgabe 2 ein zweites Mal durch. Diskutiert in Kleingruppen, ob sich euer Urteil geändert hat.
4. Eine Schülerin der Grundschule fragt dich, was eigentlich der Klimawandel ist, für den gerade viele Kinder und Jugendliche auf die Straße gehen. Erkläre, was der Klimawandel ist und wie er entsteht (**#Klimawandel**).
5. Erstelle auf Basis von **M25**, **M26** und **#Klimawandel** eine Liste mit Maßnahmen, wie du in Zukunft nachhaltiger konsumieren kannst.

H zu Aufgabe 2
Notiere dir anschließend in Stichpunkten, warum du dich so positioniert hast.

H zu Aufgabe 3b
Überprüfe dabei mithilfe deiner Stichpunkte aus Aufgabe 2, ob du neue Informationen bekommen hast, die deine Meinung ändern.

F zu Aufgabe 4
Erkläre anhand der Zeichnung, wie das CO_2 den Treibhauseffekt verstärkt.

3.2 Verbraucherschutz konkret: Von der Information zum Kauf

Wer unterstützt mich bei meiner Kaufentscheidung?

Charlotte braucht dringend ein neues Smartphone. Ihr altes hat sie gebraucht gekauft, ist bereits oft runtergefallen und wurde mehrfach repariert. Leider hat es deshalb nie zuverlässig funktioniert. Sie möchte sich diesmal ein neues kaufen, das sie möglichst lange behalten kann. Nur wie soll sie sich bei dem riesigen Angebot entscheiden?

M1 Schnell kaufen?

M2 Welche Internetquelle ist zur Information geeignet?

Smartphone Suche x +

Handy - 309 Smartphones im Test - Test - Stiftung Warentest
https://www.test.de/Handys-und-Smartphones-im-Test-4222793-0/
Die Tests von Handys der Stiftung Warentest machen Ihnen den **Smartphone**-Kauf ... In der Test-Datenbank **Smartphones** finden Sie alles – vom ...

Großer Smartphone Vergleich– die Top-Modelle
http://wxy.jaqua-bloggt.de/meine-top-5-Handys/
Jaqueline bloggt heute über ihre liebsten **Smartphones** ... **Smartphones**: Style und Optik ...

M3 Alles easy beim Onlinekauf?

VERBRAUCHERSCHUTZ

Verbraucherschutz fasst unterschiedlichste Regelungen, Vorgaben und Informationsangebote zusammen. Sie alle dienen dazu, Verbraucherinnen und Verbraucher beim Konsum zu unterstützen und sie vor Fehlkäufen zu schützen.
Ob ein Produkt eine Funktions-, Sicherheits- oder Gesundheitslücke aufweist, kann man meist gar nicht erkennen, weil man sich nicht gut genug auskennt. Daher betreibt der Staat eine aktive Verbraucherpolitik. Das heißt, er stärkt die Rolle der Verbraucherinnen und Verbraucher durch Gesetze und Verordnungen. Dafür hat jedes Bundesland eine Verbraucherzentrale. Sie bieten Beratung zu sehr vielen Verbraucherfragen an, z. B. zu den Themen Finanzen, Verträge, Ernährung usw.

AUFGABEN

82301-234

1. a) Analysiere die Bilder in **M1**. Was fällt dir auf?
   b) Lies **#Verbraucherschutz** und überprüfe erneut die Bilder in **M1**. Welcher Verdacht liegt hier nahe? Erläutere deine Vermutung.
2. a) Charlotte informiert sich im Internet (**M2**). Entscheide begründet mithilfe von Schritt 3 und 4 der Methodenseite (S. 118), welche der beiden Internetquellen Charlotte mehr helfen wird.
   b) Ergänze weitere Möglichkeiten, wie Charlotte sich informieren kann.
3. a) Arbeite aus den Anzeigen heraus, welche Informationen rein produktbezogen sind und welche der weiteren Informationen Charlottes Kaufentscheidung beeinflussen könnten (**M3**).
   b) Beurteile, welcher der beiden Kundenrezensionen du eine höhere Qualität zuordnen würdest.
4. Entscheidet euch in Dreiergruppen für ein Produkt, das ihr bald kaufen wollt. Bereitet die Kaufentscheidung gemeinsam mithilfe der Methodenseite (S. 118) vor.

F zu Aufgabe 1
Informiere dich über das Angebot der für dich zuständigen Verbraucherzentrale (#Verbraucherschutz).

Hier findet ihr die Links zu den Verbraucherzentralen von Berlin und Brandenburg

82301-39

Eine Kaufentscheidung treffen

Worum geht es?

Täglich sind wir mit zahlreichen Einkaufentscheidungen konfrontiert. Manchmal geht es nur um Kleinigkeiten wie das Brötchen beim Bäcker und manchmal um teurere oder große Produkte. Die Auswahl ist auch bei gleichen Produkten oft riesig. Das Internet kann euch Hilfe und Informationen anbieten, um eine Kaufentscheidung gut vorzubereiten. Aber nicht alles, was man im Internet findet, ist auch eine hilfreiche Information.

Geht dabei so vor:

1. Schritt: Überlege, was und wo du suchst

Überlege dir, welche Eigenschaften das Produkt haben soll. Häufig müssen auch Fragen zum Produkt geklärt werden und auch der Preis spielt eine Rolle. Formuliere diese Punkte schriftlich, dann kannst du am Ende beurteilen, ob die gefundenen Informationen hilfreich für dich sind.

Wo du Informationen findest, hängt häufig auch vom Produkt ab. Überprüfe, ob es einen Fachhandel in deiner Nähe gibt. Hier kannst du dich von ausgebildetem Personal beraten lassen.

Auch Siegel können dir zusätzliche Informationen über die Qualität und Nachhaltigkeit eines Produktes liefern.

Für die meisten Produkten lohnt sich außerdem eine Recherche im Internet. Dabei musst du einige Dinge berücksichtigen!

2. Schritt: Formuliere den passenden Suchbegriff

Für ein gutes Ergebnis solltest du deine Suche genau formulieren.
- Verbinde zwei Begriffe durch ein +, um die Suche einzugrenzen. (Smartphone + Vergleich + Kamera)
- Setze Begriffe in Anführungszeichen, um nach genau dieser Wortkombination zu suchen. („Produktvergleich neuer Smartphones“)

3. Schritt: Suchergebnis auswählen

Als Ergebnis erhältst du immer eine lange Liste an Treffern von Internetseiten. Bei den obersten Suchergebnissen handelt es sich in der Regel um Werbeanzeigen. Dein Suchmaschinenanbieter wird dafür bezahlt, diese Suchergebnisse besonders weit oben zu platzieren – das sagt aber nichts über deren Qualität aus. Sie sind mit dem kleinen Hinweis „Anzeigen" versehen.
Wenn die ersten Ergebnisse darunter deiner Suche entsprechen, lies die kurze Beschreibung unter der Überschrift. Die URL (fängt mit „https://" oder „www." an) gibt oft darüber Auskunft, wer der Anbieter der Internetseite ist. Institutionen, Ministerien, Unternehmen u. Ä. verwenden in der Regel ihren Namen als URL, sodass du gleich weißt, wer der Anbieter der Informationen ist. Klicke die Seite an, die am besten zu deiner Suche passt, und überfliege den Inhalt. Wenn du glaubst, dass die Seite dir weiterhilft, kannst du sie genauer prüfen (Schritt 4).

Institution:
Gesellschaftliche staatliche oder kirchliche Einrichtung.

4. Schritt: Prüfe die Seite

Bedenke immer, dass jeder im Internet eine Information posten kann. Daher ist es wichtig, die Verlässlichkeit einer Internetquelle zu prüfen.
Folgende Fragen helfen dir dabei:

Wer ist für die Seite verantwortlich? → Gibt es Kontaktdaten, im besten Fall von einer öffentlichen Institution? Du kannst die Identität des Verfassers beispielsweise über das Impressum oder die Rubrik „Wir über uns" herausfinden.

Inhalt/sachliche Richtigkeit → Wie aktuell sind die Informationen? Lassen sich die Aussagen durch andere Webseiten überprüfen? Werden Quellen angegeben?

Warum werden Informationen veröffentlicht? → Was ist das Ziel der Seite? An wen richtete sich die Information? Ist der Beitrag sachlich und neutral? Wird versucht, den Leser zum Kauf zu drängen? Wird besonders offensichtlich dargestellt, dass es sich um ein günstiges Angebot handelt? Werden Produkte direkt auf dieser Seite verkauft oder handelt es sich um eine Informationsplattform?

Hilfreiche Informationen findet ihr z. B. auf folgenden Plattformen:
- Verbraucherzentralen der Länder
- Stiftung Warentest
- Vergleichsportale, Informationsseiten wie NGOs, Blogs mit Erfahrungsberichten, Onlineplattformen und Magazinen zu spezifischen Themen (z. B. Utopia für Nachhaltigkeit, Chip für IT/Technik)

Augen auf beim Onlinekauf

Schnell, bequem, günstig. Per Mausklick oder Touch-Befehl online zu shoppen, wird mehr und mehr zum Alltag. Gerade deshalb lohnt es sich beim Onlineshopping auf einige Dinge zu achten. Der Bestell-Button kann dir auch ungeplante Überraschungen ins Haus liefern.

M4 Shopping – ganz einfach online

Vorteile:
- bequem von Zuhause aus (Sofa, Smartphone)
- immer erreichbar
- ...

Nachteile:
- kein Shopping-Feeling
- Lieferzeiten
- häufig schlechtere Umweltbilanz
- ...

Quelle: OmniQuest GmbH für G Data Cyber Defense AG, 2020

WIDERRUFSRECHT

Kundinnen und Kunden, die über das Internet eingekauft haben, haben das Recht, von ihrem Kauf zurückzutreten. Wenn sie die Ware erhalten haben, können sie 14 Tage lang das bestellte Produkt zurückschicken. Dazu müssen sie keine Gründe angeben. Kundinnen und Kunden dürfen das Produkt allerdings nicht benutzen. Sie dürfen es nur anschauen und prüfen.
Wenn der Wert unter 40 Euro liegt, muss man die Kosten für die Rücksendung selbst übernehmen, ansonsten werden sie vom Unternehmen übernommen. Ausnahme: Ein Onlineshop räumt dir das Recht zur kostenlosen Rückgabe ausdrücklich ein.

M5 Mai-Thi im Kaufrausch

Mai-Thi ärgert sich. Die vielen Überstunden machen ihr ein entspanntes Shoppen nach der Arbeit kaum möglich. Deshalb shoppt sie mit dem Smartphone. Während sie in der Bahn nach Hause sitzt, sucht Mai-Thi täglich nach neuen Klamotten-Schnäppchen.

Bevor sie zu Hause ankommt, geht sie regelmäßig bei der Postfiliale vorbei, um ein Paket abzuholen. Sie freut sich jedes Mal wieder, es endlich zu öffnen. In ihrem Wohnzimmer stapeln sich bereits die Kartons. Mai-Thi wählt verschiedene Bezahlmethoden, um die besten Schnäppchen zu machen, auch wenn sie mal nicht in ihr Budget passen. Ihre Favoriten sind: Kauf auf Rechnung, Ratenkäufe und Zahlungsziele zu späteren Zeitpunkten. Viele Kleidungsstücke sehen nach dem Auspacken anders aus, als im Netz oder sitzen einfach nicht. Durch die vielen Überstunden fehlt es Mai-Thi an Zeit und Motivation, sich mit den vielen Retouren zu beschäftigen. Dass sie den Überblick verloren hat, zeigt nicht nur der Stapel Mahnungen auf dem Schreibtisch, sondern auch der tiefrote Kontostand.

M6 Öko-Bilanz des Onlineshopping

Jede zweite Bestellung wird wieder zurück geschickt, denn das ist fast immer kostenfrei für die Kund:innen. Für die Anbieter, vor allem aber auch für die Umwelt, verursacht das jedoch hohe Kosten. Doch Achtung! – Es kommt auch immer darauf an, in welcher Region du wohnst. Musst du allein mit dem Auto weit fahren, um Produkte einzukaufen? Dann könnte das online bestellte Produkt eine bessere Öko-Bilanz haben. Im Allgemeinen gilt, dass jeder Versand innerhalb Deutschlands genauso viel Treibhausgase verursacht, wie wenn man drei Kilometer mit dem Auto fährt. Im Jahr 2020 wurden 72,8 Milliarden Euro im Internet ausgegeben, das meiste davon für Kleidung – die Produktgruppe mit der höchsten Retourenquote. Da kommt einiges zusammen.

Öko-Institut e.V. ist eine unabhängige Forschungs- und Beratungseinrichtung für eine nachhaltige Zukunft. Es berät Entscheidungsträger in Politik und Wirtschaft zu Strategien der nachhaltigen Entwicklung.

AUFGABEN

82301-235

1. Blitzumfrage: Habt ihr Bedenken beim Onlinekauf (**M4**)?
2. Stellt zu zweit Chancen und Probleme des Onlineshoppings gegenüber (**M4-M6**).
3. Diskutiert in der Klasse, warum es Menschen gibt, die sich bewusst gegen das Online-Shopping entscheiden (**M4-M6**). Positioniert euch, was ihr hier für richtig und wichtig für eurer jetziges und zukünftiges Kaufverhalten haltet.

H zu Aufgabe 2
Denke dabei auch an Dienstleistungen wie Lieferdienste.

H zu Aufgabe 3
Berücksichtigt dabei sowohl die Perspektive der Verbraucherinnen und Verbraucher als auch der Unternehmen.

M1 Der Einkauf mit Folgen

Jules Bruder Christian kommt mit Alina zu Besuch in die Stadt. In der Eile der Vorbereitung hat Jule das Obst für den Obstsalat vergessen und muss noch einmal schnell in den Supermarkt. Sie geht hier besonders gern einkaufen, weil es zu jeder Jahreszeit tolles Obst und Gemüse aus aller Welt gibt.

Ein Blick in ihren Geldbeutel verheißt nichts Gutes, sie hat nur 10 € dabei. Jule achtet also beim Einkauf auf die Angebote. Eine Mango für 0,99 €, eine Ananas für 1,99 € und 1 kg Bananen für 1,29 € sowie 4 Neuseeland-Äpfel für 0,89 € landen schnell in ihrem Einkaufskorb. An der Kasse angekommen, freut sie sich über den günstigen Einkauf. Als sie nachmittags stolz den Obstsalat präsentiert, reagiert Christian entsetzt auf ihren Einkauf und sagt „Diese Früchte im Sommer? Du weißt schon, wo diese Früchte herkommen und auf welchem Weg sie zu uns gelangt sind? Unser Garten ist zurzeit voller Erdbeeren und anderer Leckereien. Kommt uns doch mal wieder besuchen, dann können wir gemeinsam ernten."

M2 Beim Swipen

Charlotte folgt mit ihrem Instagram Account vielen Nachhaltigkeitsseiten, weil ihr das Thema so wichtig ist. Wenn sie sich durch die Stories swiped, bekommt sie regelmäßig Werbung für nachhaltige Produkte angezeigt. Rucksäcke, zu 100% aus Meeresplastik hergestellt, Putzmittel ohne erdölbasierende Inhaltsstoffe und Verpackungen, tierversuchsfreie Kosmetik und und und... „Wow! So viele tolle Dinge, mit denen ich auch noch etwas Gutes tun kann." Nachdem sie sich 2 Stunden in ihren Stories verloren hat, stellt sie fest, dass ihr Geburtstagsgeld, dass sie eigentlich für einen Kurzurlaub auf dem Zeltplatz nutzen wollte, ausgegeben ist. Ein seltsames Gefühl beschleicht sie. „Eigenartig. Ich habe so viel Geld für gute Produkte ausgegeben. Trotzdem fühlt es sich nicht so richtig gut an und mein Kurzurlaub ist auch dahin."

M3 Angebot und Nachfrage

Der Schnell-Lieferdienst Gorillas ist eines der umstrittensten Start-Ups in Deutschland. Ihr Ziel: Innerhalb von 10 Minuten den Kühlschrank der Kund:innen mit den benötigten Produkten zu füllen. Die Idee findet in Großstädten großen Anklang.

Von den Fahrer:innen, die meistens auf E-Bikes unterwegs sind, gibt es jedoch massive Kritik, die sogar schon zu Streiks geführt haben. Schlechte Bezahlung, Rückenschmerzen durch zu schwere Lieferungen, keine Zeit für Pausen und der enorme Leistungsdruck sind nur einige der Kritikpunkte.

Die Führung des Unternehmens weist darauf hin, dass sie bessere Arbeitsbedingungen als die Konkurrenz bietet und die Kritik der Fahrer:innen sehr ernst nehmen.

Lebensmittel-Lieferdienste werden besonders in Großstädten immer beliebter.

Aufgaben

1. Erläutere, warum Christian so entsetzt auf Jules Einkauf reagiert hat und was Jule anders machen könnte (**M1**).
2. Beschreibe, welche Herausforderungen Konsument:innen beim nachhaltigen Einkaufen begegnen (**M1**).
3. Der Supermarkt wirbt in der Obst- und Gemüseabteilung mit dem Spruch „Für Ihre Gerichte ist uns kein Weg zu weit! Täglich frisches Obst und Gemüse aus aller Welt". Nenne Vor- und Nachteile des Angebots für die Konsument:innen, die Unternehmen und die Umwelt (**M1**).
4. Erläutere Vor- und Nachteile des Onlineshoppings (**M2**).
5. Bewerte Charlottes Konsum von nachhaltigen Produkten (**M2**).
6. Reflektiere dein eigenes Konsumverhalten in Bezug auf Werbeangebote auf sozialen Plattformen wie Instagram und TikTok.
7. Analysiere die Werbung des Lieferdienstes (**M3**). Welches Bild wird hier vermittelt?

Was weißt du schon?

1. Beschreibe die Bilder: Was erkennst du hier?
2. Analysiere, welche Gemeinsamkeiten du zwischen den dargestellten Situationen feststellen kannst.
3. a) Sammle zunächst allein weitere Begriffe und Gedanken zu den oben gezeigten Bildern.
   b) Erstellt im Anschluss in Partner:innenarbeit eine Mindmap (Methodenglossar S. 282) zum Thema wirtschaftliches Handeln, die ihr im Verlauf des Kapitels weiter ausbaut.

4

#Wirtschaft im Alltag

Wirtschaft ist nicht nur ein Fach in der Schule, sondern ein fester Teil unseres Lebens. Du musst dich entscheiden, was du dir beim Bäcker kaufen möchtest? Hier triffst du eine wirtschaftliche Entscheidung. Du überprüfst, ob du noch genug Geld für den Kinobesuch hast? Auch diese Entscheidung und das Sparen deines Taschengeldes sind Teil unseres Wirtschaftssystems. Was noch alles dahinter steckt und was das alles mit dir zu tun hat, lernst du in diesem Kapitel.

In unserem Alltag nutzen wir alle täglich verschiedene Einrichtungen wie Schulen, Rathaus, Straßen oder Polizei – auch das muss alles bezahlt werden. Dafür ist unser Staat zuständig. Doch wie kümmert er sich eigentlich um diese Aufgaben? Und welchen Beitrag müssen wir dazu leisten?

Was lernst du in diesem Kapitel?

- ... Folgen des Konsumierens zu erklären und daraus Konsequenzen für das eigene Handeln zu ziehen.
- ... unterschiedliche Möglichkeiten der Haushaltsplanung und -führung zu entwickeln.
- ... den Wandel in der privaten Haushaltsführung darzulegen.
- ... die Bedeutung der Schonung von Ressourcen im Alltag zu erläutern.
- ... wirtschaftliche Entwicklungen zu beschreiben und beispielhaft zu erläutern.
- ... gesamtwirtschaftliche Zusammenhänge und ihre Folgen für private Haushalte zu erläutern.

GEMEINSAM AKTIV

Mit einem Padlet Wissen präsentieren

Wozu alles wissen, wenn man es keinem zeigen kann? Immer wieder müsst oder wollt ihr in der Schule zeigen, was ihr gelernt habt.
Eine Möglichkeit dazu bietet das Padlet – eine Art digitale Pinnwand im Internet. Diese hat zum Ziel, die wichtigsten Informationen anschaulich und verständlich darzustellen. Außerdem könnt ihr gemeinsam an einem Padlet arbeiten und es immer weiter ergänzen.

Geht dabei so vor:

Start

1 Bildet mindestens 2er-Teams

2 Registriert euch auf der Webseite. www.padlet.com.

Hinweis: Pro Account können kostenfrei zwei Padlets erstellt werden.

Padlet erstellen

82301-40

3 Entscheidet euch für ein Thema, das ihr vorstellen wollt.

- Zahlungsarten (Kapitel 4.1)
- Haushaltsplanung (Kapitel 4.2)
- Aufgaben und Pflichten des Staates (Kapitel 4.3)
- Markt und Marktformen (Kapitel 4.4)

Tipp: Verteilt die Themen gleichmäßig in der Klasse!

4

Nun informiert ihr euch über die verschiedenen Darstellungsformen der Padlets und entscheidet euch für die zu eurem Thema passende Vorlage:

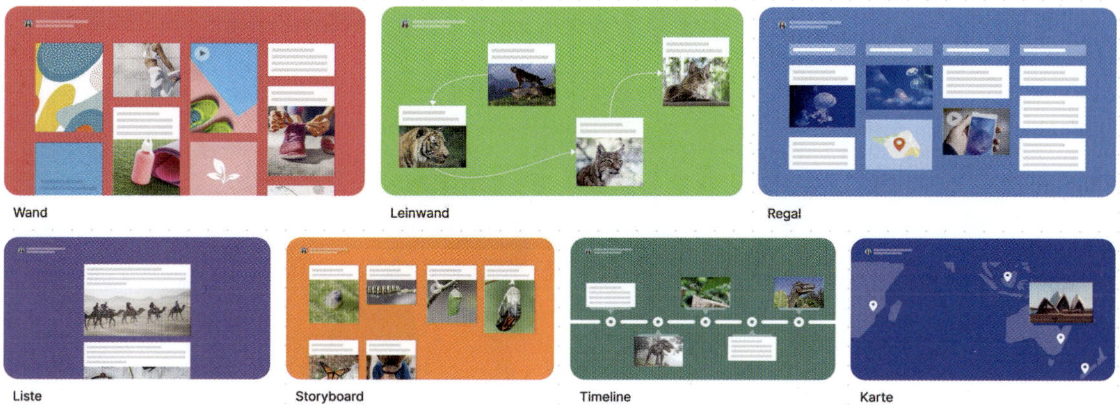

5

Präsentiert eurer Klasse eure Zusammenfassung und teilt den Link. Vielleicht entscheidet ihr euch auch für eine Bewertung im Padlet mit Sternen, Likes oder Punkten.

Viel Spaß!

4.1 Grundlagen des Wirtschaftens

Was hat Wirtschaft mit meinen Bedürfnissen zu tun?

Die Begriffe Wirtschaft oder auch Ökonomie klingen vielleicht zunächst sehr ungewohnt und fremd in euren Ohren. Dabei wirtschaften wir ununterbrochen, oft ohne es zu merken. Wie genau? – das lernst du jetzt:

M1 Das Märchen vom Schlaraffenland

Elif träumt vom Schlaraffenland. Ein Land, in dem sie ALLES hat und jeder Wunsch in Erfüllung geht. Wie schön es wäre, wenn es diesen Ort wirklich gäbe...

M2 Kann man Glück kaufen?

Nach: Statista; Quellen: YouGov, SINUS-Institut

M3 Hat jeder die gleichen Bedürfnisse?

Das wünsche ich mir ... (weniger wichtig)	Das brauche ich ... (wichtig)	Das muss ich unbedingt haben ... (sehr wichtig)
• ...	• ...	• ...
• ...	• ...	• ...
• ...	• ...	• ...

Bitte ins Heft!

M4 Herr Maslow ordnet alles

Abraham Maslow
US-Amerikanischer Psychologe (1908-1970), der die Bedürfnispyramide entwickelt hat

AUFGABEN

82301-237

1. a) Stelle Vermutungen an, warum Elif genau von diesen Dingen träumt (**M1**).
   b) Recherchiere den Inhalt des Märchens: Was sind mögliche Folgen, wenn man alles sofort und unbegrenzt haben kann?
2. a) Erläutere die dargestellte Grafik **M2** und beantworte die Frage.
   b) Vergleicht die Antworten der Klasse mit denen der Grafik. Gibt es Unterschiede zwischen euch und den Erwachsenen?
3. a) Erstelle mithilfe der Tabelle in **M3** eine Liste mit deinen persönlichen Bedürfnissen.
   b) Ordne deine Bedürfnisse nach Wichtigkeit.
   c) Vergleicht eure Ergebnisse in der Klasse.
4. a) Beschreibe die Pyramide, die Maslow entwickelt hat (**M4**).
   b) Erkläre die Pyramide und beurteile ihre Gültigkeit.
   c) Vergleiche deine Liste aus Aufgabe 3a mit der Pyramide von Maslow.
   d) Bewerte die Pyramide von Maslow. Kann sie für alle Menschen auf der ganzen Welt gelten?
5. Erkläre, warum Bedürfnisse die Grundlage des Wirtschaftens sind.

H **Interaktive Pyramide zum Üben**

82301-41

Wie kann ich das Beste für mich herausholen?

Selbst wenn man sich alle Wünsche mit Geld erfüllen könnte, reicht das eigene Geld in den meisten Fällen nicht dafür aus. Trotzdem möchte man aus seinem Geld das Beste für sich herausholen. Jeder Mensch sollte also geschickt entscheiden und dabei Aufwand und Nutzen abwägen. Du handelst dann nach dem ökonomischen Prinzip.

M5 Elif muss sich entscheiden

Elif hat sich mit ihrer Freundin Ceyda zum Baden im Schwimmbad verabredet. Diesmal treffen sie sich auf halbem Weg in Brandenburg. Elif könnte die S-Bahn nehmen. Das würde aber hin und zurück über 3 Euro kosten. Sie könnte aber auch mit dem Fahrrad fahren und das Geld sparen, wäre dann aber eine Stunde später da. Der Eintritt ins Schwimmbad kostet auch noch 3 Euro ...

M6 Wirtschaftliche Entscheidungen treffen

Minimalprinzip

Ich möchte genau diese Limo kaufen und möglichst wenig dafür bezahlen.

Maximalprinzip

Ich habe zwei Euro und möchte möglichst viel Limo dafür kaufen.

ÖKONOMISCHES PRINZIP

In der Regel hat man zu wenig Geld, um sich all seine käuflichen Wünsche zu erfüllen. Jeder Mensch ist also dazu gezwungen, sich zu entscheiden. Wenn du wirtschaftlich handelst, überlegst du dir Folgendes: Wie setze ich meine vorhandenen Mittel (Geld, Zeit ...) so ein, dass sie mir möglichst viel bringen (Nutzen)?

Du handelst dann nach dem ökonomischen Prinzip. Dafür hast du zwei Handlungsmöglichkeiten: Entweder setzt du alle deine Mittel so ein, dass du dir möglichst viele deiner Wünsche erfüllen kannst (**Maximalprinzip**). Oder du verwendest möglichst wenige deiner verfügbaren Mittel, mit denen du dennoch dein Ziel erreichst (**Minimalprinzip**).

M7 1,2 oder 3?

Situation 1	Situation 2	Situation 3
Deine Eltern haben dir erlaubt, ein Smartphone zu kaufen. Du hast 250 Euro zur Verfügung. Wie setzt du dein Geld ein?	Du hast am Nachmittag zwei Stunden Zeit. Du musst dringend noch eine aufwändige Hausaufgabe für den nächsten Tag erledigen. Eigentlich möchtest du aber unbedingt deinen Freund / deine Freundin treffen. Was machst du?	Du hast diesen Monat 80 Euro für Kleidung zur Verfügung. Deine Lieblingsschuhe sind gerade auf 80 Euro reduziert. Sie kosten aber immer noch doppelt so viel wie das ähnliche Paar ohne den Markennamen. Und eigentlich hat deine Mutter dir auch gerade (langweilige) Schuhe gekauft. Was machst du?

A	Ich kaufe ein No-Name Smartphone mit den wichtigsten Grundfunktionen für 110 Euro.	Ich pfeife auf meine Hausaufgaben.	Ich lebe nur einmal! Her mit den neuen Tretern.
B	Ich kaufe ein Smartphone für 250 Euro. Es besitzt alle Funktionen, die ich benötige.	Ich nutze eine Stunde für die Hausaufgaben. Das Ergebnis ist mittelmäßig.	Ich kauf mir lieber zwei Paar Schuhe zu je 40 Euro. So kann ich öfter mal das Outfit wechseln.
C	Ich kaufe mir ein Smartphone mit allen Funktionen, die ich brauche und vergoldeter Hülle. Es kostet 399 Euro. Den Fehlbetrag leihe ich mir.	Ich nutze meine Zeit für Hausaufgaben. Sollte dann noch Zeit sein, treffe ich meine Freunde.	Ich kaufe mir ein Paar Schuhe für 60 Euro. Den Rest spare ich für das nächste Outfit.

AUFGABEN

82301-238

1. a) Beschreibe, wie du an Elifs Stelle vorgehen würdest, um die Ausgaben für den Ausflug ins Schwimmbad zu planen (**M5**).
   b) Diskutiert eure Strategien anschließend in der Klasse.
2. Erkläre mit eigenen Worten, was unter dem Minimal- und dem Maximalprinzip des Wirtschaftens zu verstehen ist (**M6, #Ökonomisches Prinzip**).
3. a) Entscheide dich in jeder der drei Situationen für eine Handlungsoption (**M7**). Begründe deine Auswahl.
   b) Analysiere, für welche der beiden Handlungsmöglichkeiten des ökonomischen Prinzips du dich jeweils in **M7** entschieden hast.

F **zu Aufgabe 3**
Finde weitere Beispiele wie in **M7**.
Beschreibe mögliche Folgen für dich.

Regiert Geld die Welt?

Die Geschichte des Geldes ist eine Erfolgsgeschichte. Auch wenn sich die Gestalt des Geldes immer wieder gewandelt hat, bleibt es in seinen Funktionen für das wirtschaftliche Handeln wichtig.

M8 Eine Welt ohne Geld?

Eines Morgens erwachte ich und musste feststellen, dass etwas nicht stimmte. Ein komisches Gefühl beschlich mich. Ich stand auf und mein Blick fiel direkt auf meinen Schreibtisch. Mein Sparschwein – weg. Jemand musste in meinem Zimmer gewesen sein. Oder? Nervös rannte ich die Treppe hinab in die Küche. Doch niemand frühstückte.
„Ach du meine Güte!" hörte ich meine Mutter rufen und blickte zur Seite. Meine Familie stand aufgeregt vor dem Fernseher. Die Nachrichten zeigten Bilder von weinenden und wütenden Menschen. „Wo ist unser Geld?" schrie ein Mann in die Kamera. Mein Vater sackte in seinen Sessel. Was machen wir denn jetzt nur? Das Geld auf der ganzen Welt ist verschwunden! Was wird das für Folgen haben? Soll ich überhaupt zur Arbeit gehen?

M9 Vom Naturalgeld zur Kryptowährung

Naturalgeld

Metall

Münzgeld

Papiergeld

Buchgeld

Bitcoin

Naturalgeld
Bevor das heutige Geld erfunden wurde, tauschten die Menschen Dinge, die sie in der Natur fanden, wie z. B. Muscheln, Tiere oder Steine.

Kryptowährung einfach erklärt

82301-42

GELDARTEN

Buchgeld bezeichnet Geld, das in „Büchern" steht und nicht real existieren muss. Besonders Banken müssen täglich sehr viel Geld von einem Konto auf ein anderes verschieben. Um diese Prozesse zu vereinfachen, beschloss man, diese Buchungen nur noch in Büchern aufzuschreiben.
Kryptowährungen sind digitale Währungen, die dezentral im Internet verwaltet werden. Es handelt sich dabei um sehr komplex verschlüsselte Datensätze. Indem man Rechenleistung seines Computers freigibt, kann neues Kryptogeld erschaffen (gemined) werden.

M10 Funktionen des Geldes

1 Tausch- und Zahlungsmittel

- Geld als international anerkanntes Zahlungsmittel.
- Geld dient dem Austausch von Produkten und Dienstleistungen.

2 Wertmesser und Recheneinheit

- Geld drückt den Wert eines Produktes oder einer Dienstleistung aus.
- Berechnungen werden durch Geldwerte (Einheiten) stark vereinfacht.

3 Wertaufbewahrungsmittel

Geld kann gespart und zu einem späteren Zeitpunkt für eine Anschaffung verwendet werden.

4 Wertübertragungsmittel

Geld kann durch Schenkung, Erbschaft oder Erwerbsarbeit (In Form von Lohn) an andere Personen übertragen werden.

AUFGABEN

82301-239

1. a) Erkläre die Herausforderungen, die in **M8** beschrieben werden.
   b) Schreibt die Geschichte in Partner:innenarbeit weiter. Vor welchen Problemen stünde die Familie und welche Lösungsmöglichkeiten könnten sich anbieten?
2. Beschreibe die geschichtliche Entwicklung des Gelds mithilfe von **M9**.
3. Setzt euch zu zweit mit den Funktionen von Geld auseinander (**M10**).
   a) Ermittelt mindestens drei weitere Beispiele für die Funktionen des Geldes.
   b) Erörtert, warum sich Geld als Zahlungsmittel gegenüber dem Naturaltausch durchgesetzt hat (**M9**, **M10**).

F zu Aufgabe 3
Dreht alternativ einen kurzen Erklärfilm zu den Funktionen des Geldes.

Kann auch digitales Bezahlen sicher sein?

Opa Schultz beobachtet Stirn runzelnd, wie sein Schwiegersohn Christian immer häufiger so leichtfertig Zahlungen per Handy tätigt. „Das ist doch dann total ungeschützt, so durch die Luft!" Christian möchte ihn beruhigen, doch so richtig erklären kann er das auch nicht. Wie funktioniert denn dieses Bezahlen per App?

M11 Nur Bares ist Wahres?

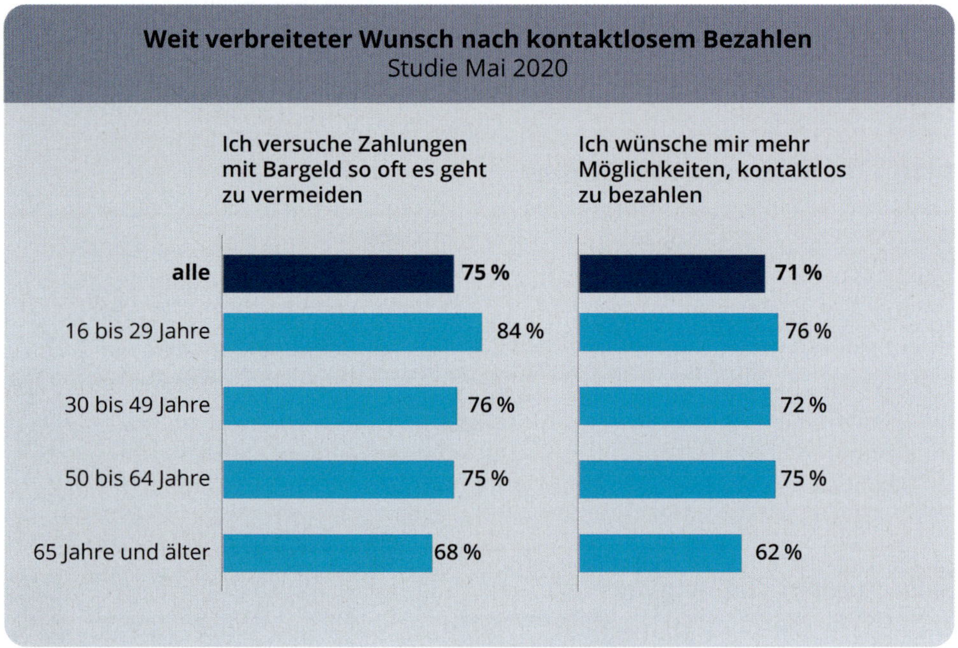

Quelle: Bitkom Research 2020

M12 Digitales Geld

In vielen Ländern wird heute bereits beim Bäcker mit der EC-Karte gezahlt.

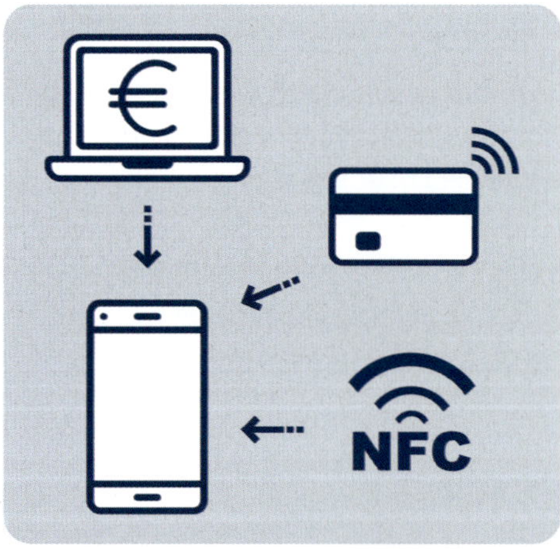

Seit der Coronakrise auch vermehrt in Deutschland. Der digitale Zahlungsverkehr ersetzt Scheine und Münzen als klassisches Zahlungsmittel immer öfter. Transaktionen werden in der Regel nur noch als digitale Bewegungen auf dem Konto sichtbar (Buchgeld). Heute zahlt man per Smartphone, überweist per App oder teilt sich das Trinkgeld mit Freund:innen. Hierbei entstehen kaum Wartezeiten und die Transaktionen sind immer nachvollziehbar und sogar auszuwerten. Das sind nur einige Vorteile, die in Verbindung mit modernen Zahlungsmitteln genannt werden.

Transaktion
verschieben von Geldern

MOBILE-BANKING

Die Erledigung von Bankgeschäften mit mobilen Endgeräten (Smartphone, Smartwatch oder Tablet) bezeichnet man als Mobile Banking.
Ob man das Smartphone an der Kasse per NFC (Near Field Communication) zum kontaktlosen Zahlen nutzt, in Bank-Apps den Kontostand überprüft oder via pushTAN-Verfahren Überweisungen tätigt. All das kann man heute bequem mit wenigen Touch-Befehlen oder einfach nur mit dem Gesicht unterwegs erledigen. Dennoch bieten die mobilen Zahlungsprozesse auch Gefahren durch Sicherheitslücken, wie dem Phishing.

PushTAN-Verfahren
bei diesem Verfahren erhält man seine TAN per Nachricht auf sein Smartphone

Phishing
illegale Tricks, um die Passwörter von Internetbenutzer:innen herauszufinden

M13 „Eine Welt ohne BARgeld"

Karikatur: Markus Grolik, dieKleinert.de, 2019

AUFGABEN

82301-240

1. a) Erläutere die Ergebnisse der Umfrage in **M11**.
   b) Führt eine eigene Umfrage in der Klasse zu bargeldlosem Zahlen durch.
   c) Nehmt Stellung zu Toms Sorgen gegenüber modernen Zahlungsmethoden.
2. a) Beschreibe Arten moderner Zahlungsmittel und -wege (**M12**).
   b) Erläutere die Vor- und Nachteile mit Hilfe einer Tabelle.
   c) Verfasst in Partner:innenarbeit eine Anleitung für das digitale Bezahlen für eure Großeltern.
   d) Erstellt Sicherheitstipps für das Bezahlen per App.
3. Eure Großeltern sind skeptisch: Entwickelt in Kleingruppen ein Rollenspiel (Methodenglossar S. 281), in dem ihr Chancen und Risiken moderner Zahlungsmittel szenisch diskutiert.
4. Interpretiert die Karikatur **M13** (siehe Methodenseite).

Link zur Recherche für Aufgabe 2d

82301-43

Karikaturen interpretieren

Worum geht es?

Karikaturen sind Meinungsäußerungen von Zeichner:innen. Die Künstler:innen wollen damit etwas aussagen und erreichen. Manchmal wollen sie den Betrachter zum Schmunzeln bringen. Häufig soll eine Diskussion über bestimmte Themen / Probleme ausgelöst werden. Oft wollen Karikaturen aber auch Kritik an irgendetwas / irgendwem üben.

Schwierig an Karikaturen ist oft, dass die Zeichner:innen genau das Gegenteil von dem abbilden, was sie eigentlich sagen wollen (das nennt man Ironie).

Eine Karikatur interpretierst du immer nach demselben Muster:

Gehe dabei so vor:

1. Schritt: Karikatur beschreiben

Beschreibe die Karikatur, ohne auf Details einzugehen. Beantworte hierzu u. a. folgende Fragen:

- Was ist zu erkennen (Personen, Ort, Zeichen ...)?
- Was wird gesagt und getan?
- Was fällt noch auf?

2. Schritt: Karikaturaussage erläutern

Erläutere, was der/die Zeichner:in aussagen und was er erreichen will. (Unterhaltung? Probleme auf den Punkt bringen? Kritik üben? ...)

3. Schritt: Karikatur bewerten

Bewerte die Karikatur. Ist sie lustig / gelungen / korrekt / ...? Hat der/die Zeichner:in deiner Meinung nach Recht? Fehlen wichtige Aspekte?

4.2 Arbeit im privaten Haushalt

Ist jede Arbeit gleich viel wert?

Alina muss gleich noch mit dem Hund raus. Dabei hat sie heute schon gesaugt und die Spülmaschine ausgeräumt. Was wollen die denn noch alles von ihr?!
Ihre Mutter sagt dann immer: „Erst die Arbeit – dann das Vergnügen!“ Aber da zählt doch Hausarbeit nicht dazu. Ihre Eltern bekommen wenigstens Gehalt für ihre Arbeit im Büro, aber Alina bekommt nichts für ihre Aufgaben – das ist doch nicht fair?

M1 Das bisschen Haushalt ...

Betten machen bügeln Tisch decken Kuchen backen
Geräte reparieren Staubsaugen
kochen aufräumen einkaufen Fenster putzen
Blumen gießen Müll rausbringen
Wäsche waschen Haustiere versorgen Gartenarbeit

M2 Arbeit im Vergleich

AUFGABEN 82301-241

1. a) Benenne weitere Aufgaben, die im Haushalt anfallen (**M1**).
   b) Erstelle eine Übersicht, wer in deiner Familie welche Aufgaben übernimmt.
2. a) Beschreibe die Illustrationen in **M2**.
   b) Vergleiche die dargestellten Formen von Arbeit.
   c) Beurteile den Wert der gezeigten Arbeitsformen. Sollten alle Personen gleich viel verdienen?

Wie behält man den Überblick im Finanzdschungel?

Hüssein muss für seinen Gemüseladen eine sogenannte Buchhaltung führen. Das ist eine Übersicht über die Ausgaben und Einnahmen des Geschäfts. So weiß er immer, welche Rechnungen noch bezahlt werden müssen und ob er genug eingenommen hat. Seine Frau Azra möchte das jetzt auch zuhause einführen. Das ist doch wieder nur Arbeit, stöhnt Familie Kılıç.

M3 Bedürfnisse der Familie Kılıç

Hüssein Kılıç

45, besitzt einen Gemüseladen, hat als Selbstständiger wenig Freizeit, freut sich immer auf den Sommerurlaub in der Türkei, hat einen Schrebergarten, wo er im Sommer gerne mit Freunden grillt

Azra Kılıç

43, arbeitet in der Schulmensa als Köchin, probiert gerne Rezepte aus aller Welt aus, würde gern mal eine Kreuzfahrt machen

Eren Kılıç

15, besucht die 9. Klasse, hilft auch mal im Laden aus, macht bald ein Praktikum, ist seit neuestem überzeugter Vegetarier, würde gerne im Sommer auch mal woanders hinfahren als in die Türkei

Elif Kılıç

11, besucht die 6. Klasse, interessiert sich für Mode und Bubble Tea, geht gerne shoppen und würde am liebsten nicht nur einmal im Jahr in den Urlaub fahren

M4 Haushaltsplanungen im Web und analog

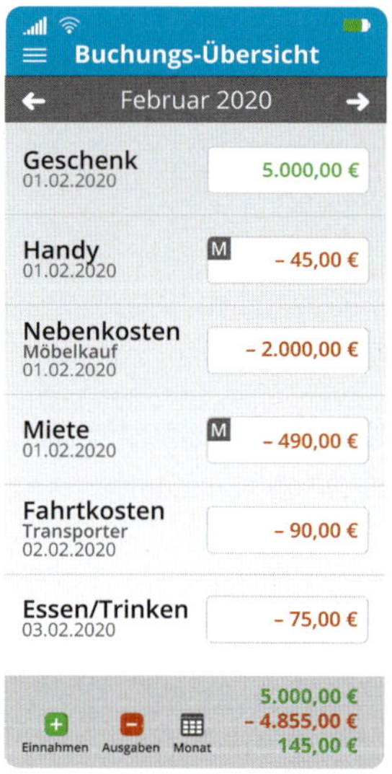

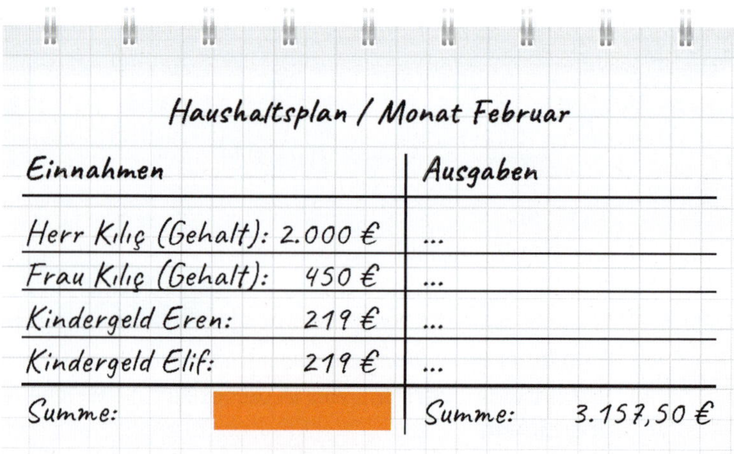

M5 Monatliche Ausgaben der Familie Kılıç

1	Grundnahrungsmittel	470 €
2	Turnschuhe für Eren	140 €
3	Wohnung/Heizung/Wasser	950 €
4	Reparatur der Waschmaschine	123 €
5	Hygieneprodukte	30 €
6	Elifs Geburtstagsfeier	100 €
7	Rücklage für Geschenke	40 €
8	Taschengeld für Kinder	40 €
9	Geld zur freien Verfügung für die Eltern	100 €
10	Haftpflicht-versicherung	15 €
11	Grippemittel für Azra	20 €
12	Autoversicherung, -steuer und Benzin	300 €
13	2 Schülermonats-karten	80 €
14	Kabelanschluss	17 €
15	GEZ-Gebühren	18,36 €
16	Abonnement einer Tageszeitung	30 €
17	Schulmaterial von Elif	20 €
18	Teilnahme von Eren am Schulausflug	20 €
19	Rücklage für den Jahresurlaub	100 €
20	Rechtsschutz-versicherung	10 €
21	Gemeinsames Pizza-Essen	50 €
22	Telefon/Internet	40 €
23	Handys für alle Familienmitglieder	60 €
24	Mitgliedschaft im Sportverein (Familie)	30 €
25	2 Theaterkarten	60 €
26	2 Kinokarten	15 €
27	Eintritte (z. B. Museum/Zoo)	20 €
28	Sparen	250 €

Idee: Kai Metzger, Politik betrifft uns, Ausgabe 5, 2012, Bergmoser + Höller Verlag AG, Aachen

AUFGABEN

82301-242

1. Beschreibe die Bedürfnisse der einzelnen Mitglieder der Familie Kılıç (**M3**).
2. a) Familie Kılıç verfügt über begrenzte Mittel (**M4**). Rechne die Einnahmen zusammen, über die sie monatlich gemeinsam verfügen kann.
   b) Beschreibe das Problem, vor dem Familie Kılıç steht (**M3**, **M4**).
3. Worauf sollte die Familie verzichten (**M3-M5**)?
   a) Erstellt mithilfe der Ausgaben (**M5**) einen Haushaltsplan (Einnahmen- / Ausgabenliste) für Familie Kılıç: Wählt dazu aus den Ausgabeposten diejenigen aus, die ihr in jedem Fall tätigen würdet.
   b) Erläutert, welche Ausgaben zur Not verzichtbar sind.
   c) Präsentiert eure Ergebnisse und vergleicht die Haushaltspläne der verschiedenen Gruppen.
4. a) Vergleiche die zwei Varianten des Haushaltsbuchs (**M4**).
   b) Entscheide dich für eine Art des Haushaltsbuchs und begründe deine Wahl.

Ist mein Taschengeld wirklich für die eigene Tasche?

Elif und ihre Freundinnen wollen mal wieder gemeinsam zum Shoppen gehen. Leider ist ihr Taschengeld für diesen Monat schon aufgebraucht, aber sie möchte nicht schon wie beim letzten Mal wieder absagen müssen. Vielleicht sollte sie doch noch mal bei ihren Eltern nachfragen, ob sie einen Vorschuss für den nächsten Monat bekommen kann?

M6 Empfehlungen zum Taschengeld

Taschengeldempfehlung
Stand: 2022

73000-286

Alter in Jahren	Empfohlenes Taschengeld
4-5	0,5 € / Woche
6-7	1-2 €/ Woche
8-9	2-3 € / Woche
10-11	16-21 € / Monat
12-13	21-26 € / Monat
14-15	26-39 € / Monat
16-17	39-63 € / Monat
18	63-79 € / Monat

©C.C. Buchner Verlag, aktuelle Daten nach: BMFSFJ, 2022

M7 Taschengelderhöhung

Hüssein und Azra Kılıç diskutieren schon wieder mit Elif,11 über die Höhe ihres Taschengelds.

M8 Taschengeld aufbessern – aber wie?

Jugendarbeitsschutzgesetz JArSchG

§ 2 Kind, Jugendlicher

(1) Kind im Sinne dieses Gesetzes ist, wer noch nicht 15 Jahre alt ist.

(2) Jugendlicher im Sinne dieses Gesetzes ist, wer 15, aber noch nicht 18 Jahre alt ist.

(...)

§ 5 Verbot der Beschäftigung von Kindern

(1) Die Beschäftigung von Kindern (§ 2 Abs. 1) ist verboten.

Elif, 11 Eren, 15

AUFGABEN

82301-243

1. a) Erläutere die Tabelle **M6**.
   b) Führt in der Klasse eine Umfrage zur Höhe eures Taschengeldes durch.
   c) Diskutiert die Ergebnisse und vergleicht eure Werte mit den Empfehlungen des Deutschen Jugendinstituts.
2. a) Überlegt euch Argumente für und gegen die Taschengelderhöhung von Elif (**M6**, **M7**).
   b) Führt in 3er oder 4er Gruppen ein Rollenspiel (Methodenglossar S. 281) mithilfe der Argumente durch.
3. a) Recherchiert nach Schüler:innenjobs in eurer Nachbarschaft (**M8**).
   b) Diskutiert in der Klasse, ob es gerecht ist, dass für Eren und Elif unterschiedliche Regeln gelten.

4.3 Regeln und Gesetze ordnen die Wirtschaft

Welche Regeln müssen Käufer:innen berücksichtigen?

Elif hat nun endlich mehr Taschengeld. Zusammen mit dem ersparten Geld der letzten 2 Jahre hat sie fast 300,00€. Das möchte sie nun für ein neues Smartphone ausgeben. Der Verkäufer im Technikladen hat sie aber einfach weggeschickt. Elif ist stocksauer, darf er das denn überhaupt?

M1 Kaufvertrag

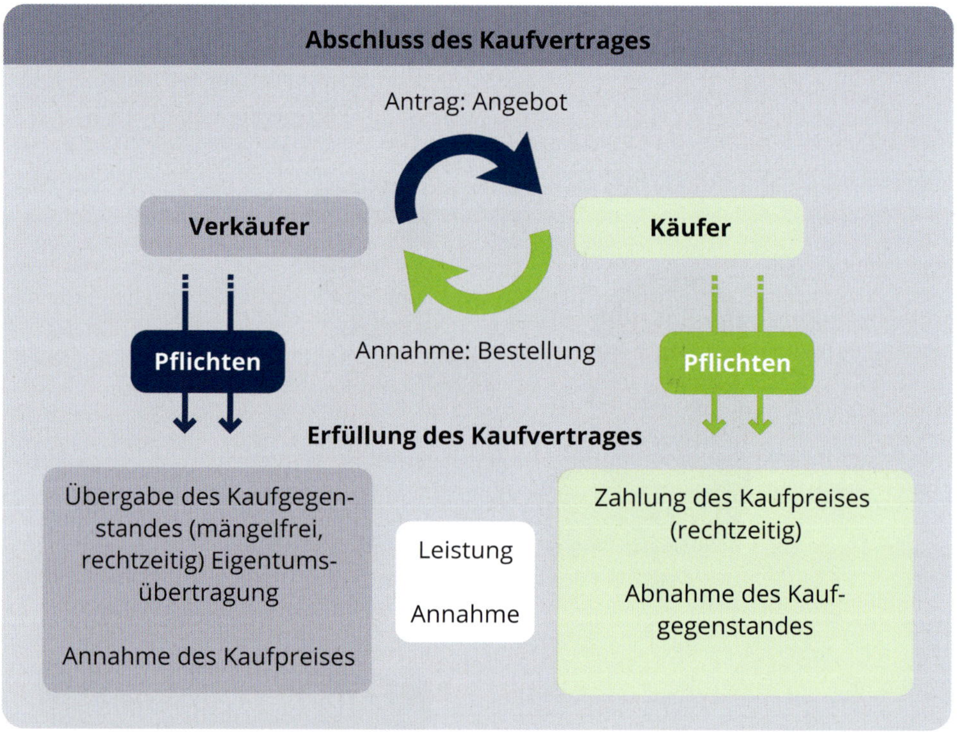

M2 Gesetzestexte verstehen lernen

§ 110 BGB
Bewirken der Leistung mit eigenen Mitteln

Ein von dem Minderjährigen ohne Zustimmung des gesetzlichen Vertreters geschlossener Vertrag gilt als von Anfang an wirksam, wenn der Minderjährige die vertragsmäßige Leistung mit Mitteln bewirkt, die ihm zu diesem Zweck oder zu freier Verfügung von dem Vertreter oder mit dessen Zustimmung von einem Dritten überlassen worden sind.

GESCHÄFTSFÄHIGKEIT

Wer etwas kaufen möchte, schließt beim Kauf einen Vertrag mit dem Verkäufer oder der Verkäuferin. Das Gesetz erlaubt erst ab einem bestimmten Alter, einen solchen Kaufvertrag zu schließen. Man nennt das Geschäftsfähigkeit. Diese Details sind im Bürgerlichen Gesetzbuch (BGB) geregelt. Das BGB regelt alle Rechtsbeziehungen zwischen Privatpersonen.

Geschäftsfähig?	Alter
Bist du noch keine 7 Jahre alt, dann bist du *geschäftsunfähig*. Das heißt, deine Eltern müssen dir erlauben, einzukaufen.	unter 7 Jahre
Bist du zwischen 7 und 17 Jahren, dann bist du *beschränkt geschäftsfähig*. Das heißt, du kannst zwar einkaufen gehen, aber deine Eltern können den Kauf wieder rückgängig machen, wenn sie damit nicht einverstanden sind.	7–17 Jahre
Ab 18 Jahren bist du *voll geschäftsfähig*, das heißt, du brauchst von niemandem mehr eine Erlaubnis.	ab 18 Jahren

M3 Ist das rechtmäßig?

1 Paul (13) hat sich im Internet mit den Kontodaten seines Vaters eine neue Tastatur für seinen Computer gekauft.

2 Als Elif 5 Jahre alt war, hat sie ihr gesamtes Taschengeld für Süßigkeiten ausgegeben.
Ihr Vater Hüssein hat es zurückgebracht und das Geld zurückverlangt.

3 Tom (19) hat sich ein neues TV-Gerät für 899,00 € gekauft. Er braucht das Geld nun doch für die Miete und möchte, dass seine Mutter Sabine die Rechnung begleicht.

AUFGABEN

82301-244

1. Beschreibe **M1** und formuliere den Ablauf eines Kaufes in eigenen Worten.
2. Untersuche § 110 BGB (**M2**) mithilfe der **Methodenkarte** (S. 144) und **#Geschäftsfähigkeit**.
3. Erläutere mithilfe von **M1** und **#Geschäftsfähigkeit**, ob die Fallbeispiele (**M3**) erlaubt sind. Begründe deine Lösung.
4. Stelle den Ablauf und die Pflichten, die ein Kaufvertrag für beide Seiten mit sich bringt, anhand des Kaufs eines TV-Geräts dar (**M3**).
5. Immer wieder ist es Kindern und Jugendlichen möglich, illegal an Produkte, wie Energy-Drinks, Zigaretten oder sogar Tätowierungen zu gelangen. Analysiere die Beweggründe beider Parteien des Kaufvertrags.

F zu Aufgabe 4
Ermittle weitere Möglichkeiten des Staates, Kinder und Jugendliche vor schädlichen Produkten zu schützen.

Gesetzestexte verstehen

Worum geht es?

Gesetzestexte sind häufig auf den ersten Blick kaum zu verstehen, weil sie in Fachsprache formuliert sind. Sie beinhalten viele Regelungen, Bestimmungen und Fachbegriffe. Gesetzestexte sind immer gleich aufgebaut:
Sie haben eine Überschrift, ihr Anfang beginnt mit dem Paragrafenzeichen „§" und eine weitere Unterteilung erfolgt in Absätzen mit Nummern in Klammern, z. B. (1). Mit den folgenden Schritten kannst du jeden Gesetzestext entschlüsseln:

Betroffenes Gesetz / Artikel
„Taschengeldparagraf": → §110 Bewirken der Leistung mit eigenen Mitteln (BGB)

Geht dabei so vor:

1. Schritt: Themengebiet und unbekannte Begriffe klären

1. Was wird geregelt? Nenne den inhaltlichen Bereich, um den es geht.
   → Es geht um die Verwendung von Taschengeld ...
2. Kläre dir unbekannte Begriffe.
   → *Gesetzlicher Vertreter:* jemand, der rechtlich für einen anderen handeln darf. In der Regel sind das die Eltern, manchmal auch das Jugendamt.
   Vertragsmäßige Leistung: Produkt oder Dienstleistung, die gekauft wird

2. Schritt: Geltungsbereich eingrenzen

Wen betrifft die Regelung? Markiere in einer Farbe deiner Wahl, auf wen sich diese Regelung bezieht.
→ Der §110 (BGB) bezieht sich auf Minderjährige.

3. Schritt: Regelung / Bestimmung verstehen

Was sagt die Regelung genau aus? Markiere in einer anderen Farbe den konkreten Inhalt des Paragrafen und formuliere ihn in eigenen Worten. Meist kann die Regelung in Tatbestand und Rechtsfolge zerlegt werden. Dabei wird der Tatbestand mit „wenn" eingeleitet und z. B. der Personengruppe, auf die sich die Regelung bezieht. Die Rechtsfolge erkennt man häufig, aber nicht immer, mit „so".

→ *Tatbestand:* „Wenn der Minderjährige die vertragsmäßige Leistung mit Mitteln bewirkt, die ihm zu diesem Zweck oder zu freier Verfügung [...] überlassen worden sind."
Rechtsfolge: „[...] Vertrag gilt als von Anfang an wirksam [...]."
Hier wird geregelt, ob bzw. wann ein Minderjähriger das Taschengeld ohne Zustimmung z. B. der Eltern ausgeben darf.

Wie bewältigt der Staat seine Aufgaben?

Die Bundesrepublik Deutschland ist in 16 Bundesländer gegliedert und besteht aus vielen Kommunen. Jede Gemeinde und jede Stadt muss organisiert werden und das kostet Geld. Doch woher kommt das Geld, mit dem unser öffentliches Leben, z. B. Schulen, Polizei und neue Straßen bezahlt werden?

Kommune
Kommunen sind Kreise, Städte, Gemeinden und Stadtbezirke.
Es sind die kleinsten organisatorischen „Einheiten" der Bundesrepublik.

M4 Einkauf in Hüssein's Gemüseladen

12.02.20	13:25	
Pak Choi 2x 1,15 EUR	2,29	A
BIO Mix-Kresse	0,99	A
Blumenstrauß Bund	10,00	A
Hafermilch 3x 1,99 EUR	5,97	B
Summe	19,25	
Bar	**20,00**	
Rückgeld	**0,75**	

****

MwSt-Satz	Brutto	Netto	MwST
A = 7,00 %	13,28	12,35	0,93
B = 19,00 %	5,97	4,84	1,13

STEUERN

Steuern sind Einnahmen des Staates, mit denen staatliche Aufgaben finanziert werden. Man unterscheidet direkte und indirekte Steuern.
Für die meisten Produkte werden 19 % Mehrwertsteuer erhoben. D. h., bei einem Preis von 100 € zahlst du 19 € an den Staat. Ausnahmen werden z. B. bei Grundnahrungsmitteln, Büchern oder Fahrkarten im öffentlichen Nahverkehr gemacht. Für diese Produkte werden nur 7 % Mehrwertsteuer berechnet, da sie nicht als Luxus angesehen werden. Indirekte Steuern, wie z. B. die Mehrwertsteuer, nehmen einen Umweg über den Supermarkt bzw. das Produkt, auf das die Steuer erhoben wird. Direkte Steuern werden hingegen direkt an den Staat gezahlt, z. B. die Lohnsteuer.

Interaktives Tool zum Üben
H Teile 1-6
F ab 7
82301-45

AUFGABEN

82301-245

1. Wie würdest du deinen kleinen Geschwistern erklären, was Steuern sind? Beschreibe, um was es sich dabei handelt.
2. a) Beschreibe, welche Produkte gekauft wurden (**M4**).
   b) Vergleiche die Produkte, die mit einem A versehen sind, mit dem, das mit einem B versehen ist. Gibt es Unterschiede?
3. Diskutiert in der Klasse, ob es richtig ist, dass der Staat entscheidet, welche Produkte notwendig sind und welche nicht.

Was macht der Staat mit unserem Geld?

Es gibt in Deutschland circa 40 verschiedene Steuerarten, die dem Bund, den Ländern und den Gemeinden 2021 rund 812 Milliarden Euro an Steuereinnahmen eingebracht haben. Doch wofür gibt der Staat unser Geld aus? Und ist das immer sinnvoll?

M5 Steuereinnahmen: verschiedene Steuerarten 2021

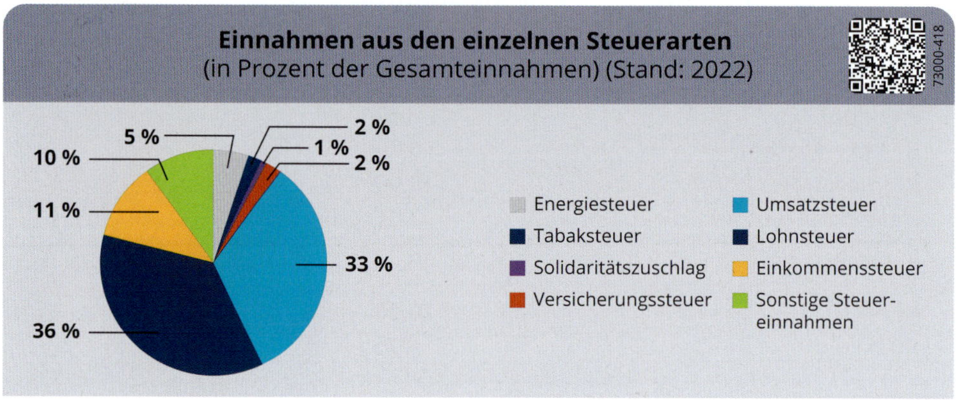

©C.C. Buchner Verlag, aktuelle Daten nach: BMF Monatsbericht Januar 2022

M6 Was passiert mit unseren Steuern?

©C.C. Buchner Verlag, aktuelle Daten nach: BMF vorläufiger Haushaltsabschluss 2021, 2022

M7 Rauchfrei dank des Staats?

Die Tabaksteuer wird in Deutschland bereits seit Jahrzehnten stetig angehoben. So lag der Steueranteil im Jahr 1991 noch bei 6,6 Cent pro Zigarette und im Jahr 2022 bei 22,27 Cent. Zusätzlich fällt beim Kauf von Zigaretten die Mehrwertsteuer an.

Würde man den Preis von Zigaretten um 25 % anheben, könnte man einen 10 %igen Rückgang des Konsums erwarten. Eine Preiserhöhung betrifft jedoch vor allem Menschen mit niedrigem Einkommen stärker. Dazu zählen unter anderem Kinder und Jugendliche, bei denen der Konsum noch stärker zurückgehen würde.

Die Kosten des Rauchens für den deutschen Staat werden insbesondere durch Erkrankungen sowie Erwerbsunfähigkeit infolge des Tabakkonsums verursacht. Jährlich versterben etwa 120.000 Menschen an den Folgen des Rauchens und verursachen zudem knapp 100 Milliarden Euro Kosten für unser Gesundheitssystem.

Dem gegenüber stehen die Einnahmen des Staats durch die Tabaksteuer. Nach Angaben der WirtschaftsWoche brachte sie in 2020 14,7 Milliarden Euro in die Staatskasse. Die Tabaksteuer ist daher eine wichtige Einnahmequelle für den Staat, zumal dieser Wert in den kommenden Jahren voraussichtlich deutlich weiter steigen wird.

Obwohl es für Minderjährige verboten ist, raucht Eren heimlich.

AUFGABEN

82301-246

1. a) Beschreibe die Grafik und erläutere die einzelnen Steuerarten (**M5**).
   b) Ermittle, von wem die verschiedenen Steuern jeweils zu zahlen sind.
2. Erkläre **M6** und erläutere in eigenen Worten, wofür der Staat Geld ausgibt.
3. a) Der Staat mischt sich auch in unser Privatleben ein. Erkläre, wie und warum der Staat den Menschen das Rauchen abgewöhnen will (**M7**).
   b) Beurteile, inwiefern es sinnvoll wäre eine Steuer auf Energy-Drinks einzuführen. Finde Pro- und Kontra-Argumente.
4. „Übergewichtige kosten den Staat, den Krankenkassen und der Wirtschaft Millionen“. Beziehe Stellung zu dieser Aussage und beurteile, ob der Staat auch unsere Essgewohnheiten kontrollieren sollte.

Sind Steuern nur eine lästige Pflicht?

Tom ist gerade mit der Ausbildung zum Pflegefachmann fertig geworden und wurde auch übernommen. Das freut ihn sehr. Doch bei der Gehaltsabrechnung trübt sich seine Laune immer wieder. „Wofür arbeite ich eigentlich, wenn ich nur die Hälfte ausgezahlt bekomme? Das ganze Geld weg! Und dann soll ich auch noch einmal im Jahr so eine nervige Steuererklärung machen. Wozu der ganze Aufwand?“ Tom ist sicherlich nicht der Einzige, der so denkt. Aber muss er sich wirklich aufregen, oder ist er vielleicht nur schlecht informiert?

Kirchensteuer
ist eine Steuer, die Mitglieder von Religionsgemeinschaften zahlen

M8 Toms Gehaltsabrechnung

Gehaltsabrechnung

Tom Schultz
Auf dem Land 8
92548 Stadt

Steuerklasse I
Konfession.: ev

Bruttoverdienst	**2.300,00 €**
Abzüge	
– Lohnsteuer	222,91 €
– Solidaritätszuschlag	0,00 €
– Kirchensteuer	20,06 €
– Krankenkasse (14,6 %)	182,85 €
– Rentenversicherung (18,6 %)	213,90 €
– Arbeitslosenversicherung (2,5 %)	27,60 €
– Pflegeversicherung (3,05 % (+ 0,5 %))	35,08 €
Nettoverdienst	**1.597,61 €**

M9 Risiken ohne Versicherungsschutz

In den letzten zwei Jahren habe ich nur zweimal meine Rente ausgezahlt bekommen. Zum Glück unterstützen mich meine Kinder.

Fayola, 68
Ibadan (Nigeria)

Hier auf den Philippinen haben nur 50% der Bevölkerung Zugang zur Gesundheitsversorgung. Geimpft bin ich auch nicht.

Rodrigo, 16
Manila (Philippinen)

Meine Frau ist an Krebs erkrankt. Die Medikamente sind sehr teuer. Krank sein ist hier Luxus.

John, 52
Seattle (USA)

Ich zahle so viel für meine Krankenversicherung. Trotzdem werden mir meist nur 70% der Kosten erstattet.

Héloise, 32
Amiens (Frankreich)

M10 Wer hat's erfunden?

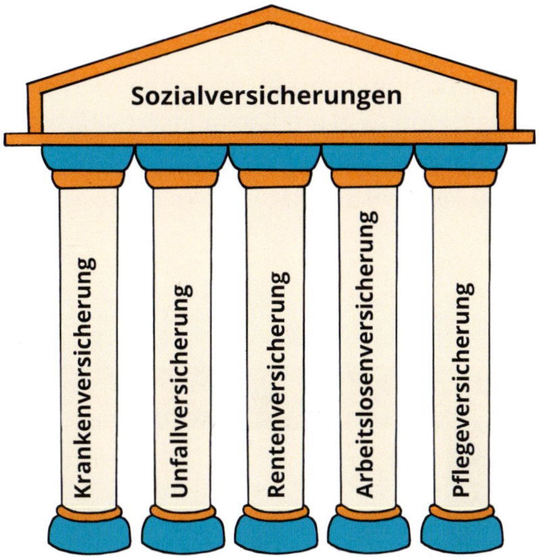

Bis ins 19. Jahrhundert war es weit verbreitet, dass Menschen arm, ohne ärztliche Versorgung, oder ohne Dach über dem Kopf lebten. Es gab kein System wie den Staat, der ihnen half. Heute ist das in vielen Ländern anders. Den Anfang machte in Deutschland der damalige Reichskanzler Otto von Bismarck. Er führte die Kranken-, Unfall- und Rentenversicherung ein. Heute „steht" unser Sozialversicherungssystem auf fünf „Säulen". Gemeinsam zahlen wir in das System ein und sichern uns gegenseitig (solidarisch) ab.

Reichskanzler
Otto von Bismarck
(1815-1898)

M11 Schwarzarbeit ist unsozial

1. Fritzi babysittet ab und zu für 10 Euro ihren kleinen Cousin.
2. Birthe bessert sich ihr Arbeitslosengeld auf. Sie schminkt als ausgebildete Visagistin Freundinnen und Bekannte. Sie erhält dafür Geld oder kleine Geschenke.
3. Nach Feierabend verlegt Ingo im Neubau seiner Freunde die Elektroleitungen. Er erhält dafür 700 Euro und Tickets für ein Konzert.
4. Keno ist Referendar und gibt dem Nachbarskind nachmittags Nachhilfe. Er bekommt dafür 20 Euro pro Stunde.
5. Pia kümmert sich um den Haushalt und die Kinder. Ihr berufstätiger Mann entscheidet, wieviel von seinem Gehalt für den Haushalt ausgegeben wird.

Schwarzarbeit
beschreibt alle Arbeitsleistungen, die ohne die gesetzlichen Anmeldepflichten zur Sozialversicherung und zur Steuer erbracht werden.

AUFGABEN

82301-247

1. Benenne die Abzüge, die vom Bruttoverdienst gezahlt werden (**M8**).
2. a) Beschreibe die Probleme, von denen die Menschen berichten (**M9**).
   b) Vergleicht zu zweit die geschilderten Situationen mit der Lage in Deutschland. Gibt es hier ähnliche Probleme?
3. Erkläre die Vorteile der Sozialversicherungen (**M10**).
4. a) Beurteile jeweils, ob es sich um Schwarzarbeit handelt (**M11**).
   b) Erläutere, ob und warum Schwarzarbeit ein Problem für den Staat ist.
   c) Diskutiert zu zweit die Überschrift von **M11** und nehmt begründet Stellung.
5. Diskutiert in der Klasse die Fragestellung des Unterkapitels (**M8-M11**).

4.4 Markt ist nicht gleich Markt

Was ist ein Markt?

Beim Einkauf auf dem Wochen-, im Supermarkt oder im Internet, die Suche nach einem Job auf dem Arbeitsmarkt oder das Anlegen von Geld am Kapitalmarkt. Märkte spielen in der Wirtschaft eine große Rolle. Doch was genau ist ein Markt, wie funktioniert er und welche verschiedenen Formen von Märkten gibt es?

M1 Markt ist nicht gleich Markt

a

b

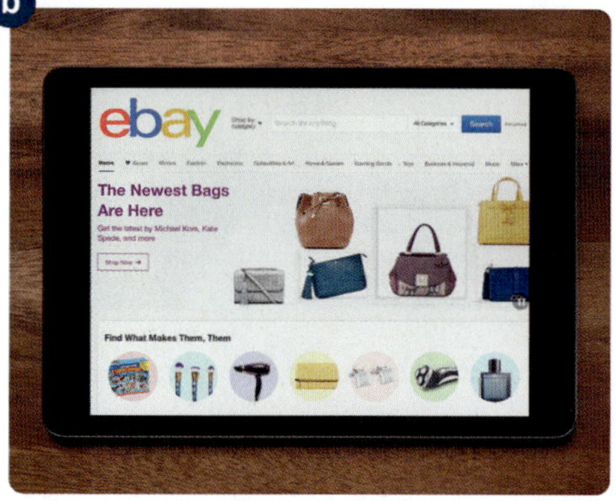

c

d

**MARKT**

In der Wirtschaft verstehen wir unter einem Markt eine Situation, in der Verkäufer und Käufer aufeinandertreffen. Dabei werden Produkte und Dienstleistungen angeboten und nachgefragt.

Somit ist der Markt kein Ort im eigentlichen Sinne, sondern ein Modell, um wirtschaftliches Handeln zu beschreiben. Es gibt viele verschiedene Märkte, die sich stark unterscheiden. Manche sind zum Beispiel regional begrenzt, andere weltweit.

Börse und Wochenmarkt. Wo liegt der Unterschied?

82301-46

M2 Ein Markt für alle Fälle?

Elif und ihre Mutter haben an diesem Samstag viel vor: Die beiden gehen zunächst zu ihrem Friseur. Im Urlaub in der Türkei waren die Haarschnitte viel günstiger. Um dort einfach mal samstags zum Friseur zu gehen, ist die Reise aber leider viel zu weit. Im Baumarkt besorgen die beiden anschließend neue Wandfarbe für den Gemüseladen. Gut, dass sie mit dem Smartphone von unterwegs nochmal zu Hause anrufen können, denn beide haben wieder vergessen, welches Produkt sie brauchen. Praktisch, dass es auch für ihren Fall die passende vorrätig gibt. Anschließend gehen die beiden noch auf den Weihnachtsmarkt und essen gebrannte Mandeln. Eine Tradition, auf die sich die beiden schon das ganze Jahr freuen.

M3 Ein Markt, viele Funktionen!

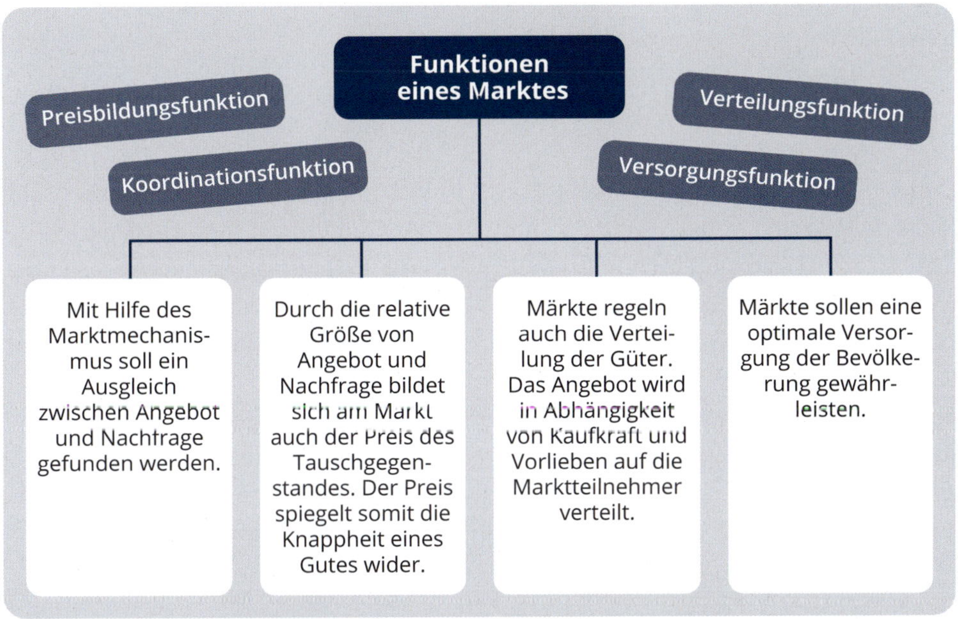

Zimmermann, Michael; Lindner, Johannes: Österreichischer Bundesverlag Schulbuch: Markt und Preis, www.oebv.at, abgerufen am 01.08.2019

AUFGABEN

82301-248

1. a) Benenne die abgebildeten Märkte (**M1**): Wer sind die Anbieter, wer sind die Nachfrager und was wird gehandelt?
   b) Analysiere Gemeinsamkeiten und Unterschiede zwischen den abgebildeten Märkten.
2. Gibt es einen Markt für alle Fälle (**M2**)? Beschreibe, auf welchen Märkten Elif und ihre Mutter unterwegs sind. Erläutere, worin sich diese Märkte unterscheiden.
3. Ordne die Funktionen eines Marktes den passenden Definitionen zu (**M3**).

H zu Aufgabe 3
Durchsuche die Definitionen danach, ob ein Wortbestandteil der verschiedenen Funktionen dort vorkommt.

Angebot und Nachfrage: Wie entstehen Preise?

Sicherlich hast du auch schon mal beobachtet, dass die Preise, z. B. auf einem Wochenmarkt oder an der Tankstelle, nicht immer gleich sind. Aber wie wird der Preis von Produkten und Dienstleistungen eigentlich festgelegt?

M4 Wieviel sollen die Tomaten denn nun kosten?

Damit Hüssein Kılıç abends kein Gemüse wegwerfen muss, kauft er auf dem Großmarkt möglichst nur so viel, wie er voraussichtlich verkaufen kann. Das gelingt ihm aber nur, wenn seine Kund:innen auch bereit sind, den geforderten Preis zu bezahlen.

Als selbstständiger Unternehmer muss er wissen:

- Wie hoch sind seine Ausgaben für das Gemüse auf dem Großmarkt?
- Wie viel muss er seinen Angestellten bezahlen?
- Wie teuer ist das Gemüse bei der Konkurrenz?
- Welches Gemüse wünschen sich die Kund:innen? Was hat Saison?

Aus diesen Fragen kann er anschließend den Preis bestimmen.

PREISBILDUNG

Der Preis eines Produkts ist abhängig von Anbietern (Verkäufern) und Nachfragern (Käufern). Die Anbieter möchten mit dem Verkauf einen möglichst hohen Preis erzielen, um selbst Gewinn zu machen. Die Nachfrager (Käufer) versuchen, ein Gut zu einem möglichst niedrigen Preis zu erhalten. Wenn die beiden auf dem Markt aufeinandertreffen, bildet sich der Preis.

Man sagt auch, wenn Angebot (= alle Verkäufer eines bestimmten Produkts) und Nachfrage (= alle Käufer eines bestimmten Produkts) aufeinandertreffen, bildet sich der Marktpreis.

M5 Das Auf und Ab der Preise

	Beispiel	Nachfrage	Preis
1	Viele Menschen buchen Urlaub auf Mallorca.		
2	Spekulatius ist so lecker, dass alle Menschen einkaufen gehen.		
3	Verunreinigungen sind in Konserven gefunden worden.		
4	Im vergangenen Jahr haben genauso viele Verbraucher:innen Milch gekauft, wie in diesem.		
5	Das neue Ipad ist da! Jeder möchte es sich kaufen.		

M6 Haben alle Güter einen Preis?

Auf dem winterlichen Heimweg von der Schule atmest du die kalte, frische Luft ein und genießt es. Ohne die vielen Straßenlaternen entlang des Gehwegs wäre es schon ganz schön dunkel, aber sie leuchten dir den Weg nach Hause. Hast du schon einmal eine Rechnung für die Nutzung des Lichtes, für die Luft zum Atmen oder dafür, dass du zur Schule gehen darfst erhalten? Wie viel wärst du bereit, für öffentliche Güter zu zahlen und was sind überhaupt öffentliche Güter?

Laternen beleuchten eine Parkpromenade

ÖFFENTLICHE GÜTER

Es gibt einzelne Güter, die man nutzen oder konsumieren kann, ohne dafür bezahlen zu müssen. Dazu gehören z. B. saubere Luft oder Straßenbeleuchtung. Diese Güter werden als öffentliche Güter bezeichnet. Vom Konsum dieser Güter kann niemand ausgeschlossen werden. Deshalb ist in der Regel niemand bereit, hierfür einen Preis zu bezahlen.
In diesen Fällen sorgt der Staat für das Güterangebot und finanziert es durch öffentliche Abgaben.

AUFGABEN

82301-249

1. a) Erstelle für Hüssein eine Checkliste mit Faktoren, die den Gemüsepreis beeinflussen.
b) Analysiere, wie Hüssein das Gemüse günstiger anbieten könnte und welche Konsequenzen damit verbunden wären (**M4**).

2. Übertrage die Tabelle **M5** in deine Unterlagen und vervollständige die Tabelle mit den Begriffen „sinkt/steigt/bleibt gleich“.

3. Erläutere, warum manche Güter keinen Preis haben (**M6**, **#Öffentliche Güter**).

Wer mischt auf dem Markt mit?

Unternehmen und private Haushalte tauschen Waren, Arbeitskraft, Einkommen und Verbrauchsausgaben. Was passiert jedoch, wenn einer der Teilnehmenden nicht mehr mitkommt oder sich nicht an die Regeln hält? Wer schützt die Verbraucher:innen oder Arbeitnehmer:innen und vor allem wie? Hier kommt der Staat ins Spiel. Wie greift der Staat ein und sollte der Staat das wirklich dürfen?

M7 Ziele und Interessen am Markt

Hier kannst du alle Formen des Wirtschaftskreislaufs üben und wiederholen.

82301-47

Private Haushalte

Unternehmen

M8 Denken in Kreisläufen

Hüssein Kılıç verkauft jeden Tag frisches Gemüse am Kotti.
Jeden Tag kommen Kund:innen, um Gemüse zu kaufen.
Herr Kılıç benötigt auch Arbeitskräfte, die ihm beim Ein- und Verkauf des Gemüses helfen. Er bezahlt ihnen Gehälter und Löhne für ihre Arbeit.

M9 Der Staat spielt auch

Auch der Staat beeinflusst den Wirtschaftskreislauf:

- Er zieht Steuern, Abgaben und Sozialleistungen von den Haushalten und Unternehmen ein.
- Mit dem Geld werden auch Löhne und Gehälter, zum Beispiel an die Beamten, wie Lehrkräfte, Polizei und Feuerwehr bezahlt.
- Natürlich kauft er auch ein, zum Beispiel Papier und Möbel für die Schulen, aber auch Material für Straßenbau oder unsere Infrastruktur.
- Der Staat fördert gelegentlich Unternehmen oder Wirtschaftszweige, zum Beispiel neue Energien (Windkraft, Solarenergie etc.). Das nennt man Subventionen.
- Schließlich finanziert der Staat auch finanzielle Hilfen für Private Haushalte, wie z. B. die Renten, Arbeitslosengeld I und II und sonstige Sozialleistungen. (Transferleistungen)

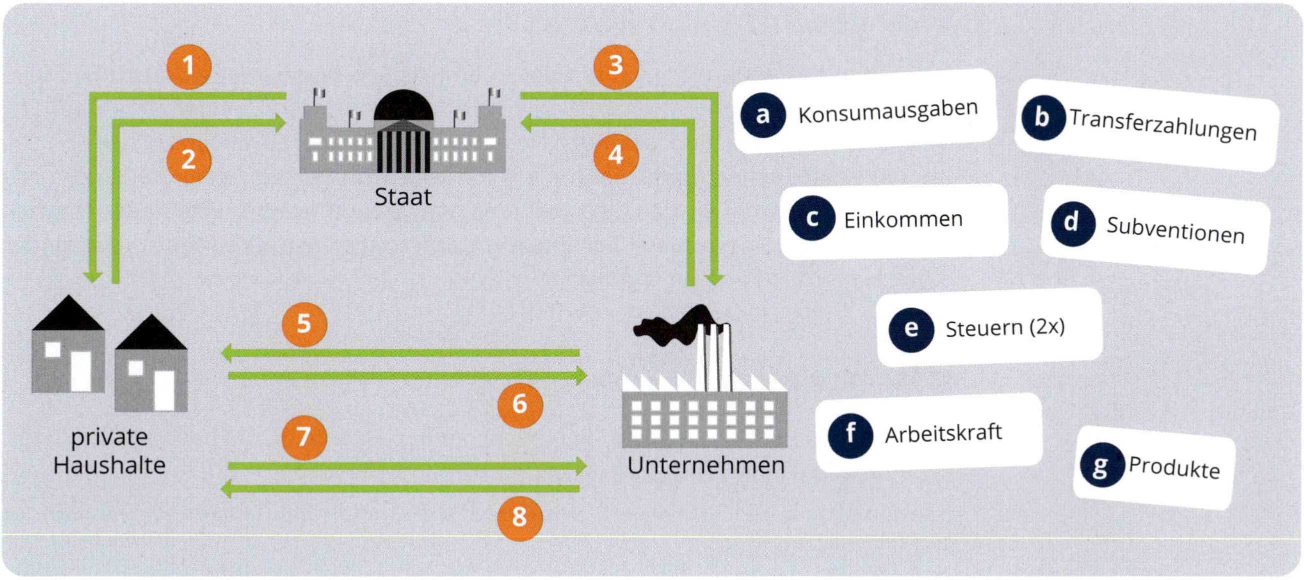

Zuordnungsübung zum Wirtschaftskreislauf

82301-48

MODELLBILDUNG: DER WIRTSCHAFTSKREISLAUF

Um die Wirtschaft besser untersuchen und verstehen zu können, werden in Modellen die Abläufe einfacher dargestellt, als sie in Wirklichkeit sind. Der Wirtschaftskreislauf ist ein Modell, das vereinfacht erklärt, wie die Wirtschaft eines Landes funktioniert. Im einfachen Kreislauf gibt es Unternehmen, die produzieren, und Haushalte, die konsumieren. Zwischen den einzelnen teilnehmenden Personen wird Geld gegen Güter getauscht, im Kreislauf werden nur die Geldflüsse dargestellt.
Im „erweiterten Wirtschaftskreislauf" wird dargestellt, wie neben Haushalten und Unternehmen auch der Staat und die Banken (und z. T. das Ausland) an den Geldflüssen in einer Wirtschaft beteiligt sind.

AUFGABEN

82301-250

1. Ordne die Begriffe den passenden Interessensgruppen zu (**M7**).
2. Benenne alle Teilnehmer, die in der Geschichte (**M8**) vorkommen.
3. Erstellt mithilfe von **M8** und **#Modellbildung** zu zweit einen Geld- und Produktkreislauf.
4. a) Ordne die Begriffe in **M9** (a-g) den entsprechenden Pfeilen (1-8) zu. Nutze dafür die digitale Übung hinter dem QR-Code.
   b) Erkläre den erweiterten Wirtschaftskreislauf in eigenen Worten.
5. Erläutere anhand des Wirtschaftskreislaufs wie …
   a) die Senkung der Mehrwertsteuer von 19 % auf 16 % und 7 % auf 5 % während der Coronakrise und
   b) das Rettungspaket für die Lufthansa von 9 Mrd. Euro
   … auf den Wirtschaftskreislauf Einfluss nehmen.

F zu Aufgabe 5
Recherchiere aktuelle Beispiele für die Einflussnahme des Staates auf den Wirtschaftskreislauf.

Wer gewinnt am Markt?

Mit Beginn des neuen Schuljahres gibt es an Elifs Schule eine neue Unterstützung in der Schulmensa: Elifs Mutter Azra. Das Essen ist wirklich lecker, aber es ist natürlich nicht gratis. Manche Kinder bringen sich deshalb ein Pausenbrot von zuhause mit.
„Ich wünschte, meine Chefin könnte alle Kinder dazu zwingen, in der Schulmensa zu essen. Dann hätten wir das Monopol aufs Schulessen!" träumt Elifs Mutter neulich am Küchentisch vor sich hin. Elif versteht nur Bahnhof. Will ihre Mutter jetzt Kinder erpressen und was ist ein Monopol?

M10 Steigende Eispreise

Tom und Ama haben ein Date und machen einen Ausflug in die nächste Kleinstadt. An einem warmen Frühlingstag wollen beide das erste Eis des Jahres kaufen und fahren dafür in die Innenstadt. Vor den drei Eisdielen im Stadtzentrum finden sie ähnliche Preisschilder.

Ama ist entsetzt, denn letztes Jahr kosteten die Kugeln noch 1,20 Euro. Das kann doch kein Zufall sein, die haben sich bestimmt abgesprochen, antwortet Tom.

M11 Ein Aufruf gegen Preisabsprachen

PRESSEMELDUNG

GEMEINDE Fiktiv

Letzte Woche war eine Gruppe von Schülerinnen und Schülern bei mir im Rathaus, um sich über den gestiegenen Eispreis zu beschweren. Das ist heute natürlich die Schlagzeile in der Zeitung. Darin wird behauptet, dass sich unsere Eisanbieter alle zusammen abgesprochen hatten, den Preis pro Kugel auf 1,50 Euro anzuheben. Es ist aber nicht nur unfair, die Kund:innen durch Preisabsprachen auszunehmen, es ist sogar verboten!
Liebe Eisdielenbesitzer, ich würde euch empfehlen, euer Verhalten nochmal zu überdenken. Sonst wird der Fall womöglich vom Kartellamt geprüft und Strafen verhängt werden.

Kartellamt
Amt, das überprüft, ob Unternehmen durch Zusammenschlüsse oder Absprachen den Wettbewerb einschränken

M12 Das Eismonopol

Zwei Jahre später gibt es in Tom und Amas Kleinstadt nur noch eine Eisdiele. Die beiden anderen Eisdielen mussten ihr Geschäft aus gesundheitlichen bzw. Altersgründen aufgeben. Seitdem wächst in der Bevölkerung die Eis-Unzufriedenheit.

Die Kugeln waren sonst immer größer

Eine Kugel kostet mittlerweile 1,80 €.

Beim Eisbecher wird keine Waffel mehr dazugelegt.

Die Auswahl an Eissorten ist auch zurückgegangen.

MONOPOL

Als Monopol bezeichnet man eine Marktsituation, in der es für ein bestimmtes Gut nur einen einzigen Anbieter gibt. Dieser Anbieter hat eine besondere Macht gegenüber den Nachfragern. Zum Beispiel hat er großen Einfluss auf den Preis und die Qualität des Gutes.
Auf manchen Märkten gibt es zwar mehr als einen Anbieter, von denen aber einer eine herausragende Stellung hat – zum Beispiel, weil er ein Gut viel besser herstellen kann als alle anderen. Dann spricht man von einem Quasi-Monopol.

AUFGABEN

82301-251

1. Erläutere Toms Aussage am Ende von **M10**.
2. Beurteile Chancen und Risiken für Anbieter und Nachfrager durch eine solche Absprache zwischen den Eisdielen der Stadt.
3. Erkläre, warum der Bürgermeister behauptet, es sei „nicht nur unfair", sondern „sogar verboten" die Preise abzusprechen (**M11**).
4. Entscheide in der Rolle des Kartellamts, ob die Eisdielenbesitzer für ihre Absprache bestraft werden sollten (**M11**, **Randspalte**).
5. Erkläre am Beispiel von **M12**, warum die Unzufriedenheit der Nachfrager:innen mit dem fehlenden Wettbewerb zu tun haben könnte.
6. Erläutere allgemein, warum der Staat das Interesse hat, Monopole zu verhindern (**M12**, **#Monopol**).
7. Recherchiere im Internet nach einem Fall, bei dem das Kartellamt aufgrund von Absprachen eine Strafe gegen Unternehmen ausgesprochen hat.
8. Diskutiert, wie ihr als Verbraucher:innen Einfluss auf Märkte nehmen könnt. Wo liegen Chancen hierfür, wo sind Grenzen?

M1 Bedürfnisse

1. Kaviar
2. Unterhosen
3. Hundefutter
4. Kinokarte
5. Kleidung von Gucci
6. Auto
7. Spielekonsole
8. Warme Mahlzeit

M2 Bargeldloser Alltag

Karikatur: Schwarwel

M3 Ode an die Arbeit

Die deutsche Band „Wir sind Helden".

Link zum Liedtext „Ode an die Arbeit"

82301-44

M4 Angebot und Nachfrage

Beispiel	Nachfrage	Preis
Gift ist in Cornflakes gefunden worden.		
Im vergangenen Jahr haben genauso viele Menschen Milch gekauft, wie in diesem.		
Das neue Iphone ist da! Jeder möchte es sich kaufen.		
Diesen Sommer wird ein neuer Hitzerekord nach dem anderen aufgestellt. Jeder wünscht sich eine Abkühlung im Freibad.		
Jede:r Schüler:in möchte den neuen Magic Cube als Spielzeug für langweilige Unterrichtsstunden haben. Bald stellt sich heraus, dass sie schon nach kurzer Verwendung kaputtgehen.		

M5 Der Nutzen des Wettbewerbs

„Wohlstand für alle" und „Wohlstand durch Wettbewerb" gehören untrennbar zusammen; das erste Postulat kennzeichnet das Ziel, das zweite den Weg, der zu diesem Ziel führt.

Ludwig Erhard, ehemaliger Bundesfinanzminister, Bundeskanzler und sogenannter „Vater des Wirtschaftswunders"

Postulat
Grundsatz, Ausgangspunkt

Aufgaben

1. Es gibt auch vereinfachte Bedürfnispyramiden: Ordne die Bedürfnisse links dem richtigen Teil der Pyramide zu (**M1**).
2. a) Beschreibe die Karikatur **M2**.
   b) Erkläre die Einzelheiten der Abbildung (Personen und Aussagen).
   c) Beurteile die dargestellte Problematik.
3. a) Höre dir das Lied „Ode an die Arbeit" von Wir sind Helden an (**M3**).
   b) Erläutere, wie die Autorin den Begriff Arbeit versteht.
   c) Nimm Stellung zum Text des Liedes.
4. Wie verändert sich in den genannten Fällen die Nachfrage und wie beeinflusst sie den Preis (**M4**)? Vervollständige die Tabelle jeweils mit sinkt, steigt, bleibt gleich.
5. a) Erläutere Erhards Zitat (**M5**).
   b) Nimm begründet Stellung zu seiner Aussage, dass Wohlstand durch Wettbewerb entstehe. Diskutiert in der Klasse: Ist das immer so?

1

Eine Ingenieurin justiert eine Maschine.

2

Ein Gärtner verlegt einen Rollrasen.

3

Eine Auszubildende kassiert im Supermarkt.

4

Eine IT-Administratorin arbeitet am Bildschirm.

5

Ein Vater kümmert sich um sein Kind.

Was weißt du schon?

1. Benenne die Abbildung, die am ehesten zum Ausdruck bringt, welche Tätigkeit du dir für deine Zukunft vorstellst.
2. Erläutert euch zu zweit, warum ihr euch für das Bild entschieden habt.
3. Erstelle eine Bild-Collage oder einen Instagram-Post zu deiner Zukunft, in der deutlich wird, wie du arbeiten und leben möchtest.
4. Diskutiert eure Zukunftsvorstellungen in der Klasse und stellt Gemeinsamkeiten und Unterschiede heraus.

5

#Arbeit und deine berufliche Zukunft

Noch gehst du zur Schule und nicht täglich zur Arbeit wie viele Erwachsene. Was arbeiten bedeutet, hast du wahrscheinlich aber schon erfahren. Hierzu zählt nicht nur die Tätigkeit im Büro oder am Tresen des eigenen Geschäfts. Vielleicht kennst du Jugendliche, die sich bei der Feuerwehr in ihrer Freizeit engagieren oder sich aktiv in einem Sportverein einbringen. Auch das ist freiwillige, ehrenamtliche Arbeit. Sie wird meist nicht bezahlt, manchmal gibt es eine Aufwandsentschädigung. Das Arbeiten ohne direkte Bezahlung gilt auch für Tätigkeiten im eigenen Haushalt wie die Kindererziehung, Einkaufen, Kochen oder das Durchführen von Reparaturen.
In diesem Kapitel lernst du verschiedene Formen von Arbeit kennen. Außerdem wirst du dich selbst genauer analysieren, um deine Stärken und Interessen zu entdecken. Du lernst Berufe und Berufsfelder kennen und entwickelst eine Vision deines eigenen Lebens und Arbeitens.

Was lernst du in diesem Kapitel?

... verschiedene Formen von Arbeit zu benennen.
... die Bedeutung von bezahlter und unbezahlter Arbeit für die Gesellschaft und dich selbst zu analysieren.
... das Verhältnis von Arbeit und Freizeit zu erörtern.
... deine Stärken, Interessen und Fähigkeiten als Grundlage deines beruflichen Orientierungsprozesses zu beschreiben.
... Ideen und Perspektiven für deine eigene Berufswahl zu entwickeln.
... Arbeitsplätze und ihre Anforderungsprofile mit deinen persönlichen Wünschen, Interessen und Fähigkeiten in Beziehung zu setzen.
... dich für einen Praktikumsplatz zu bewerben.

Die Teilnahme am Zukunftstag vorbereiten

Einmal im Jahr habt ihr am Zukunftstag – dem Girls' Day und Boys' Day – die Chance, in Unternehmen, Behörden, Hochschulen und andere Einrichtungen hineinzuschnuppern. Kennt ihr einen Beruf, der „typisch" für Frauen ist? Oder einen Beruf, in dem deutlich mehr Männer arbeiten? Entscheidend ist nicht, ob man ein Mädchen oder Junge ist, sondern dass man genau das macht, was einem gefällt. Vergesst also die typischen Klischees von Frauen- und Männerberufen und die Trendberufe, die viele toll finden, und probiert etwas Neues aus. Plant gemeinsam diesen spannenden Tag!

Geht dabei so vor:

Start

1

Erkunde deine Stärken und Interessen und überlege dir, wie du leben möchtest. (Kapitel 5.1: M5, Kapitel 5.3: M1-M3, M5, M7)
Diskutiert eure Überlegungen zu zweit.

2

Wähle Berufe aus, die zu deinen Interessen passen und recherchiere, welche Unternehmen passende Plätze anbieten. Melde dich für den Zukunftstag an. (Kapitel 5.4: Methode JobChecker, Kapitel 5.5)

3

Beim Zukunftstag gibt es viel zu entdecken! Bildet Dreiergruppen und teilt die folgenden Themen unter euch auf:

- Formen von Arbeit
  Kapitel 5.2
- Eigene Stärken
  Kapitel 5.3
- Vergleichskriterien
  Kapitel 5.4: M1, M3, M7

Entwickelt für eure Themen jeweils eine Checkliste. Diese soll Fragen und Beobachtungsaufträge für eine gründliche Erkundung der Arbeitsplätze enthalten.

Girls' Day Mädchen-Zukunftstag

Jungen-Zukunftstag Boys' Day

Girls' und Boys' Day Berlin

82301-49

Zukunftstag Brandenburg

82301-50

4

Stellt euch eure Fragebögen und Beobachtungspläne gegenseitig vor. Entscheide, welche Aspekte für dich so wichtig sind, dass du sie überprüfen willst und nimm dein Ergebnis mit zu deinem persönlichen Zukunftstag.

5

Halte deine Erlebnisse schriftlich fest.

- Beschreibe, was du über den Arbeitsplatz herausgefunden hast.
- Erläutere, welchen beruflichen Weg du einschlagen müsstest, wenn du in diesem Unternehmen arbeiten möchtest.
- Formuliere noch offen gebliebene Fragen. Diskutiere dein Vorgehen zur Beantwortung der Fragen.
- Beschreibe, welche Bedeutung Arbeit jetzt und in Zukunft in deinem Leben hat (Kapitel 5.2: M3-M9).

Ziel

6

Stelle dein Portfolio zu deinem persönlichen Zukunftstag deiner Klasse vor. Diskutiert gemeinsam, welche nächsten Schritte ihr bei eurer beruflichen Orientierung gehen wollt.

5.1 Lebenswegplanung: Ab in die Zukunft

Womit verbringen wir unsere Zeit?

Manchmal fragen wir uns am Ende des Tages oder auch nach einem Wochenende verwundert, wohin die Zeit verschwunden ist. So geht es auch Paul. Er hat deshalb überlegt, womit er seine Zeit normalerweise verbringt.

M1 Pauls Schultag

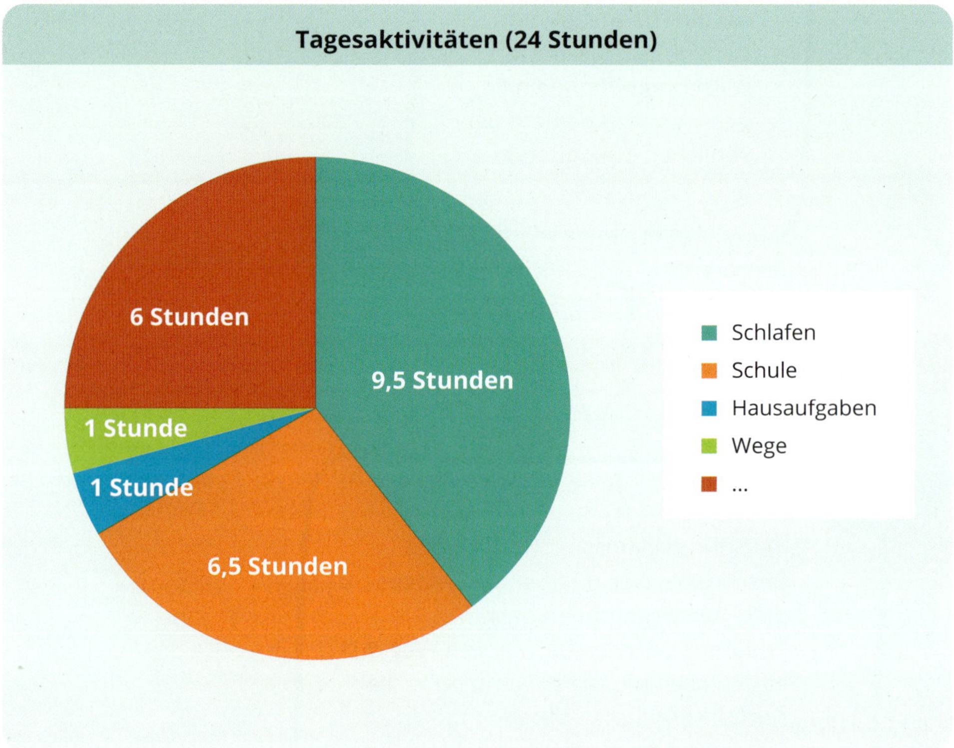

M2 Eine typische Woche von Paul

Paul ist sehr aktiv. Seine Wochentage sehen aber meistens gleich aus. Er steht um 6:30 Uhr auf.

Nach dem Duschen und Zähneputzen frühstückt er mit seinem Vater, bevor er zur Schule los muss. Im Sommer fährt er mit dem Fahrrad. Wenn das Wetter schlecht ist, nimmt er den Bus.

Von 8:00 bis 15:30 Uhr ist er in der Schule.

Anschließend fährt er nach Hause und macht Hausaufgaben. Meistens hat er noch eine halbe Stunde Zeit für sich. Ab 17:00 Uhr hat er dann weitere Aktivitäten auf dem Plan. Montags geht er zum Tischtennis und dienstags und donnerstags geht er zum Fußballtraining.

Am Freitag muss er zu dieser Zeit im Haushalt helfen und sein Zimmer aufräumen. Pünktlich um 19:30 Uhr gibt es immer Abendbrot.

Danach spielt er noch auf seiner Spielekonsole, bis er ins Bett geht. Meistens hat Paul am Sonntag ein Fußballspiel und er fährt dafür durch ganz Berlin und Brandenburg.

M3 Womit verbringst du deine Zeit?

Aktivitäten:	Zeitbedarf (Ich):	Zeitbedarf (Erwachsene):
• Bildung (z. B. Schule) • Fahrtweg/Wege • Schlafen • ...		

AUFGABEN

82301-252

1. Vergleiche, inwieweit **M1** auch deinem Alltag an einem Schultag entspricht.
2. Analysiert zu zweit, womit Paul (**M2**) seine Zeit verbringt und wie sie sich auf die verschiedenen Aktivitäten aufteilt.
3. Stelle deine Aktivitäten in der Woche in einer Tabelle (siehe **M3**) dar.
4. Analysiere im zweiten Schritt, wieviel Zeit der Woche du mit den einzelnen Aktivitäten verbringst und benenne den Zeitbedarf in der Tabelle.
5. Vergleicht anschließend zu zweit, womit ihr in der Woche Zeit verbringt.
6. Befrage einen Erwachsenen zu seiner/ihrer Woche. Ergänze neue Aktivitäten und den wöchentlichen Zeitverbrauch in der Tabelle.
7. „Schule ist die Arbeit von Kindern und Jugendlichen!“ Überprüfe diese Aussage. Analysiert dazu, worin sich eure Aktivitäten von denen Erwachsener unterscheiden.

F zu Aufgabe 4
Stelle deinen wöchentlichen Zeitverbrauch anschaulich (z. B. mit einem Tortendiagramm) dar.

Wie möchte ich in Zukunft leben?

Das ist sicher eine der wichtigsten Fragen überhaupt. Arbeit und Beruf spielen dabei eine wichtige Rolle, denn hiermit verbringen die meisten Menschen sehr viel Zeit in ihrem Alltag. Obwohl wir alle Vorlieben, Hobbies und Interessen haben, fällt es uns oft schwer, daraus einen Berufswunsch abzuleiten. Ein Beruf ist aber ein wichtiger Baustein in der Gestaltung unserer Zukunft. Hast du schon erste Ideen für deine?

Hier findest du ein Video zum Beruf der Pflegefachkraft

82301-51

M4 Zukunft heißt Veränderung

Tom ist 19 Jahre alt und beendet in wenigen Monaten seine Ausbildung zum Pflegefachmann. Er ist mit seinem Arbeitgeber sehr zufrieden und freut sich, dass er von seiner Pflegeeinrichtung übernommen wird. Das Ganze hat nur einen „Haken", sein Arbeitsort wird zukünftig im 20 Kilometer entfernten Luckau sein. Er hat sich gegen das Pendeln entschieden und möchte nach Luckau umziehen.

M5 Zeit zum Träumen

Wie stellst du dir deine Zukunft vor? Vielleicht weißt du jetzt schon, welchen Beruf du einmal ergreifen möchtest. Möglicherweise hast du auch schon konkrete Vorstellungen davon, wo oder wie du in Zukunft leben und arbeiten möchtest. Jetzt bist du mit deinen Zukunftsvorstellungen und Träumen gefragt. Stelle dir vor, dass du etwa im Alter von Tom bist und bereits in deinem Traumberuf arbeitest. Wie sollte dein Leben zu diesem Zeitpunkt aussehen?

F zu Aufgabe 3
Gestalte deine Traumwolke mit Bildern, die du beschriftest und ggf. kurz kommentierst.

H zu Aufgabe 3
Solltest du derzeit keinen Traumberuf haben, so lass dir einen Beruf vorschlagen.

82301-52

AUFGABEN 82301-253

1. Benenne stichpunktartig, welche Bereiche des Lebens Tom (**M4**) jetzt planen sollte.
2. Entwerft in Kleingruppen eine Mindmap (Methodenglossar S. 282) zu **M5** und zur Leitfrage: Wie möchte ich leben? Nutzt ebenfalls eure Stichpunkte aus Aufgabe 1 und präsentiert euer Ergebnis.
3. Entwirf eine Traumwolke, in der du deine konkreten „Träume" (inkl. Traumberuf) für die Zukunft veranschaulichst (z. B. in Form einer Collage).

… und was kann das Leben kosten?

Nachdem du zuvor träumen durftest, steht jetzt der Realitätscheck an. Dazu bleibst du gedanklich in der Zukunft und wirst herausfinden, was dich dein Traum monatlich kostet. Im Folgenden findest du eine Auswahl an Kosten, die im Leben anfallen.

M6 Welche Kosten fallen an?

1 Lebenshaltungskosten

In Deutschland sollte man mit monatlichen Lebensmittelkosten von mindestens 250 € pro Person rechnen. Wenn du allerdings öfter auswärts zum Essen gehst oder teurere Lebensmittel bevorzugst, dann können die Kosten hierfür deutlich höher ausfallen. Zusätzlich fallen im Haushalt noch weitere Kosten an. Neben Kleidung müssen auch Reinigungsmittel, Hygieneartikel etc. gekauft werden.

2 Wohnen

Bei Mietwohnungen setzen sich die Wohnkosten aus der Kaltmiete und den Nebenkosten zusammen. Diese bezeichnen die zusätzlich zur Miete anfallenden Kosten für z. B. Heizung und Strom, aber auch Telefon und Internet. Je nach Verbrauch betragen die Nebenkosten zusätzlich bis zu 30 Prozent der Kaltmiete.

3 Mobilität

Wenn du öffentliche Transportmittel nutzt, fallen monatliche Kosten für die Fahrkarten an. Kaufst du hingegen ein Fahrrad, dann kommen zu dem Kaufpreis nur noch gelegentlich Reparaturkosten hinzu. Bei der Nutzung eines Autos oder Motorrads kommen dazu auch noch Kosten für Benzin, Versicherungen und Steuern (siehe Kap. 4 S. 146). Zudem werden Autos oft auf Kredit z. B. über 5 Jahre gekauft. Dann entstehen zusätzliche Kosten für die Zinsen.

4 Freizeit und Unterhaltung

Für unsere Hobbys und Interessen geben wir natürlich auch Geld aus. Dazu zählen beispielsweise ein Kinobesuch, der Kauf von Videospielen und das Abo eines Streaminganbieters. Auch die Mitgliedschaft in einem Sportverein ist mit Kosten verbunden.

AUFGABEN

82301-254

1. Benenne, wofür du zukünftig Geld ausgeben wirst.
2. Berechne deine monatlichen Einnahmen und Ausgaben (**M6**).
   a) Notiere jeweils, wie hoch die monatlichen Kosten in etwa sein werden. Recherchiere die Kosten dazu im Internet.
   b) Notiere auch das monatliche Bruttoeinkommen (deines Traumberufs) und ziehe davon ein Drittel als Steuerabgaben ab.
3. Präsentiere die Traumwolke und deine ermittelten Kosten deiner Klasse.
4. Diskutiert in der Klasse, welche Gemeinsamkeiten und Unterschiede ihr feststellen konntet und inwieweit eure „Träume“ realistisch sind?

H zu Aufgabe 2b
Wenn du keinen Traumberuf haben solltest, rechne mit 2.000 € monatlichem Bruttoeinkommen.

Recherchiere auch das Gehalt im Internet. Hilfe findest du hier:

82301-53

5.2 Arbeit und ihre Bedeutung

Ist das alles Arbeit?

Noch bestimmt die Schule deinen Alltag. Erfahrungen mit Arbeit machst du sicherlich schon jetzt im Haushalt oder vielleicht auch bei Aushilfs- und Ferienjobs. Doch ist das eigentlich Arbeit, wenn man zu Hause den Müll rausbringt oder in der Schule einen Test schreibt?

M1 Alles Arbeit oder was?

Die Belegschaft eines Unternehmens trifft sich zur jährlichen Weihnachtsfeier.	J N	Eine Sportlerin wird über das vergangene Turnier interviewt.	J N
Du hilfst deinen neuen Nachbarn beim Einzug in die dritte Etage.	J N	Deine große Schwester lädt Freunde ein und kocht ein aufwendiges Essen.	J N
Nach der Schule gehst du Lebensmittel einkaufen und bringst sie nach Hause.	J N	Ein Jugendlicher ist Mitglied der freiwilligen Feuerwehr und löscht einen Brand.	J N
Eine Zweiradmechatronikerin wechselt einen Akku bei einem E-Bike.	J N	Ein Autohändler verhandelt über den Preis eines gebrauchten Wohnmobils.	J N
Du bearbeitest deine Hausaufgaben.	J N	Ein Eishockeyteam erzielt einen Punkt.	J N
Erwachsene spielen mit Kindern im Garten.	J N	Ein Landwirt holt seine Kühe von der Alm.	J N
Du bringst zu Hause den Müll raus.	J N	Du schreibst in der Schule einen Test.	J N

ARBEIT

Arbeit bezeichnet eine planmäßige und zielgerichtete Tätigkeit. Meistens zielt sie auf den Erwerb von Einkommen ab. Aber es gibt auch Arbeiten, bei denen man kein Geld verdient, wie beispielsweise im eigenen Haushalt, bei der Erziehung oder Pflege Angehöriger oder auch beim ehrenamtlichen Engagement.

Der Begriff Arbeit wird im Alltag häufig mit Erwerbsarbeit gleichgesetzt. Arbeit können aber auch Menschen verrichten, die keinerlei formale Qualifikationen besitzen. Was ein Mensch als Arbeit empfindet, fällt einem anderen vielleicht leicht und wird deshalb nicht als Arbeit bezeichnet. Der Begriff ist sehr offen und kann individuell ausgelegt werden.

Qualifikationen sind individuelle Voraussetzungen, die man beispielsweise durch eine Ausbildung oder ein Studium erwirbt.

M2 Viel zu tun: mein (Arbeits-)Alltag

A Mein typischer Arbeitstag beginnt früh morgens um 6:30 Uhr. Als Fachkraft für Kurier-, Express- und Postdienstleistungen habe ich eine zweijährige Ausbildung absolviert und bin jetzt unbefristet angestellt. Im Zustellzentrum hole ich die Postsendungen ab und stelle sie den Kundinnen und Kunden zu. Dabei bin ich mit einem E-Bike viel an der frischen Luft. Da ich nur halbtags arbeite, ist meine Runde meistens schon mittags zu Ende.

B Bei mir ist jeder Arbeitstag verschieden. Gemeinsam mit einer Partnerin gründe ich ein eigenes Unternehmen. Wir haben ein Speiseeis entwickelt, das super schmeckt und viel nachhaltiger hergestellt wird als andere Eissorten. Als Konditorin habe ich viel Know-How. Meine Partnerin hat Betriebswirtschaftslehre studiert und kennt sich daher mit den wirtschaftlichen Fragen aus. Wir sitzen gerade beide viel am Schreibtisch, um die Planungen abzuschließen. Bald möchte ich aber in unserer eigenen Eiskonditorei stehen und wieder praktisch arbeiten. Ich mag es, zu sehen, was ich tue.

C Mein Arbeitsort kann überall sein, manchmal arbeite ich in meinem Büro, manchmal zu Hause, aber manchmal auch im Café. Ich habe keine spezifische Ausbildung. Aber durch meine lustigen Slogans und Texte habe ich jetzt eine auf ein Jahr befristete Anstellung als Werbetexterin bei einem großen Unternehmen. Die Kreativität in meinem Job finde ich prima, aber manchmal stört es mich, so viel am PC zu sitzen.

Übersicht zu Arbeitsformen

82301-102

- befristet
- unbefristet
- angestellt
- selbstständig
- Vollzeit
- Teilzeit

AUFGABEN

82301-255

1. Begründe, ob es sich bei den beschriebenen Tätigkeiten um Arbeit handelt (**M1**).
2. Erläutere die Definition von Arbeit aus **#Arbeit** anhand der Beispiele in **M1**.
3. Analysiere mithilfe der Begriffe in der Randspalte und dem QR-Code, welche Form von Arbeit die Personen in **M2** ausführen.
4. Diskutiert in Kleingruppen, welche Vor- und Nachteile mit den verschiedenen Arbeitsformen einhergehen (**Randspalte**, **M2**).

Ist Arbeit nur zum Geldverdienen da?

Ist Arbeit ein notwendiges Übel oder kann sie auch Spaß machen? Arbeit kann dir helfen, deine Freizeitwünsche zu erfüllen, mit netten Leuten in Kontakt zu sein und dich selbst zu verwirklichen. Was für dich Arbeiten bedeutet, wirst du jetzt und im Laufe der nächsten Jahre erkunden. Aber eines ist klar: Arbeit wird einen Großteil deines Lebens bestimmen.

M3 Was bedeutet Arbeit für mich?

Zandonella, Bruno: Wirtschaft für Einsteiger. In: Bundeszentrale für politische Bildung (Hg.): Thema im Unterricht/Extra. In: www.bpb.de, April 2020, S. 20

M4 Arbeiten wir, um zu leben oder leben wir, um zu arbeiten?

Ama Yeboah: Ich möchte sorgenfrei leben und angstfrei in die Zukunft schauen können. Mein Gehalt ermöglicht es mir, so zu leben, wie ich möchte. Eine Arbeit, die mich stresst, kommt für mich nicht in Frage. Ich verbiege mich auch nicht für meine Arbeit, sondern arbeite, damit ich mein Privatleben schön gestalten kann. Der Wechsel aus Freizeit und Arbeit ist mir wichtig, da die Arbeit mir hilft, meinen Tag zu strukturieren.

Jule Schultz-Kim: Arbeit muss sein und jeder sollte sein Bestes bei der Arbeit geben und sich so persönlich und fachlich weiterentwickeln. Damit man die maximale Leistung erbringt, muss man sich anstrengen. Mir ist der Kontakt zu meinen Kolleginnen und Kollegen wichtig, mit denen ich in der Mittagspause auch gerne über Privates spreche.

Peter Koslowski: Mir sind Arbeit und Freizeit gleich wichtig und helfen mir bei meiner Selbstverwirklichung. Meine Arbeit erlebe ich als sinnvoll. Daher engagiere ich mich gern und freue mich, wenn ich dafür Lob und Anerkennung erhalte. Stress am Arbeitsplatz gefällt mir nicht. Ich möchte gerne meine Arbeitszeit und den Ort, an dem ich arbeite, mitgestalten und auch den Inhalt auswählen.

M5 Lebensarbeitszeit in Jahren

Dauer der Schulpflicht	**12**
Renteneintrittsalter	**67**
Lebenserwartung Männer	**78,6**
Lebenserwartung Frauen	**83,4**

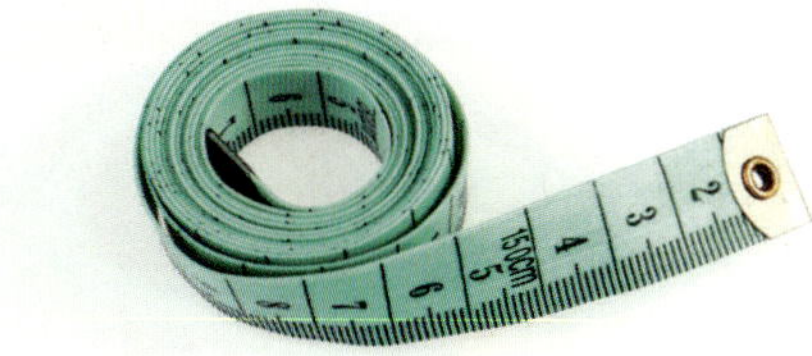

Zahlen: Stand 2022

M6 Arbeit und Freizeit

Karikatur: Chaz Hutton

AUFGABEN 82301-256

1. Beschreibe mithilfe der Wortwolke in **M3**, was Arbeit für dich bedeutet.
2. a) Erkläre, welche Bedeutung Arbeit und Freizeit für die verschiedenen Personen hat (**M4**).
   b) Ordne passende Begriffe aus der Wortwolke in **M3** den Personen in **M4** zu.
3. a) Veranschauliche dein Leben anhand von **M5** und mithilfe eines 1 m Maßbands.
   b) Analysiere, welche Bedeutung Arbeit in deinem zukünftigen Leben hat.
4. Interpretiere die Karikatur in **M6** (Methodenkarte S. 136).

H zu Aufgabe 3
Wenn du kein Maßband hast, kannst du auch einen Zeitstrahl zeichnen.

Wie haben sich Berufe entwickelt?

Von vielen verschiedenen Berufen hast du sicherlich schon einmal gehört. In diesem Kapitel erfährst du, wie Berufe entstanden sind und wie sie sich unterscheiden lassen und du beginnst zu überlegen, wo es für dich beruflich hingehen könnte.

M7 Berufe von früher

1

Holzschnitt von 1490

2

Holzschnitt von 1479

3

Holzschnitt von 1536

M8 Wie Berufe entstanden sind

Arbeitsteilung
Zusammenarbeit mehrerer Personen, bei der die einzelnen Tätigkeiten oder Arbeitsschritte untereinander aufgeteilt werden

Die ersten Menschen lebten als Jäger und Sammler in Familien oder Sippen und von dem, was die Natur ihnen gab. Sie lebten als Nomaden und zogen weiter, wenn es z. B. keine Nahrung mehr gab. Vor ca. 10.000 Jahren siedelten sich die Menschen an und begannen die Natur zu gestalten. Sie betrieben Ackerbau und Viehzucht. Schon damals gab es eine gewisse Arbeitsteilung innerhalb der Gemeinschaft und besonders Begabte übernahmen bestimmte Tätigkeiten für die gesamte Gruppe. Es gab auch schon einen grundlegenden Handel zwischen den Gemeinschaften. Durch zunehmend größer werdende Siedlungen stieg die Möglichkeit Einzelner, sich auf bestimmte Tätigkeiten zu konzentrieren.

Einige Vorläufer unserer heutigen Berufe können auf das Mittelalter zurückgeführt werden. So gab es beispielsweise nicht nur den Beruf des Schmieds, sondern auch sehr spezialisierte Berufe wie Rüstungs-, Wagen- oder Hufschmiede. Das erworbene Wissen und die Fertigkeiten wurden streng gehütet und anfangs oft innerhalb der Familie von einer Generation zur nächsten weitergegeben. Die Jungen erlernten zumeist den Beruf des Vaters. Die Mädchen lernten von ihren Müttern die Fertigkeiten zur Haushaltsführung. Auch heute noch gibt es Familien, in denen mehrere Generationen den gleichen Beruf ausüben. Und auch heute noch spiegeln sich die historischen Berufe in einigen Familiennamen (z. B. Müller oder Fischer) wider. Heute stehen in Deutschland aber prinzipiell alle Berufe allen offen. So zeigt sich in den Berufsbezeichnungen (z. B. Einzelhandelskaufmann/-frau), dass sie unabhängig vom Geschlecht gewählt werden können.

BERUF UND JOB

Sowohl Beruf als auch Job sind Bezeichnungen für Erwerbsarbeit (→ #Arbeit, Kap. 5.1). Sie dienen dem Erwirtschaften des Lebensunterhalts. Auch wenn die Begriffe Job und Beruf in der Alltagssprache oft gleichbedeutend verwendet werden, so lassen sich die Begriffe voneinander abgrenzen. Oftmals werden Jobs weniger gut bezahlt als Berufe. Das liegt daran, dass ein Beruf eine besondere Qualifikation (eine abgeschlossene Ausbildung oder ein abgeschlossenes Studium) voraussetzt. Jobs hingegen setzen keine Ausbildung voraus. Die nötigen Fähigkeiten und Fertigkeiten und das Wissen zur Ausübung der Arbeiten ist in der Regel weniger umfangreich, sodass Personen in kürzerer Zeit angelernt werden können. Die beruflichen Qualifikationen von Berufen sind in Deutschland staatlich geregelt, sodass beispielsweise ein Bäcker in Berlin das Gleiche in der Ausbildung erlernt, wie eine Bäckerin in Lübbenau.

M9 Arbeiten in der Zukunft

Auch in Zukunft werden Berufe einen hohen Stellenwert haben. Dabei werden neue Berufe (auch Berufsbilder genannt) entstehen, andere werden wegfallen oder Berufe werden zusammengelegt. In vielen Bereichen steigt der Anspruch an die ausübenden Personen. Gab es beispielsweise früher den Beruf des Kfz-Mechanikers und der Kfz-Mechanikerin, so wurde dieses Berufsbild durch den Bereich der Elektronik erweitert. Heute heißt dieses Berufsbild deshalb Kfz-Mechatronikerin bzw. -Mechatroniker.

Daneben spielt aber auch die Spezialisierung der Berufe eine wichtige Rolle. Das Beherrschen von komplexen Maschinen oder von komplizierter Software macht es erforderlich, sich auch nach der Ausbildung oder nach einem Studium weiterzubilden. Arbeit in der Zukunft setzt also noch mehr voraus, dass du dich dein Leben lang weiterbildest. Das wird als „Lebenslanges Lernen" bezeichnet. Hinzu kommt auch der Einfluss der Digitalisierung, der gerade in der Corona-Krise z. B. durch Video-Konferenzen und Formen der digitalen Zusammenarbeit aus dem Homeoffice auf viele zugekommen ist und auch in der Schule Einzug gehalten hat.

Mit dem Jobfutoromat könnt ihr überprüfen, wie sich bestimmte Berufe in Zukunft verändern werden

82301-54

Homeoffice
Arbeiten von Zuhause

AUFGABEN

82301-257

1. Beschreibe die Abbildungen und benenne die in **M7** dargestellten Berufe.
2. Benenne stichpunktartig, wie Berufe entstanden sind (**M8**).
3. Erkläre den Unterschied zwischen Job und Beruf. Nenne dazu weitere Beispiele (**#Beruf und Job**).
4. Diskutiert anhand der Informationen aus **M9** die folgende Aussage: „Nach der Ausbildung oder dem Studium hat man ausgelernt."
5. Befragt Erwachsene zu den Auswirkungen der Corona-Krise auf das Arbeiten in verschiedenen Berufen und diskutiert, inwiefern die Veränderungen positiv oder negativ zu bewerten sind.

Ist jede Arbeit gleich viel wert?

Wenn wir von Arbeit sprechen, vergessen wir oft, dass diese nicht immer bezahlt wird. Erwerbsarbeit – also die bezahlte Arbeit in Job und Beruf – ist aber nur ein Teil von Arbeit, die Menschen täglich leisten. Immer öfter wird aber auch die sogenannte unbezahlte Care-Arbeit mit betrachtet. Beispielsweise das Sich-Kümmern um Kinder und kranke Angehörige. Ist diese Art von Arbeit denn weniger wert? Und, wer leistet sie?

M10 Wen kümmert´s, wer sich kümmert?

Unsere Rollenbilder sind einerseits von gesellschaftlichen Vorstellungen beeinflusst, andererseits auch in einem stetigen Wandel. So war es in der Bundesrepublik Deutschland (BRD) Frauen erst ab dem Jahr 1977 möglich, vollständig selbstbestimmt ein Beschäftigungsverhältnis einzugehen. Zuvor musste zumeist der Ehemann einer Erwerbsarbeit zustimmen. In der Deutschen Demokratischen Republik (DDR) wurden Frauen schon früher als Arbeitskräfte benötigt und ihnen deshalb z. B. durch flächendeckende Kinderbetreuung die Erwerbsarbeit ermöglicht. Und dennoch blieb und bleibt bis heute zumeist der Großteil der Care-Arbeit an den Frauen „hängen".

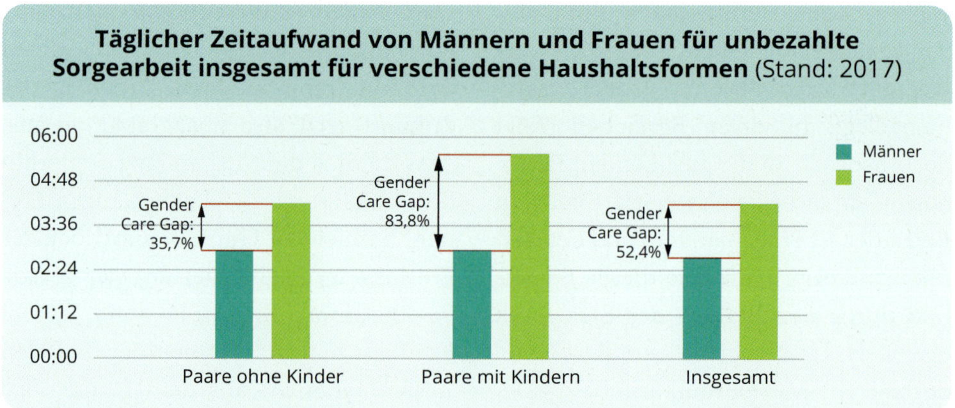

Zahlen nach: ©Bundesministerium für Familie, Senioren, Frauen und Jugend: Zweiter Gleichstellungsbericht der Bundesregierung. Eine Zusammenfassung. In: www.bmfsfj.de, November 2018, S.12

CARE-ARBEIT UND GENDER-CARE-GAP

Care-Arbeit wird auch als Pflege- oder Sorgearbeit bezeichnet und beschreibt Tätigkeiten des Sorgens, der Pflege und des sich Kümmerns. Dazu zählen Haushaltstätigkeiten, aber auch die Kinderbetreuung, die Pflege von Angehörigen im eigenen Haushalt, familiäre Unterstützung oder Hilfe unter Freunden. Care-Arbeit ist häufig unbezahlte Arbeit, die teilweise neben der Erwerbsarbeit durchgeführt wird. Häufig ist die Care-Arbeit in Familien ungleich verteilt. Durchschnittlich verbringen Frauen 5,2 Stunden, Männer hingegen nur 2,3 Stunden täglich damit. Diese Kluft wird als **Gender-Care-Gap** bezeichnet. Es gibt auch Care-Berufe, bei denen diese Arbeit dann bezahlt wird, wie zum Beispiel in der Altenpflege.

Hier findet ihr ein Video zum Gender-Care-Gap

82301-55

M11 Alles gerecht?

1 Ich verdiene deutlich mehr als meine Frau, deshalb haben wir uns dafür entschieden, dass sie etwas weniger arbeiten geht und sich dafür um die Kinder kümmert.

2 Für mich war es ganz klar, dass ich mir auch die Hausarbeit mit meinem Partner teilen will. Wir haben auch beide Elternzeit genommen und jetzt, wo die Kinder in den Kindergarten gehen, teilen wir uns die Care-Arbeit auch gleich auf.

3 Die Koordination der Familie ist wirklich anspruchsvoll. Das würde mein Mann gar nicht hinbekommen.

4 Selbstverständlich halte ich meiner Frau den Rücken frei, damit sie Karriere machen kann.

5 Ich putze und koche nicht gerne. Mein Freund ist zum Glück ein ausgezeichneter Koch und das Putzen teilen wir uns. Sollten wir mal Kinder haben, hoffe ich, dass wir es so beibehalten.

GENDER-PAY-GAP

Der „unbereinigte" Gender-Pay-Gap gibt den durchschnittlichen Verdienstunterschied (Bruttogehalt) zwischen Männern und Frauen pauschal je Stunde an. Im Jahr 2020 verdienten Frauen durchschnittlich 18 % (Zahlen: Statista) weniger je Stunde als Männer. Beim sogenannten „bereinigten" Gender-Pay-Gap wird berücksichtigt, aus welchen Gründen der Gehaltsunterschied entsteht. Zu diesen Gründen zählen z. B. die Gehaltsunterschiede zwischen verschiedenen Branchen und ein unterschiedlicher Beschäftigungsumfang. Auch heute arbeiten Frauen noch häufiger in Teilzeit, um u. a. Kinder zu betreuen.

AUFGABEN

82301-258

1. Nenne verschiedene Tätigkeiten, die als Care-Arbeit bezeichnet werden (**#Care-Arbeit**).
2. Erläutere, was man unter Gender-Care-Gap (**M10**) versteht.
3. Befrage Erwachsene deiner Wahl, wie sie sich die Care-Arbeit in ihrem Haushalt aufteilen und wieso.
4. a) Beurteilt zu zweit, wie gerecht ihr die Entscheidungen in **M11** für beide Partner:innen findet.
   b) Schaut euch das Video im QR-Code zu **#Care-Arbeit und Gender-Care-Gap** gemeinsam an. Diskutiert in Gruppen, wie für euch eine Aufteilung der Care-Arbeit möglich und sinnvoll erscheint.
5. Vergleiche den Gender-Pay-Gap zwischen Berlin und Brandenburg. Nutzt dazu das interaktive Material (siehe QR-Code).
6. Entwickelt Maßnahmen, die zu Gender-Gerechtigkeit beitragen könnten.

F Gestalte ein Plakat zum Equal-Pay-Day. Erkläre auf diesem auch den Gender-Pay- und den Gender-Care-Gap.

Interaktive Statistik zum Gender-Pay-Gap

82301-56

5.3 Ich und meine Stärken

Was kann ich?

Jeder Mensch hat Stärken und Schwächen. Vielleicht werden dir deine Schwächen öfter vor Augen geführt, wenn du z. B. bei einer Schulaufgabe Hilfe brauchst oder dir von anderen gesagt wird, dass du etwas nicht kannst. Dort, wo deine Stärken liegen, fallen dir hingegen Arbeiten leicht und du erzielst meist gute Ergebnisse. Deine Stärken können dir dabei helfen, einen Beruf zu finden, der gut zu dir passt und dir Spaß macht.

M1 Welche Stärken lassen sich unterteilen?

geistige Fähigkeiten

emotionale Fähigkeiten

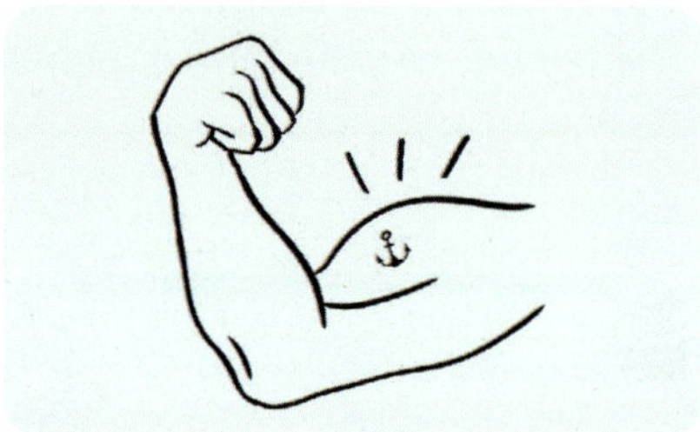

körperliche Fähigkeiten

M2 Worin zeigen sich unsere Fähigkeiten?

Paul spielt in seiner Freizeit stundenlang Computerspiele. Darüber regt sich sein Vater oft auf. Es zeigt aber auch, dass er sich (zumindest beim Computerspielen) lange konzentrieren kann. Paul hat also eine hohe Konzentrationsfähigkeit, die er vielleicht auch in einem Beruf, bei dem z. B. viel am Computer gearbeitet wird, zeigen kann.

Alina verbringt viel Zeit mit ihrem Großvater. Am liebsten basteln sie an der Modelleisenbahn auf dem Dachboden. Einen Teil der Landschaft hat Alina gestaltet. Dazu hat sie Miniaturhäuser zusammengebaut, einen ganzen Wald aus einzelnen Bäumen und kleine Figuren aufgeklebt. Neben Geduld und Kreativität scheint Alina auch über eine gute Feinmotorik zu verfügen.

Feinmotorik bezeichnet die Fähigkeit, kleine Bewegungen ganz kontrolliert und genau auszuführen.

Charlotte nimmt regelmäßig an Fridays-For-Future- und andere Umwelt-Demonstrationen teil. Sie gestaltet dafür Plakate und schreibt für die Schülerzeitung Berichte darüber. Sie versucht damit alle Menschen in ihrem Umfeld davon zu überzeugen, sich für den Schutz der Umwelt einzusetzen. Dafür braucht sie vor allem gute Kommunikationsfertigkeiten, muss emotional ansprechende Texte schreiben und gut diskutieren können. Bei ihren Aktivitäten kann sie bereits viele Fertigkeiten für ihr späteres Berufsleben sammeln.

PERSÖNLICHE STÄRKEN

Jeder Mensch hat Bereiche und Gebiete, in denen er besonders gut ist. Man kann sie in intellektuelle bzw. geistige Fähigkeiten, körperliche Fähigkeiten und emotionale bzw. soziale Fähigkeiten unterscheiden.
Je nachdem, in welchem Bereich die eigenen Fähigkeiten liegen, bieten sich auch unterschiedliche berufliche Tätigkeiten an.

M3 Fähigkeitsbereiche im Überblick

Geistige Fähigkeiten	Körperliche Fähigkeiten	Soziale Fähigkeiten
• Technisches Verständnis • Sprachliche Fähigkeiten • Mathematische Fähigkeiten • Musikalisches Talent • Gestalterisches Talent • Kreativität • Fantasie • Räumliches Vorstellungsvermögen • Logisches Denken • Konzentrationsfähigkeit • Merkfähigkeit • Gutes Orientierungsvermögen	• Körperliche Belastbarkeit • Körperliche Ausdauer • Muskelkraft • Geschicklichkeit • Fingerfertigkeit • Handwerkliches Geschick • Schwindelfreiheit • Fingerspitzengefühl • Schnelligkeit • Wendigkeit • Gutes Sehvermögen • Gutes Hörvermögen • Guter Geruchs- und Geschmackssinn	• Hilfsbereitschaft • Teamfähigkeit • Ordnungssinn • Gewissenhaftigkeit • Sauberkeit • Zuverlässigkeit • Kontaktfähigkeit • Geduld • Selbstbewusstsein • Spontaneität • Flexibilität • Selbstständigkeit • Konsequenz • Einfühlungsvermögen

Basierend auf: Ebner, Peter/Fritz, Sabine: Berufswahl: Das will ich. Das kann ich. Das mach ich. Lebensplanung spielerisch ausprobieren, September 2005

AUFGABEN

82301-259

1. Benennt zu zweit eure Stärken und ordnet sie den drei Bildern in **M1** zu.
2. Beschreibe, was du gerne machst und benenne die dazu nötigen Stärken wie in den Beispielen in **M2** gezeigt.
3. Erklärt euch abwechselnd zu zweit die Fähigkeiten in **M3** und findet Beispiele aus eurem Alltag.
4. a) Gehe die Tabelle der Fähigkeiten (**M3**) alleine durch und bewerte, ob und wie sie auf dich zutreffen. Mache dir hierzu Notizen.
   b) Suche dir zu jedem Fähigkeitsbereich mindestens drei deiner Fähigkeiten aus und erläutere, wie sie für andere sichtbar sind. (Das brauchst du später zum Schreiben deiner Bewerbung.)

H **zu Aufgabe 3**
Benennt unbekannte Fähigkeiten zur Klärung in der Klasse.

H **zu Aufgabe 4a**
Versetze dich dafür in eine Person, die dich gut kennt und überlege, wie sie deine Fähigkeiten beschreiben würde.

Was ist mir wichtig?

Wer seine Stärken und Schwächen kennt, kann oftmals begründen, weshalb er oder sie für einen Beruf geeignet bzw. nicht geeignet ist. Und dennoch spielen weitere Überlegungen bei der Wahl eines Berufes eine wichtige Rolle. Denn, nicht alles, was man gut kann, macht man auch zwangsläufig gerne.

M4 Das Wollen zählt auch

Charlotte kann sehr gut zeichnen und auch Flyer am Computer gestalten.
Die damit verbundenen Fähigkeiten: Kreativität, Fantasie, sprachliche Begabung und räumliches Vorstellungsvermögen zählen zu Charlotte Stärken. In einem Praktikum hat sie aber herausgefunden, dass sie das nicht auf Dauer beruflich machen möchte. Sie legt hingegen großen Wert auf körperliche Bewegung bei der Arbeit und möchte lieber Menschen in irgendeiner Weise helfen.

M5 Was mache ich gerne?

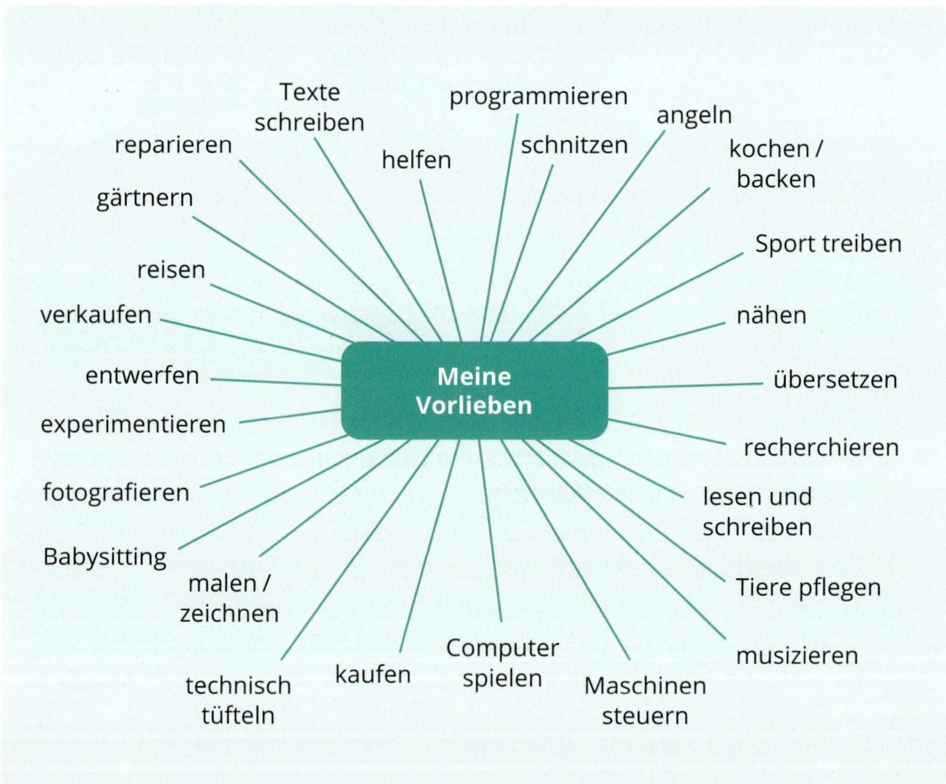

M6 Facettenreiche Arbeitswelt

Apotheker

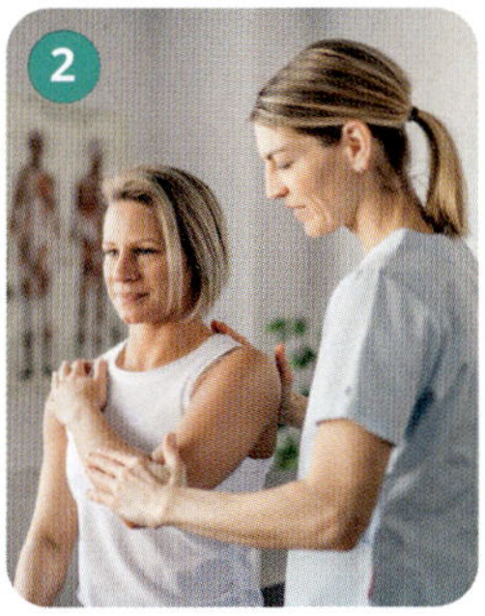

Physiotherapeutin

IT-Administrator

Tischlerin

M7 Wie möchte ich arbeiten?

unterwegs sein	etwas verkaufen	etwas organisieren	Träume erfüllen
Hobby ausüben	im Büro arbeiten	in der Gastronomie arbeiten	viel Freizeit
reich werden	sicherer Arbeitsplatz	Neues entdecken	eigener Chef sein
im Ausland arbeiten	im Team arbeiten	Lebensunterhalt aufbringen	Waren herstellen
unabhängig sein	etwas verwalten	anderen helfen	Karriere machen
erziehen	in der Werkstatt arbeiten	in Teilzeit arbeiten	Wissen vermitteln
im Freien arbeiten	flexible Arbeitszeit	Nachtarbeit	im Verkaufsraum arbeiten

AUFGABEN

82301-260

1. Tauscht euch zu zweit darüber aus, ob ihr Stärken habt, die ihr beruflich nicht nutzen wollt und erklärt euch gegenseitig, warum (**M4**).
2. a) Nenne die Tätigkeiten (**M5**), die du gerne machst. Erstelle daraus eine Tabelle mit drei Spalten (das mache ich: a) sehr gerne; b) gerne; c) nicht gerne), in die du die Tätigkeiten einordnest.
   b) Erörtert zu zweit, inwieweit diese Tätigkeiten in den gezeigten Berufen eine Rolle spielen (**M5**, **M6**).
3. Wähle mindestens sieben Merkmale aus **M7** aus. Trage dazu die Bausteine, die für dich am wichtigsten sind, von oben nach unten in Form einer Pyramide ein.
4. Stelle deine Stärken (Fähigkeiten) und Interessen anschaulich dar. Gestalte dazu ein kurzes Video.
5. Präsentiere dein Video
   a) deinen Eltern oder anderen Personen, die dich gut kennen. Hole dir Feedback ein und überarbeite es gegebenenfalls.
   b) deinen Mitschüler:innen.

H zu Aufgabe 3
Erklärt euch zu zweit abwechselnd die einzelnen Begriffskärtchen (**M7**). Führt zu euch unverständlichen Begriffskärtchen eine Internetrecherche durch.

Potenzialanalyse

Worum geht es?

Sich selbst mit seinen Stärken und Schwächen richtig einzuschätzen, ist nicht leicht. Eine Potenzialanalyse ist eine Methode, mit deren Hilfe dir eine Rückmeldung über deine Stärken und Fähigkeiten gegeben werden kann. Potenzialanalysen können mehrere Tage dauern. Du wirst bei verschiedenen Aufgaben in Gruppen- oder in Einzelarbeit beobachtet. Dabei werden deine Stärken und Schwächen systematisch analysiert, sodass dir eine genaue Rückmeldung über deine Potenziale gegeben werden kann. Zusammen mit deinen Interessen können sich daraus auch Berufsvorschläge (siehe S. 186 Methode: JobChecker) ergeben. Diese solltest du dann weiter erkunden. Generell werden in einer Potenzialanalyse sowohl „Hard Skills" als auch „Soft Skills" beobachtet bzw. gemessen.

Hard Skills bezeichnen die eindeutig messbaren Fähigkeiten, Fertigkeiten und Wissen (z. B. Mathematikleistungen, Fremdsprachenkenntnisse).

Soft Skills hingegen sind die eher weicheren Persönlichkeitseigenschaften, die in verschiedenen Situationen beobachtet werden können (z. B. Team-, Kommunikationsfähigkeit, Selbstständigkeit und Belastbarkeit).
Damit eine Potenzialanalyse für euch wirklich machbar ist, sollen an dieser Stelle nur die Soft Skills beobachtet werden.

Geht dabei so vor:

1. Schritt: Vorbereitungen treffen

1. Die Klasse/Lerngruppe wird in eine gerade Anzahl an Gruppen mit jeweils 4-5 Personen eingeteilt.
2. Alle Gruppen recherchieren, welche Soft Skills in Gruppenarbeiten beobachtet werden können und erläutern sich diese gegenseitig.

2. Schritt: Durchführung der Gruppenarbeiten und Beobachtung

Beobachter:innen-Gruppen
- Verteilung, wer wen beobachtet
- Beobachtungen protokollieren

Durchführer:innen-Gruppen
- Gruppenaufgabe bearbeiten

Damit die Beobachtungen möglichst objektiv sind, beobachtet jeweils eine Person (Beobachter:in) eine andere Person bei der Aufgabenbearbeitung. Die Beobachtenden sollten die Durchführenden dabei nicht beeinflussen.

Die Beobachtungen sollten möglichst genau notiert werden. Mit dem Beobachtungsprotokoll aus dem QR-Code am Ende der Methodenseite gelingt das meist schneller und genauer.
Wählt nun aus dem QR-Codes am Ende der Methodenseite eine Aufgabenstellung aus und führt sie durch.

3. Schritt: Individuelle Auswertung

Führt nun eine individuelle Auswertung der Aufgabe durch. Die Auswertung erfolgt jeweils zwischen den Beobachtenden und den Durchführenden (1:1). Eine individuelle Auswertung macht die schriftlichen Beobachtungen den Beobachteten transparent. Bei dem persönlichen Feedback ist darauf zu achten, dass eine wohlwollende Atmosphäre herrscht, in der alle Beobachtungen angesprochen werden können. Die Beobachteten sollen mit einem positiven Gefühl herausgehen und sich ihrer individuellen Fähigkeiten bewusst werden.

4. Schritt: Gruppenwechsel

Wiederholt nun Schritt 2 und 3 mit getauschten Gruppen. Die Beobachtenden werden nun zu Durchführenden und umgekehrt.

4. Schritt: Gesamtauswertung

Tauscht euch in der Klasse darüber aus, wie die Umsetzung der Methode funktioniert hat. Wo gab es Probleme und Schwierigkeiten? Haben alle Beteiligten etwas über ihre eignen Potenziale herausfinden können?

Mögliche Aufgabenstellungen

82301-57

Beobachtungsbogen

82301-58

5.4 Die Welt der Berufe

Welche Bildungswege stehen mir offen?

Den richtigen Weg zu finden ist nicht immer leicht. Soll ich ans Gymnasium wechseln oder doch lieber ans Oberstufenzentrum? Und was überhaupt sind Berufsschulen, Berufsfachschulen oder ein Berufliches Gymnasium? Und wo sind diese Schulen? Was sind die Zugangsvoraussetzungen? Wie lange dauern die Bildungsgänge? Fragen über Fragen – da einen Überblick zu bekommen, ist nicht leicht.

M1 Wege zum Beruf – welche gibt es?

a Seit Charlotte öfters mit ihrer Mutter Jule im Repair-Café war, träumt sie davon, eine **duale Ausbildung** zur Tischlerin zu machen.

b Elifs Traum ist es, Erzieherin zu werden. Sie hat dafür zwei verschiedene Möglichkeiten:
Sie kann eine **schulische Ausbildung** machen, für die sie mindestens die Fachhochschulreife benötigt. Alternativ kann sie zuvor die Ausbildung zur Sozialassistentin machen.

c Mara möchte später Kinderärztin werden. Für das Medizinstudium benötigt sie die **Allgemeine Hochschulreife**.

d Fritz hat die Schule schleifen lassen und weiß noch nicht genau, was er später machen möchte. Erstmal will er einen **Abschluss nachholen** und dann wahrscheinlich irgendwas im Gastgewerbe machen.

AUFGABEN 82301-261

1. Stelle mit Hilfe einer Internetrecherche die verschiedenen Bildungswege in deinem Bundesland grafisch dar. Fertigt zudem eine Legende für die wichtigen Begriffe an.
2. Arbeitet in Kleingruppen nach der Gruppenpuzzle-Methode (S. 183):
   a) Verteilt die Recherchen zu den vier Personen (**M1a-d**) in der Stammgruppe.
   b) Recherchiere zu dem Bildungsgang deiner Person in Einzelarbeit. Nutzt dazu u. a. das KursNet der Bundesagentur für Arbeit (siehe QR-Code).
   c) Diskutiert die Ergebnisse in der Expert:innengruppe.
   d) Erläutert euch gegenseitig eure Ergebnisse und stellt die verschiedenen Bildungsgänge gemeinsam graphisch dar (Stammgruppe).
   e) Diskutiert im Anschluss euer Gruppenergebnis.

Überblick über Bildungsmöglichkeiten der Bundesagentur für Arbeit

82301-59

Ein Gruppenpuzzle durchführen

Worum geht es?

Diese Unterrichtsmethode ist eine Form der Gruppenarbeit. Sie arbeitet mit zwei Gruppenformen, der Stamm- und der Expertengruppe.

Beim Gruppenpuzzle werden die Mitglieder einer Klasse in Gruppen eingeteilt. Jede Gruppe bearbeitet das Gesamtthema, jedoch jedes Mitglied in Einzelarbeit einen anderen Teil.

Geht dabei so vor:

1. Schritt: Bildet Stammgruppen

- Teilt die Klasse in Stammgruppen von drei bis sechs Personen auf.
- Teilt jedem Mitglied einer Stammgruppe eine Teilaufgabe zu. Jedes Gruppenmitglied wird somit zum „Experten" oder zur „Expertin" eines Themas.
- Gebt euch ausreichend Zeit, damit ihr euch in euer Gebiet einarbeiten könnt.

Stammgruppen

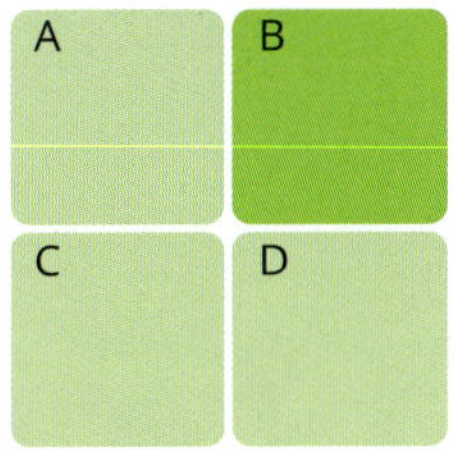

2. Schritt: Bildet Expert:innengruppen

- Bildet nun „Expert:innengruppen", indem sich Mitglieder des gleichen Themengebiets treffen und ihre Ergebnisse vergleichen.
- Besprecht in euren „Expert:innengruppen" eure Teilaufgabe als Experten. Löst zusammen die Teilaufgabe und formuliert ein Ergebnis mit dem sich jede:r „Expert:in" einverstanden erklärt.

Expertengruppen

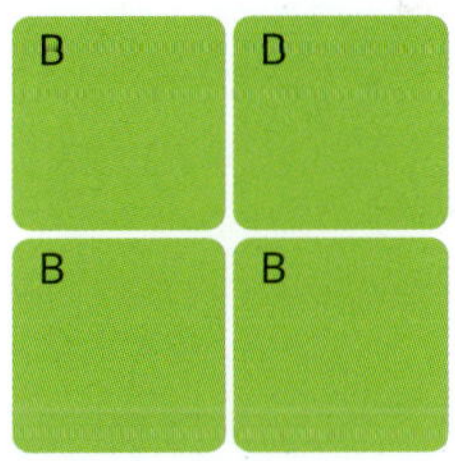

3. Schritt: Rückkehr in die Stammgruppen

- Kehrt als „Expert:innen" anschließend in eure ursprünglichen Gruppen zurück.
- Vermittelt als „Expert:innen" euren anderen Gruppenmitgliedern, was ihr über euer Themengebiet erarbeitet habt.
- Hört den anderen Expert:innen zu und stellt ihnen gegebenenfalls Verständnisfragen.

Stammgruppen

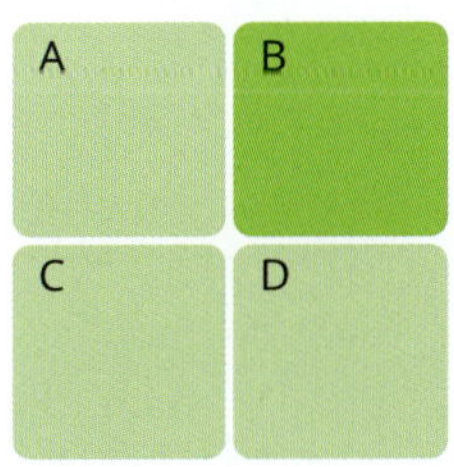

Wie lassen sich Berufe vergleichen?

Kriterien
sind Orientierungshilfen, mit denen wir beurteilen können, ob etwas passt oder nicht. Wenn du dir beispielsweise rote Schuhe kaufen möchtest, dann ist vor allem die Farbe Rot dein Kriterium für die Suche.

Wenn wir etwas miteinander vergleichen, dann nutzen wir hierfür Kriterien. Auch Berufe lassen sich so miteinander vergleichen. Ein paar hast du bereits kennengelernt, z. B. zur Unterscheidung verschiedener Formen von Arbeit (→ Kap. 5.2). Einige Kriterien zum Vergleich verschiedener Berufe sind hier im Folgenden dargestellt.

M2 Vielfalt von Arbeit und Beruf

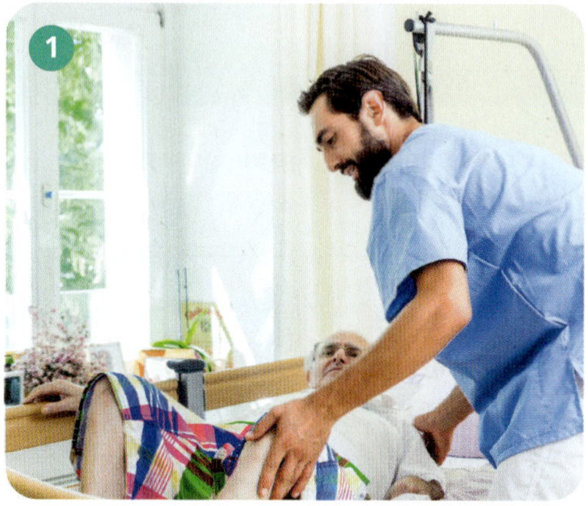

Ein Bewohner im Pflegeheim wird versorgt.

Ein Mitarbeiter meldet digital den Beginn seiner Arbeit an.

Maschine in der Fertigung wird bedient.

Studierende verfolgen eine Vorlesung.

Geschmolzenes Eisen wird in eine Form gegossen.

Menschen in einem Großraumbüro.

M3 Vergleichskriterien für Arbeit und Beruf

a Arbeitsort: Wo wird gearbeitet?
Arbeitsorte sind die Orte, an denen die jeweilige Arbeit erledigt wird. Es gibt Berufe, die auf einen Arbeitsort festgelegt sind. Andere haben mehrere feste oder flexible Arbeitsorte.

b Arbeitsgegenstand: Was wird erarbeitet?
Beim Arbeitsgegenstand handelt es sich um Stoffe, Güter und Informationen, die durch die Arbeit in ihrem Zustand, ihrer Form oder Lage verändert werden.

c Arbeitsmittel: Womit wird gearbeitet?
Als Arbeitsmittel werden alle Gegenstände bezeichnet, die für die Verrichtung einer Arbeit benötigt werden.

d Arbeitszeiten: Wann wird gearbeitet?
Arbeitszeiten können einerseits nach dem täglichen Arbeitsbeginn, andererseits auch nach dem Stundenumfang in Teilzeit- und Vollzeitarbeit unterschieden werden.

e Art der Arbeit: Wie wird gearbeitet?
Entsprechend der drei Fähigkeitsbereiche (siehe Kap. 5.2) werden körperliche, geistige und soziale Arbeiten unterschieden.

f Art der Ausbildung: Welche Qualifikationen werden benötigt?
Im Gegensatz zu Jobs setzen Berufe eine (anerkannte) Qualifikation voraus. Während man für Jobs (nur) angelernt wird, benötigt man für Berufe eine duale Ausbildung, eine schulische Ausbildung oder ein abgeschlossenes Studium.

AUFGABEN

82301-262

1. Überlege, inwiefern die Bilder in **M2** etwas mit der Unterscheidung von Berufen zu tun haben.
2. Ordne die Bilder aus **M2** den Kriterien in **M3** zu und vergleicht im Anschluss eure Zuordnungen zu zweit.
3. a) Erklärt euch zu zweit gegenseitig die Kriterien **a-f** aus **M3** und ergänzt sie mit eigenen Beispielen.
   b) Stelle dir vor, dass das Anfertigen von Hausaufgaben ein Beruf wäre. Beschreibe deinen „Beruf" nach den Kriterien aus **M3**.
4. Stelle die Kriterien für einen dir bekannten Beruf übersichtlich z. B. in Form einer Mindmap (Methodenglossar S. 282) dar.
   a) Nutze dafür die Informationen aus dem Buch und recherchiere im Internet. Helfen können dir dabei die nebenstehenden Mediencodes.
   b) Bewerte auf Grundlage deiner Fähigkeiten und Interessen deine Eignung für den Beruf.
   c) Präsentiere dein Arbeitsergebnis der Klasse.

Hier findest du eine Übersicht über Berufsfelder

82301-60

Hier kannst du weiterführende Informationen über Berufe suchen

82301-61

F zu Aufgabe 4
Beziehe in deine Recherche auch die vorausgesetzten Schulabschlüsse und die Geschlechterverteilung in dem Beruf mit ein. Nimm kritisch Stellung zu deinen Ergebnissen.

JobChecker

Passende Berufe mit dem JobChecker finden

Worum geht es?

Im Internet gibt es sehr viele Plattformen und Apps, die dich bei der Suche nach passenden Berufen unterstützen können. Einige werden von privaten Unternehmen, andere z. B. von der Bundesagentur für Arbeit angeboten. Bei einigen Plattformen oder Apps musst du dich anmelden und du bezahlst mit deinen Daten. Alle Plattformen zur beruflichen Orientierung benötigen Informationen über dich, damit sie dir geeignete Vorschläge machen können. Überlegt euch gemeinsam, welche Informationen Berufswahl-Apps und Plattformen benötigen und welche Informationen ihr nicht preisgeben wollt. **Hinweis:** Ganz persönliche Daten wie dein richtiger Name und deine Adresse sollte man im Internet nicht unbedingt angeben.

Der JobChecker ist eine Onlineanwendung, mit der du erkunden kannst, welche Berufe dich interessieren und zu dir passen könnten. Dazu füllst du durch Anklicken eine Art Fragebogen aus und der JobChecker wertet diesen aus.

Geht dabei so vor:

1. Schritt: Starte den JobChecker

Hier kommst du zum JobChecker

82301-62

Starte den JobChecker indem du den QR-Code in der Randspalte scannst oder den Link www.jobchecker21.de in den Browser am Computer eingibst. Führe dann den JobChecker durch.

Wähle den Schulabschluss aus, den du voraussichtlich erreichen wirst:
- Berufsorientierender Abschluss (BOA) = Förderschule
- Berufsbildungsreife (BBR) = Mittelschule
- Mittlerer Schulabschluss (MSA) = Realschule
- Fachhochschulreife = Fachabi
- Allgemeine Hochschulreife = Abitur

Wähle die Ausbildungsart(en), die du anstrebst:
- Berufsausbildung (Duale Ausbildung, Schulische Ausbildung und Beamtenausbildung)
- Universitätsstudium (Voraussetzung: Allgemeine Hochschulreife)
- (Fach-) Hochschulstudium (Voraussetzung: Fachhochschulreife oder Allgemeine Hochschulreife)

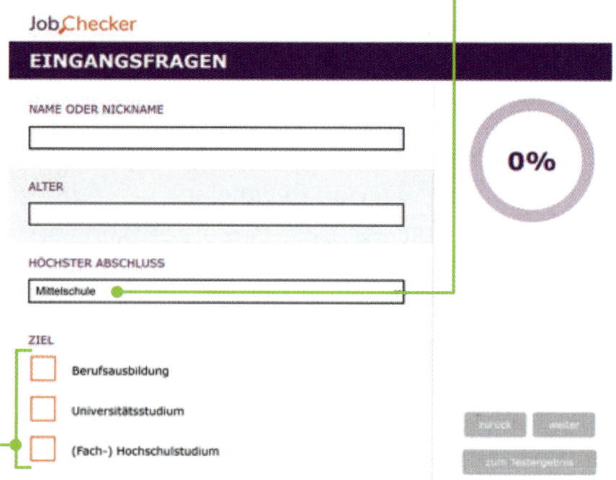

2. Schritt: Tätigkeitsfelder bewerten

Arbeite dich Schritt für Schritt durch die Fragen des JobCheckers.

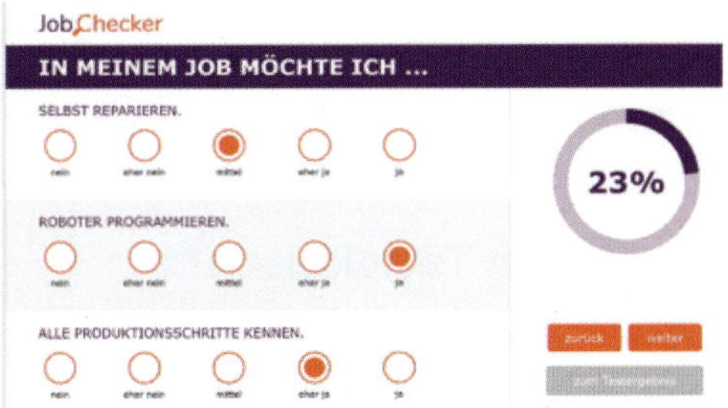

Lies dir die Aussagen zu den verschiedenen Bereichen aufmerksam durch und bewerte, wie sie zu dir passen.

3. Schritt: Analysiere deine Ergebnisse

Speichere dein Ergebnis und analysiere, inwieweit die Tätigkeitsfelder deinen beruflichen Vorstellungen entsprechen.
Bewerte dann deine Eignung für die verschiedenen Tätigkeitsfelder und recherchiere zu den vorgeschlagenen Berufen (und Studiengängen). Du kannst die Informationen z. B. auf BerufeNet, BerufeTV oder Ich mach's recherchieren.
Bewerte diese aus deiner Sicht.
Wähle dir drei passende Berufe aus und erläutere deinen Mitschülerinnen und Mitschülern, weshalb diese Berufe zu dir passen.

4. Schritt: Bewertung der Ergebnisse

Diskutiert, ob ihr die Durchführung vom JobChecker einem Freund oder einer Freundin empfehlen würdet.

Wie kann ich neue Berufe kennenlernen?

Alina kennt aus ihrem Alltag Berufe wie Lehrerin, Bäckerin oder Köchin und weiß, was diese in ihrem Berufsalltag machen. Aber alle ihr bekannten Berufe findet sie langweilig. Ihre Mutter Sabine fordert sie immer wieder dazu auf, andere Berufe selbst zu recherchieren. Nur so kann sie auf eine Idee kommen, was sie nach ihrem Schulabschluss machen könnte. Doch wie soll sie das anfangen?

M4 Welcher Beruf steckt hinter den Tätigkeiten?

Tipp 1: Kundenberatung und -bedienung gehört zu seinen Aufgaben.

Tipp 2: Er arbeitet mit elektrischen Messgeräten.

Tipp 3: Auch mit der Zeitwaage muss er umgehen können.

Tipp 4: In Einzel- und Serienfertigung produziert er Einzelteile und montiert sie zu Bauteilen und kompletten Zeitmessgeräten.

Tipp 5: Er muss kleine und große Uhren zerlegen und zusammensetzen.

Na, hat es Klick gemacht?

M5 Was macht eine …

Fachkraft für Straßen- und Verkehrstechnik

M6 Analysekriterien

M7 Berufe erkunden mit dem BerufeTV

Auf der Internetseite www.berufe.tv findest du Informationen zu vielen Ausbildungsberufen, den 16 Berufsgruppen und auch Studienberufen. Du kannst dir kurze Videos anschauen und bekommst einen Eindruck, was den jeweiligen Beruf ausmacht. Probiere es über den Link im QR-Code aus.

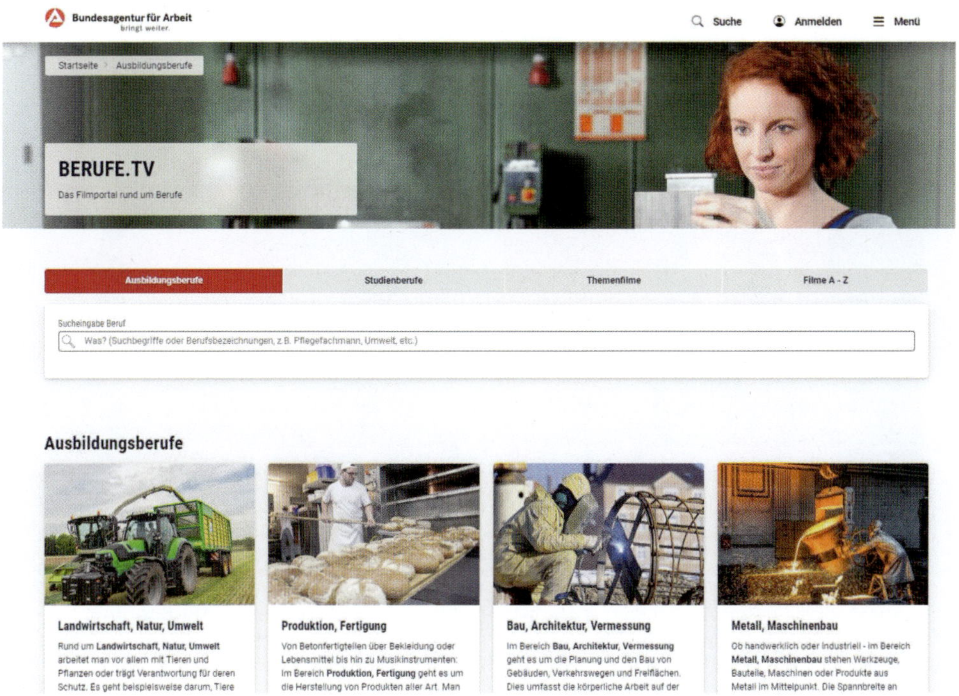

AUFGABEN

82301-263

1. Benenne den gesuchten Beruf (**M4**). Merke dir, wie viele Tipps du brauchtest.
2. Erkläre, was Fachkräfte für Straßen- und Verkehrstechnik (**M5**) machen. Nutze dazu das BerufeTV und gib die Berufsbezeichnung in das Suchfeld ein (QR-Code).
3. Analysiere zwei oder drei zu dir passende Berufe (siehe Ergebnisbericht von JobChecker) mit der Plattform BerufeTV (**M7**). Arbeite die im Video genannten Informationen zu den Analysekriterien heraus (**M6**).
4. a) Stelle die Informationen anschaulich (z. B. in Form eines Steckbriefes) dar.
   ODER
   b) Vergleiche die Berufe, indem du die Informationen zu den Analysekriterien in einer Tabelle gegenüberstellst.
5. Präsentiere die Berufe und begründe, inwieweit die Berufe zu dir passen.
6. Entwirf selbst ein Beruf-Quiz (**M4**) und erstelle zu dem gewählten Beruf einen kurzen Steckbrief.

Berufe kennenlernen auf berufe.tv

82301-63

Wie verdienen Influencer:innen ihr Geld?

Charlotte überlegte lange, was sie werden möchte. Ihr Freund Paul riet ihr: „Werde doch einfach Influencerin – damit kannst du gut Geld verdienen." Den Begriff Influencer:in kennt Charlotte natürlich, was sich aber genau dahinter verbirgt, wusste sie nicht. Auch ihre Mutter Jule war da nicht hilfreich. Sie meinte, dass sei eine Grippe. Also recherchiert Charlotte im Internet und stößt gleich auf Bibi, Mesut Özil und weitere Promis, die als Influencer:innen bezeichnet werden.

M8 Wer ist Influencer:in?

Bianca „Bibi" Claßen: 7,8 Millionen Abonnenten auf einer social media Plattform (Stand: Dezember 2021)

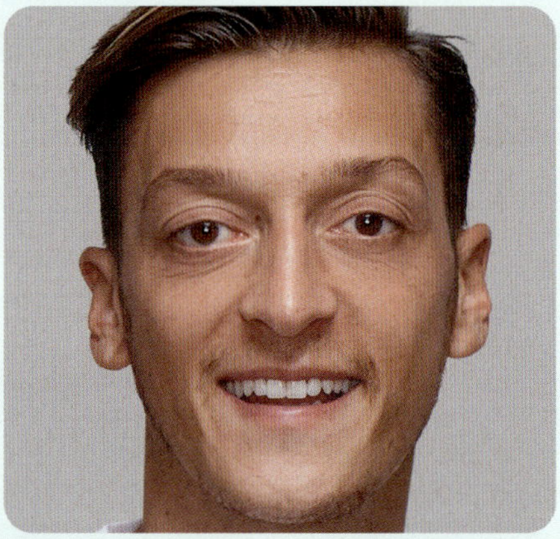

Mesut Özil: 24 Millionen Abonnenten auf einer social media Plattform (Stand: Dezember 2021)

Der Begriff Influencer stammt vom englischen Begriff to influence, also beeinflussen, ab. Eine Influencerin oder ein Influencer ist also eine Person, die andere beeinflusst. Im heutigen Sprachgebrauch bezieht sich der Begriff auf die Beeinflussung durch soziale Medien.

Um Influencer:in zu werden, brauchst du vor allem eins: viele Follower:innen! Ein anerkannter Ausbildungsberuf ist Influencer:in aber nicht.

Follower:in
regelmäßige:r Empfänger:in von Nachrichten, z. B. durch das Abonnement eines Kanals

Es ist hilfreich, wenn du schon vorher (meist durch Radio oder Fernsehen) bekannt bist. Andernfalls startest du bei Null und wirst wahrscheinlich nicht so schnell Follower:innen finden. Damit du diese gewinnst, musst du andere zuerst auf dich aufmerksam machen und dann dafür sorgen, dass sie dir wirklich (weiter) folgen. Wer das erfolgreich geschafft hat, kann als Influencer:in auch Geld verdienen.

M9 ... und wie verdienen sie ihr Geld?

Wer viele Follower:innen hat, der ist auch für die Werbung interessant. Teilweise machen Influencer:innen Spots für das Fernsehen, Fotos für Plakate oder sie werben in ihren Beiträgen. Teilweise kann der oder die Follower:in die Werbung als solches schnell erkennen. Bei anderen Beiträgen wird nicht offensichtlich, wofür geworben wird, sondern Produkte werden nur beiläufig erwähnt oder sind sichtbar. Hier spricht man auch von Produktplazierungen, die nicht immer erlaubt sind. Für das Bewerben von Produkten bekommen Influencer:innen von den Unternehmen Geld oder kostenlose Produkte. Die bekannten Influencer:innen können davon gut leben und verdienen teilweise deutlich mehr als bekannte Schauspieler:innen. In vielen Fällen werden Influencer:innen durch professionelle Redakteur:innen, Kameraleute und Werbefachleute unterstützt, die dann alle mitverdienen.

M10 Worauf kommt es also an?

Heutige Influencer:innen haben Follower:innen durch interessante Themen, interessante Aktionen, ihre Prominenz und durch ihr Aussehen oder ihre sympathische Art erworben. Damit die Follower:innen ihr Interesse nicht wieder verlieren, posten Influencer:innen immer wieder neue Inhalte, auch content genannt, die oftmals professionell und mit viel Aufwand produziert werden.

Influencer:innen, die davon leben wollen, müssen für die Werbeindustrie interessant sein. Dazu müssen sie möglichst viele echte Follower:innen haben. Bots (Follower:innen, die ein Computerprogramm erstellt und verwaltet) und bezahlte Follower:innen gaukeln die Beliebtheit nur vor. Unternehmen können das erkennen und bieten lukrative Werbedeals nur Influencer:innen mit echten Follower:innen an, die dann möglichst die beworbenen Produkte auch kaufen. Damit Influencer:innen möglichst viele (echte) Follower:innen bekommen, netzwerken sie. Das heißt in diesem Fall, sie verbinden ihre Benutzerprofile (Accounts) mit denen anderer Influencer:innen in der Hoffnung, dass die User auch Follower:innen werden.

Und dann heißt es: immer neue und interessante Inhalte kreieren bzw. posten. Die Posts der Follower:innen beantworten und kommentieren. Das kostet also viel Zeit und Influencer:innen geben viel ihrer Persönlichkeit und des persönlichen Lebens den unbekannten Follower:innen preis.

Videopodcast: Werbung durch Influencer:innen

82301-64

AUFGABEN

82301-264

1. Erkläre den Job Influencer:in (**M8**).
2. Recherchiere zu bekannten Influencern und notiere:
   a) mit welchen Themen sie sich befassen,
   b) welche Zielgruppe sie haben, also wen sie ansprechen wollen und
   c) womit sie vermutlich ihr Geld verdienen.
3. Erstellt gemeinsam einen Post (Blog-Beitrag, Foto, Video), welcher dein Start für eine Influencer:innen-Karriere sein könnte. Bezieht dabei **M9** mit ein. Diskutiert die Ergebnisse gemeinsam in der Klasse.
4. Analysiert zu zweit anhand der Informationen aus **M10**, welches Potenzial ihr als Influencer:in hättet.

F Diskutiere, inwieweit es sich bei Influencer:innen-Posts nur um Werbung handelt.

5.5 Der Bewerbungsprozess

Welche Schritte führen zur Berufswahl?

Eine Berufswahlentscheidung zu treffen ist wohl eine der wichtigsten Entscheidungen des Jugendalters. Doch wie geht man sie am Besten an?

M1 Wie Erwachsene rückblickend denken

Auf einer Feier der Familie Schultz fragt Alina die Freunde und Verwandten, wie sie ihre Berufswahlentscheidung getroffen haben:

Eigentlich wusste ich schon ab der 7. Klasse, dass ich Tischlerin werden möchte. Ich habe nach der 10. Klasse erstmal mein Abitur gemacht. Rückblickend wäre das überhaupt nicht nötig gewesen, aber ich hatte Angst vor dem Ungewissen. Heute kann ich sagen: Vor einer Ausbildung muss niemand Angst haben!

Als Schüler hatte ich jede Woche einen neuen Berufswunsch. Dem wirklich nachgegangen, bin ich aber nicht. Ehrlich gesagt, war ich dafür auch zu faul. Nach der 10. Klasse wusste ich dann nicht, wie es für mich weitergehen soll. Meine Freunde hingegen hatten alle einen Plan. Ob Ausbildung oder die gymnasiale Oberstufe, alle hatten was. Mein Vater hat dann Bewerbungen - anfangs mit, später für mich - versandt. Irgendwann hat´s dann geklappt und so habe ich die Ausbildung gemacht. Auch wenn mir der Beruf nicht gefällt, ich arbeite noch in der gleichen Firma. Irgendwann werde ich mich mal nach was Anderem umschauen.

Ich kann mich noch genau daran erinnern, dass ich in der 9. Klasse einen Stärkentest im Internet gemacht habe. Als Ergebnis wurden mir mehrere Berufe vorgeschlagen, von denen ich nie zuvor etwas gehört hatte. Schon beim Nachlesen habe ich gemerkt, dass sie wirklich interessant klangen. In meinem ersten Betriebspraktikum habe ich dann gemerkt, dass der eine Beruf doch nicht so meiner war. Im zweiten Praktikum habe ich meinen heutigen Traumberuf gefunden. Ausprobieren lohnt sich!

M2 Lebensweisheiten?

„Veränderungen müssen aktiv angegangen werden.“

„Seine Schwächen zu kennen ist gut, seine Stärken zu nutzen ist besser.“

„Den Letzten beißen die Hunde.“

„Faulheit ist kein guter Ratgeber.“

„Probieren geht über Studieren.“

„Es ist leichter, sich gegen, als für etwas zu entscheiden.“

„Wer nicht selbst entscheidet, für den entscheiden andere.“

M3 Der Weg zum Beruf

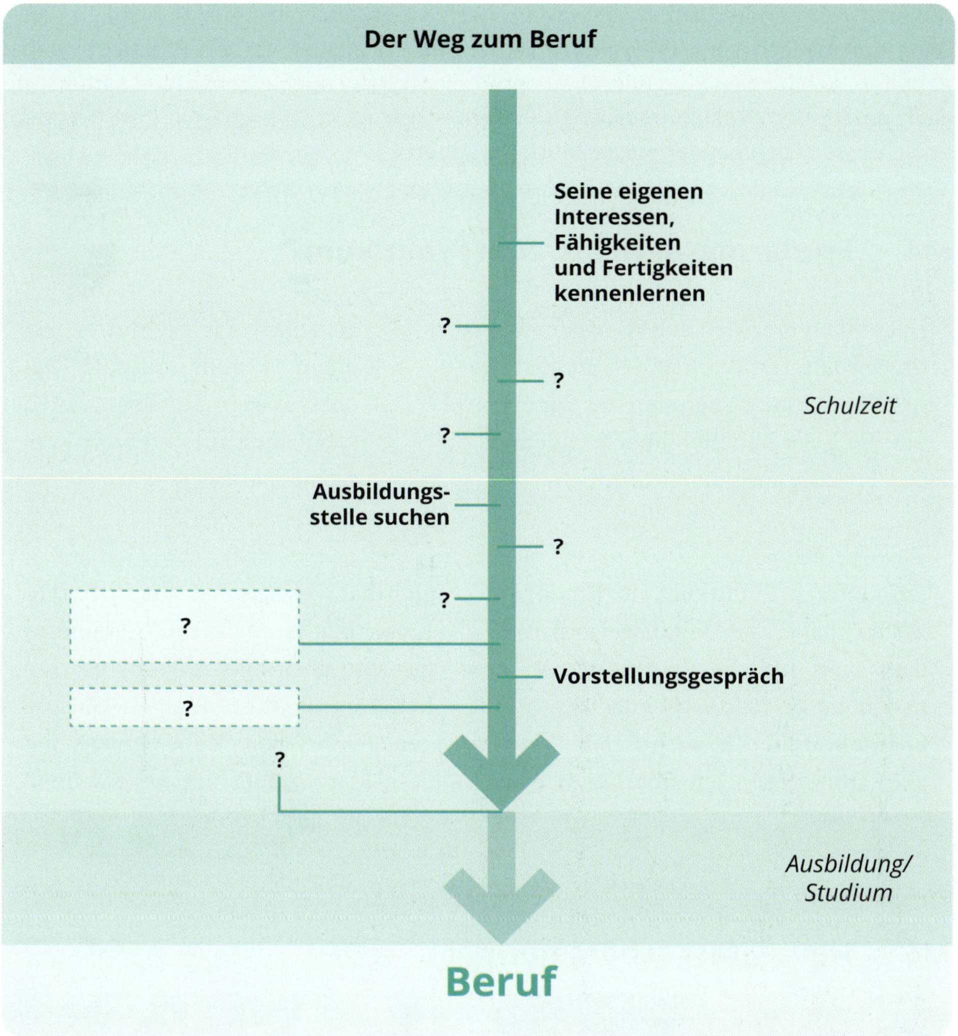

Hier findest du eine digitale Zuordnungsübung zum Zeitstrahl

82301-65

Matching
hierbei werden die Anforderungen eines Arbeitsplatzes mit den persönlichen Qualifikationen verglichen

AUFGABEN

82301-265

1. Ordne die Sprichwörter (**M2**) den Aussagen (**M1**) zu und begründe deine Zuteilung.
2. a) Leite aus **M1** und **M2** Tipps für die Berufswahlentscheidung ab und begründe diese. Formuliere diese aktiv. (Ich werde...)
   b) Vergleicht eure Tipps zu zweit und ergänzt sie gegebenenfalls.
3. Ordne mithilfe der digitalen Zuordnungsübung im QR-Code die Schritte dem Zeitstrahl (**M3**) zu. Vergleiche deine Zuordnung und ändere sie gegebenenfalls.
4. Erläutere (**M3**), wo du auf dem Weg zum Beruf stehst. Gestalte dazu eine Präsentation, die du zuhause vorstellst. Notiere das Feedback.

Wo mache ich mein erstes Praktikum?

Nachdem sie schon nicht weiß, was sie nach ihrem Abschluss machen will, möchte Alina nun zunächst ein Praktikum machen. Ihrem Bruder hat ein Praktikum dabei geholfen, sich für den Pflegeberuf zu entscheiden. Aber auch einen interessanten und auch passenden Praktikumsplatz zu finden, ist gar nicht so leicht. Alina ist trotzdem entschlossen, sich bei der Suche Mühe zu geben.

M4 Erfahrungsberichte zum Praktikum

„Eigentlich möchte ich KFZ-Mechatronikerin werden. Die Werkstatt in meiner Straße wollte mich nicht nehmen, im Supermarkt um die Ecke habe ich aber problemlos einen Praktikumsplatz bekommen."

„Ich habe meine Mutter mir einen Praktikumsplatz suchen lassen. Sie kennt mich schließlich gut und weiß, was zu mir passt."

„In meinem Praktikum im Kindergarten habe ich herausgefunden, dass man für die Ausbildung einen höheren Schulabschuss (Fachhochschulreife) braucht. Ich bin aber froh, wenn ich überhaupt einen schaffe."

„Ich habe ewig nach einem Praktikumsplatz in meinem Traumberuf gesucht und mich sowohl persönlich vorgestellt als auch Bewerbungen geschrieben. Zum Schluss hat es geklappt, aber ich habe schnell gemerkt, dass ich das nicht will."

M5 Heute (fast schon) normal

Eine gelernte Forstwirtin

Ein gelernter Erzieher

ZUKUNFTSTAG / BOYS' UND GIRLS' DAY

Am jährlich stattfindenden Zukunftstag können Jungs in Berufe schnuppern, die bisher noch mehrheitlich von Frauen gewählt werden und Mädchen in Berufe, die noch mehrheitlich von Männern gewählt werden. Rechtlich stehen alle Berufen beiden Geschlechtern gleichermaßen offen. Viele Unternehmen bemühen sich heutzutage, dass das Geschlechterverhältnis ausgewogen ist. Das ist nicht nur gut für das Arbeitsklima, vielfältige (diverse) Teams arbeiten häufig auch erfolgreicher. Vor allem in Zeiten des Fachkräftemangels kommt es auf jede motivierte Arbeitskraft an. Das Geschlecht sollte hier keine Rolle spielen.

M6 Warum in die Ferne schweifen ...

AUFGABEN

823011-26€

1. Erläutert zu zweit, inwieweit die Aussagen (**M4**) auf ein erfolgreiches Praktikum hinweisen. Leite aus den Erfahrungsberichten Strategien und Ziele für deine Praktikumsplatzsuche ab.
2. Nennt Berufe, die oft als „Frauen- bzw. Männerberufe“ (**M5**) bezeichnet werden und diskutiert, wieso es sich dabei um Klischeevorstellungen handelt.
3. Beurteile, inwieweit du am nächsten Zukunftstag, Girls' Day oder Boys' Day teilnehmen möchtest, recherchiere teilnehmende Unternehmen und bewirb dich gegebenenfalls (**#Zukunftstag**).
4. Erkundet Praktikumsbetriebe in eurem (Schul-)Umfeld. Tragt diese in eine Karte (gedruckt/online) ein (**M6**).
   a) Sammelt in der Klasse Fragen, die ihr Unternehmen stellen würdet, bevor ihr euch um einen Praktikumsplatz bewerben würdet.
   b) Entwerft in Kleingruppen einen Interview- bzw. Telefonleitfaden zur Beantwortung dieser Fragen.
   c) Befragt anschließend die Unternehmen in eurem Umfeld und tragt die Informationen in der Karte ein.

Einen Lebenslauf erstellen

Worum geht es?

Wenn du dich in einem Unternehmen bewirbst, möchte der/die Vorgesetzte prüfen, ob ihr gut zusammenpasst. Um dich schnell etwas besser kennenlernen zu können, verfasst du einen Lebenslauf. In tabellarischer Form gibst du darin übersichtlich Auskunft über dein Leben, deine Ausbildung und deine Erfahrungen. Dabei liegt der Schwerpunkt auf den Inhalten, die für einen Beruf und ein Unternehmen interessant sind. Je älter du wirst, umso mehr Einträge werden in deinem Lebenslauf erscheinen.

Aufbau eines Lebenslaufs

Lebenslauf

Persönliche Daten

Name	Alina Schultz
Anschrift	Musterweg 5, 14789 Musterstadt
Telefon	0123 / 456 789 10
E-Mail	alina@schultz.land
Geburtsdatum	29.02.2007

Bildungsweg

07/2023	voraussichtlich guter Mittlerer Schulabschluss (MSA)
08/2019 – 07/2023	Sekundarschule in der Hasengrube
08/2013 – 07/2019	Grundschule in der Hasengrube

Praxiserfahrung

10/2022 – 11/2022	Einmonatiges Zeitungsaustragen Aufgaben: Planung der Tour, vorsortieren der Zeitungen
05/2021	Einwöchiges Praktikum in der Kita Hasengrube Aufgaben: Mittagszubereitung und Kinderbetreuung
11/2020 – 12/2020	Zweiwöchiges Praktikum in der Stadtverwaltung: Aufgaben: Kopieren, Dokumente vorbereiten, Besprechungen vorbereiten

Kenntnisse und Fähigkeiten

Sprachkenntnisse	Englisch (gut) Französisch (Grundkenntnisse)
Computerkenntnisse	MS-Office (gute Kenntnisse in Word, PowerPoint und Excel) Adobe Photoshop (Grundkenntnisse)

Hobbys und Interessen

Modelleisenbahn bauen, Kochen, Shoppen, Showtanz

Musterstadt, 29.02.2022

Alina Schultz

Gehe bei der Gestaltung folgendermaßen vor:

„Lebenslauf“ steht immer als Kopfzeile ganz oben auf dem Lebenslauf.

Unter „Persönlichen Daten“ werden Name, Vorname, Adresse, Telefonnummer, E-Mail-Adresse und Geburtsdatum aufgelistet. Namen und Berufe deiner Eltern und Geschwister werden heutzutage nicht mehr notiert.

Ein Bewerbungsfoto ist keine Pflicht. Wenn, dann sollte es aber professionell und kein Selfie oder Urlaubsbild sein.

Beim „Bildungsweg“ werden alle besuchten Schulen (Grundschule und Sekundarschule oder Gymnasium) in der rechten Spalte aufgelistet. Zudem kannst du hier auch deine Lieblingsfächer aufzählen. In der linken Spalte stehen Beginn und Ende des Besuchs (jeweils Monat/Jahr). Die aktuellste Schule steht immer ganz oben.

Zu den „Praxiserfahrungen“ zählen Praktika, Schüler:innenjobs etc. Sie zeigen dem Unternehmen, dass du bereits einen Einblick in das Berufsleben hattest und was (welche Tätigkeiten) du ausgeführt hast. Auch hier stehen die neuesten Erfahrungen oben.

Unter „Kenntnisse und Fähigkeiten“ werden sowohl Sprachkenntnisse, Computerkenntnisse als auch sonstige Kenntnisse und Auszeichnungen als Unterpunkte notiert.

Der Punkt „Hobbys und Interessen“ macht einen Lebenslauf persönlich. Hier notierst du 2-4 Hobbys bzw. Interessen. Wähle dabei diejenigen aus, die z. B. für dein Praktikum von Bedeutung sind oder die, die dich auszeichnen. „Apps programmieren“ wäre sicherlich ungewöhnlich, „shoppen“ und „Freunde treffen“ steht hingegen in vielen Lebensläufen und ist nichts Besonderes.

Jeder Lebenslauf endet mit dem „Ort“, dem aktuellem „Datum“ und darunter deiner händischen „Unterschrift“. Bei digitalen Bewerbungen kannst du ein Bild deiner Unterschrift einfügen.

Erklärvideo Lebenslauf

82301-66

Musterlebenslauf zum Bearbeiten

82301-67

Wie verfasse ich ein überzeugendes Bewerbungsschreiben?

Alina ist nun auf der Suche nach Praktikumsangeboten und möchte sich auch schon zu einem möglichen Ausbildungsplatz Gedanken machen. Praktikumsplätze werden oft nicht explizit ausgeschrieben, sind aber in den meisten Unternehmen möglich, die auch Ausbildungen anbieten. Doch als sie die ersten Stellenbeschreibungen liest, tauchen gleich wieder viele Fragezeichen auf. Was ist denn damit alles gemeint?!

M7 Stellenausschreibung im Einzelhandel

AUSBILDUNG
zum Kaufmann/Kauffrau im Einzelhandel (m/w/d)

Deine Aufgaben: *Du machst mit uns den Unterschied.*
- Werde Teil unserer Familie und ein Experte rund um unseren hochwertigen Kaffee
- Abwechslungsreiche kaufmännische Ausbildung (Rechnungswesen, Warenwirtschaft, Marketing)

Dein Profil: *Du erfindest uns immer wieder neu.*
- Idealerweise mittlerer Schulabschluss
- Erste Praxiseinblicke, z. B. durch ein Schülerpraktikum
- Hohe Leistungs- und Lernbereitschaft
- Einsatz-Flexibilität innerhalb der üblichen Ladenöffnungszeiten

Deine Vorteile: *Gemeinsam bleiben wir anders.*
- Du erhälst ein attraktives Gehalt sowie einen Mitarbeiter-Rabatt.
- Während der Arbeit bekommst du kostenlose Getränke.
- Wir fördern Weiterbildungen, z. B. zum Barista.

M8 Stellenanzeige und Anschreiben müssen zusammenpassen

Vorlage für ein Musteranschreiben

82301-68

Alina hat eine Stellenausschreibung (M7) im Einzelhandel gefunden und ist fest entschlossen, sich zu bewerben. Sie weiß, dass sie bei Anschreiben auf richtige Grammatik und Rechtschreibung sowie ein schönes, stimmiges Layout achten soll. Dass das Anschreiben maximal eine Seite lang und gut lesbar sein soll, hat sie auch schon gehört. Aber welche Inhalte soll sie eigentlich im Anschreiben erwähnen?

✗ Erzähle im Anschreiben nicht deinen Lebenslauf nach, sondern …

✓ Belege deine Motivation für die Stelle und das Unternehmen! (Ich will es!)

✓ Belege, dass du die Anforderungen aus der Stellenanzeige erfüllst! (Ich kann es!)

M9 Textbausteine für ein Anschreiben

Jetzt ist es an der Zeit, selbstbewusst zu sein und die eigenen Kompetenzen aufzuzeigen. Dabei darf man ruhig von Erfolgen im Leben berichten. So kann Alina dabei vorgehen:

in der Stellenanzeige genannte Anforderungen:	Anforderungen in eigenen Worten:	eigene Erfahrungen, die den Anforderungen entsprechen:	Textbaustein für das Anschreiben:
erste Praxiseinblicke	erste Arbeitserfahrungen	Ferienjob an der Tankstelle, Kunden zufrieden	Letzte Sommerferien habe ich bei meinem Ferienjob an der Tankstelle erste Arbeitserfahrungen gesammelt. Mehrere Kunden haben sich dabei für meinen guten Service bedankt.
Einsatz-Flexibilität	...	...	
...			

BEWERBUNG

Eine Bewerbung beinhaltet die Dokumente, die die Eignung und Motivation eines Menschen für eine Stelle belegen. Sie besteht aus einem Anschreiben, einem Lebenslauf und gegebenenfalls Zeugnissen und Nachweisen.
Um einen möglichst guten Eindruck beim einstellenden Unternehmen zu machen, muss eine Bewerbung immer auf die Stellenanzeige angepasst werden. Auch wenn die praktischen Erfahrungen die gleichen bleiben, kann man für jede Stelle die passenden Schwerpunkte im Lebenslauf hervorheben.

AUFGABEN

82301-267

1. a) Drücke die Anforderungen des Unternehmens mit eigenen Worten aus (**M7**).
   b) Erkläre, wie das Unternehmen Jugendliche für sich begeistern möchte.
   c) Nenne „versteckte" Anforderungen des Unternehmens, die man aus den aufgeführten Vorteilen („Deine Vorteile") ableiten könnte.
2. Erstelle eine Formatvorlage für den Kopfteil deines Anschreibens mithilfe des Musteranschreibens im Mediencode (**M8**).
3. Erkläre, warum folgender Textbeginn nicht besonders überzeugend ist: *„Sehr geehrter Herr Gruß, mit großem Interesse habe ich Ihre Anzeige in der JOBBÖRSE der Bundesagentur für Arbeit gelesen."*
4. Formuliere einige Sätze zu Alinas (möglicher) Motivation (**M8**).
5. Ergänze die Tabelle **M9** für alle Punkte von „Dein Profil" aus der Stellenanzeige **M7**. Gehe dabei davon aus, dass Alina ähnliche Erfahrungen im Leben macht wie du selbst.
6. Suche dir selbst eine interessante Stellenanzeige im Internet aus und verfasse ein eigenes Anschreiben dazu.

Erklärvideo Bewerbungsanschreiben

82301-69

Ein Bewerbungsschreiben erstellen

Worum geht es?

Eine Bewerbung ist eine Werbung in eigener Sache. Sie dient dazu, ein Unternehmen von dir als zukünftige Praktikantin bzw. zukünftigen Praktikanten und später als Auszubildende oder Arbeitnehmer zu überzeugen. Ein Bewerbungsschreiben wird teilweise auch als Anschreiben bezeichnet. Dabei kommt es besonders auf den Inhalt an. Aber auch die Form spielt eine Rolle.

Aufbau eines Bewerbungsschreibens

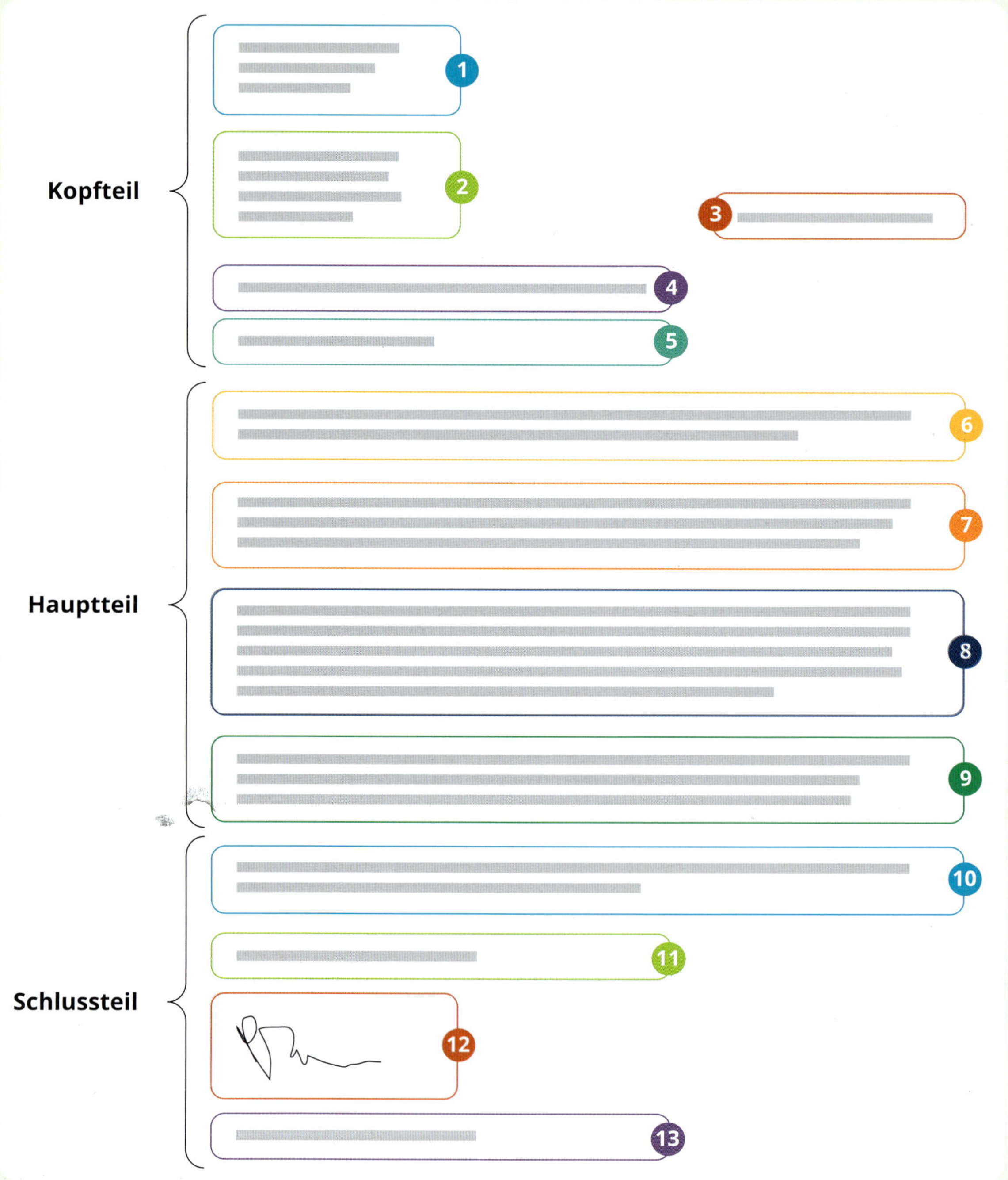

Gehe bei der Gestaltung folgendermaßen vor:

1 **Absender:in:** Hier gehören dein Vor- und Nachname, sowie deine vollständige Anschrift hin. Zusätzlich kannst du auch deine Telefonnummer oder E-Mail-Adresse notieren.

2 **Empfänger:in:** Hier kommt die Unternehmensadresse hin. Wenn du eine Abteilung und/oder eine:n Ansprechpartner:in hast, dann wird das unter dem Firmennamen notiert.

3 **Ort und Datum:** „Berlin, den 20.11.2022" Notiere immer deinen Ort und das aktuelle Datum.

4 **Betreff:** „Bewerbung um einen Praktikumsplatz als Koch" Das Ziel des Briefes dient der Orientierung und wird immer **fett** geschrieben.

5 **Anrede:** „Sehr geehrte Damen und Herren," Wenn du allerdings eine Ansprechperson hast, dann schreibst du „Sehr geehrter Herr ...," oder „Sehr geehrte Frau ...,"

6 **Bezug zur Stellenausschreibung:** Hier schreibst du, wie du auf das Unternehmen und den Praktikumsplatz aufmerksam geworden bist. Das kann durch eine Zeitschriftenanzeige, eine Stellenbörse im Internet oder über Freunde und Bekannte sein.

7 **Warum dieser Beruf?:** Hier begründest du, was dich an dem Beruf interessiert. Es soll auch zeigen, dass du dich schon vorher informiert hast.

8 **Warum du?:** Hier stellst du durch deine Fähigkeiten und Interessen deine Eignung für den Beruf dar. Du kannst z. B. deine Hobbys und Vorerfahrungen oder deine Lieblingsfächer als Begründung heranziehen. Zudem notierst du deine derzeitige Situation (Schüler:in).

9 **Warum dieses Unternehmen?:** Hier schreibst du, weshalb das Unternehmen dich interessiert. Dazu solltest du dir auf jeden Fall die Internetseite anschauen.

10 **Bitte um Einladung:** „Gerne stelle ich mich Ihnen in einem persönlichen Gespräch vor und freue mich über eine Einladung." So oder so ähnlich bittest du um ein Vorstellungsgespräch.

11 **Verabschiedung:** „Mit freundlichen Grüßen" ist die gängigste Verabschiedung in geschäftlichen Briefen. Hiernach setzt man kein Komma, sondern es folgt direkt der Name bzw. die Unterschrift in der nächsten Zeile.

12 **Unterschrift:** Jede Bewerbung musst du handschriftlich unterschreiben. Bei digitalen Bewerbungen kannst du ein Bild deiner Unterschrift einfügen.

13 **Anlagen:** Hier wird aufgelistet, welche weiteren Unterlagen du angefügt hast. I.d.R. sind es: Lebenslauf, Zeugnis(se) in Kopie und evtl. Zertifikate.

Wie überzeuge ich im Vorstellungsgespräch?

Die Freude ist groß, Alina hat eine Einladung zu einem Vorstellungsgespräch bekommen. Immerhin heißt das ja, dass der Arbeitgeber Interesse an ihr hat und sie vielleicht als Praktikantin oder sogar Auszubildende gewinnen möchte. Aber jetzt, wo es wirklich so weit sein soll, wird sie ziemlich nervös. Wie kann sie sich auf das Gespräch am besten vorbereiten?

M10 Vorbereitung ist alles

Alina hat es völlig richtig gemacht. Sie hat sich in der Woche vor dem Gespräch gründlich vorbereitet. Sie hat Informationen zum Unternehmen gesammelt, ihre Anfahrt mit den öffentlichen Verkehrsmitteln geplant, sich mögliche Fragen und Antworten überlegt und verschiedene Outfits probiert.

M11 Typische Fragen in einem Vorstellungsgespräch

Ice-Breaker
auflockernde Fragen, um ins Gespräch zu kommen in einem Vorstellungsgespräch

Frage	Tipps und Denkanstöße
Wie sind Sie hergekommen?	knappe Antwort, nur IceBreaker
Wo liegen Ihre Stärken?	selbstbewusst sein, Stärken mit Beispielen belegen
Wo liegen Ihre Schwächen?	solche nennen, die man beheben kann (z.B. Computerkenntnisse)
Warum haben Sie sich bei uns beworben?	auf Anforderungen aus der Stellenanzeige eingehen; zeigen, dass man sich über das Unternehmen informiert hat
Warum sollten wir Sie auswählen?	Anforderungen aus der Stellenanzeige mit eigenen Stärken belegen
Wer ist Ihr Vorbild?	Passung zur Stelle hinterfragen, Aussage über Interessen tätigen
Was machen Sie in Ihrer Freizeit?	Interesse an deiner Person, Vereinbarkeit mit Arbeitszeiten, erwartete Work-Life-Balance
Welche Erwartungen haben Sie an uns?	eigene Motivation für die Stelle zeigen
Wo wollen Sie in 20 Jahren stehen?	Bereitschaft des Bewerbers zu Weiterbildung und Veränderung, Aussage über eigene Werte

M12 Der erste Eindruck bleibt

Wir lassen uns in der Einschätzung eines Menschen oft vom ersten Eindruck lenken. Dies sollte dir schon bei der Begrüßung des potenziellen Arbeitgebers bewusst sein. Du solltest dich vorstellen und vielleicht noch einen netten Satz ergänzen. Außerdem solltest du auf einen festen Händedruck und Blickkontakt achten und warten, bis dir ein Platz angeboten wird. Alina macht es dir vor:

Um einen positiven Eindruck zu vermitteln und nicht zu nervös aufzutreten, kannst du dich an die HASE-Regel halten:

Haltung	Brust raus und Kinn anheben – schon stehst du aufrecht. Nimm einen Stift in die Hand, falls deine Hände nicht wissen, wohin.
Atmung	Weiteratmen! Das Gehirn braucht den Sauerstoff. Mach beim Sprechen ganz bewusste Atempausen.
Spannung	Nicht durchhängen! Spür deinen Bauch, halte Körperspannung und strahle Selbstbewusstsein aus.
Erdung	Steh mit beiden Beinen fest auf dem Boden!

Digitale Spuren
Im Vorstellungsgespräch können Fragen zu deinen Einträgen in sozialen Netzwerken auf dich zukommen.

AUFGABEN

82301-268

1. Vergleiche die Darstellungen aus **M10**: Welcher Eindruck wird vermittelt? Welche Fähigkeiten und Eigenschaften schreibst du den jeweils dargestellten Personen zu?
2. Diskutiert, ob folgende Outfits bei einem Vorstellungsgespräch angemessen bzw. nötig sind: *Krawatte, Piercings, Jeans, kurzer Rock, High Heels, Tattoos, Make-Up, Blazer*
3. Bereite das Vorstellungsgespräch für die von dir gewählte Stelle (Aufgabe 6 S. 199) vor, indem du die Fragen (**M11**) beantwortest.
4. Sammelt in der Klasse Ideen für mögliche Fragen an die Personalverantwortlichen.
5. Überprüfe deine Profile in sozialen Netzwerken und Spuren im Internet: Sind alle öffentlich zugänglichen Daten in Ordnung?
6. Simuliert ein Vorstellungsgespräch in Kleingruppen (**M12, QR-Code**).
   a) Informiert den/die „Personalverantwortliche:n“ in eurer Gruppe über eure gewählte Stelle.
   b) Spielt das Vorstellungsgespräch nach.
   c) Reflektiert das Gespräch: Was ist euch schwergefallen? Was habt ihr beobachtet? Wie war die Körpersprache und deren Wirkung?

F **zu Aufgabe 2**
Beurteile folgende Aussage: „Viel wichtiger als Kleidung sind Noten und Fähigkeiten.“

Weitere Infos und Rollenkarten zur Simulation

82301-105

M1 Die Qual der Wahl

Tom ist gerade im letzten Lehrjahr seiner Ausbildung zum Pflegefachmann und sucht schon seit längeren nach einer eigenen Wohnung. Er bekommt ein Gehalt von 1.300 € brutto.
Diese zwei Anzeigen haben es ihm besonders angetan, da die Wohnungen in der Nähe seiner Ausbildungsstelle sind.

1,5 Zimmer, 1.OG, 45 m², mit Einbauküche
730 € Warmmiete, Nahversorgung fußläufig zu erreichen

2 Zimmer Altbau, Balkon, 3.OG, 50m²
600 € Warmmiete, 300 m zu öffentlichen Verkehrsmitteln

M2 Arbeit über Arbeit?

M3 Was kann ich wie gut?

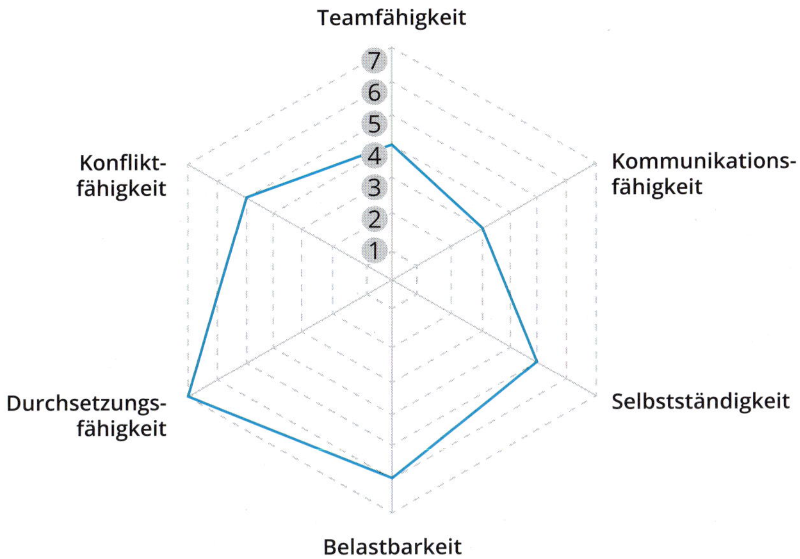

M4 Finde die Fehler

Anschreiben

82301-70

Lebenslauf

82301-71

Aufgaben

1. Erörtere, welche Wohnung Tom anmieten sollte (**M1**) und erstelle hierfür eine Liste, welche Kriterien er bei der Entscheidung berücksichtigen sollte.
2. a) Erstellt in der Klasse eine Umfrage mithilfe des QR-Codes in der Randspalte, an welchen der Begriffe aus **M2** ihr bei „Arbeit" zuerst denkt.
   b) Findet zu zweit passende Definitionen für die Begriffe (**M2**).
   c) Begründet, welche dieser Formen von Arbeit man in der Regel gleichzeitig erledigen muss.
3. a) Ordne deine Stärken grafisch in einem Spinnennetz ein. Beziehe dabei auch die Rückmeldung aus der Potenzialanalyse mit ein (**M3**, vgl. S. 180).
   b) Sammle weitere Eigenschaften, in denen du dich selbst verbessern möchtest.
   c) Erarbeitete zu zweit Strategien, wie ihr euch in diesen Eigenschaften verbessern könntet.
4. Benenne die Fehler im Anschreiben und Lebenslauf und begründe, was du verbessern würdest (**M4**).

H zu Aufgabe 1
Werden einzelne Punkte in einer Wohnungsbeschreibung nicht aufgezählt, sind sie meistens nicht vorhanden.

Hier könnt ihr zu Aufgabe 2a) abstimmen

82301-103

1

2

3

4

Was weißt du schon?

1. Beschreibe, worin sich die oben dargestellten Roboter voneinander unterscheiden.
2. Du darfst dir einen aussuchen und mit nach Hause nehmen: Für welchen Roboter würdest du dich entscheiden? Begründe deine Entscheidung.

6

#Roboter, Rennrad, Rasenmäher: Technik umgibt uns überall

Technik umgibt dich überall: egal, ob du auf deinem Smartphone die Nachrichten checkst, den Wasserkocher einschaltest oder den Bus nutzt, um zur Schule zu fahren. Häufig verwendest du Technik fast nebenbei. Aber Technik wird nicht nur von Menschen genutzt, sondern auch von ihnen entwickelt, hergestellt, entsorgt und bewertet. Damit hast du sicherlich schon selbst Erfahrungen gesammelt, indem du zum Beispiel beim Einrichten deines Zimmers Möbel zusammengebaut oder ein Bild an der Wand befestigt hast. Und beim Kauf eines Smartphones hast du bestimmt auch die technischen Details bewertet.

Was lernst du in diesem Kapitel?

... den Lebenszyklus von Produkten zu analysieren.
... Produkte aus verschiedenen Werkstoffen zu entwickeln, planen und fertigen.
... technische Kommunikationsformen zu lesen und zu nutzen.
... eine Arbeitsablaufplanung zu erstellen und den Arbeitsablauf zu kontrollieren.
... Materialbedarfs- und Kostenberechnungen durchzuführen.
... Gebrauchs- und Verarbeitungseigenschaften von Werkstoffen zu analysieren.
... Maßnahmen der Arbeitsorganisation und des Arbeitsschutzes anzuwenden.
... Fertigungsverfahren zur manuellen und maschinellen Bearbeitung von Werkstoffen anzuwenden.
... den Aufbau und die Funktion von Werkzeugen und einfachen Maschinen zu beschreiben.
... einfache Werkzeuge sicherheitsgerecht zu verwenden.
... die Werkstattfertigung mit der modernen industriellen Produktion zu vergleichen.

Ein Produkt erfolgreich konstruieren

Du warst schon immer genervt davon, dass du im Geschäft nicht genau das kaufen kannst, was du willst? Du kennst ein Problem, das viele Schüler:innen betrifft und dem du mit deinem Produkt Abhilfe schaffen könntest? Egal, warum du dich entscheidest selbst ein Produkt zu konstruieren, mit diesen Schritten kommst du an dein Ziel:

Geht dabei so vor:

Start

1 Bildet mindestens 2er-Teams.

2 Führt ein Brainstorming durch, welches Produkt ihr gerne fertigen möchtet. Wählt anschließend ein Produkt aus, das ihr konstruieren wollt.

3 Legt die Funktionen des Produktes fest und unterteilt diese in Gesamt-, Haupt- und Nebenfunktionen.
Entscheidet euch für ein passendes Prinzipkonzept (vgl. Kap. Planen und Konstruieren).

4 Informiert euch zu den Materialeigenschaften von Holz, Metall und Kunststoff (vgl. Kap. Materialkunde). Entwerft euer Produkt und entscheidet, welche Materialien, welche Formen und Maße dein Produkt haben soll, damit es den Anforderungen entspricht.

5

Entwickle eine Skizze zu deiner technischen Lösung (vgl. Kap. Techn. Kommunikation) und lasse dich hierzu beraten. Anschließend erstellst du die Fertigungsunterlagen (Stückliste, techn. Zeichnung).

6

Berechne den Materialbedarf und die Kosten für dein Produkt (vgl. Kap. Materialbedarfs- und Kostenrechnung).

7

Entwickle einen Arbeitsablaufplan für dein Produkt aus dem ersichtlich wird, welche Fertigungsverfahren du benötigst und welches Werkzeug du dafür benutzen willst. Informiere dich zu den einzelnen Verfahren.

8

Fertige einen Prototyp für dein Produkt an. Achte dabei auf die Anwendung der Sicherheitsregeln, die für das Arbeiten im Fachraum (vgl. Methode Werkraumordnung) und an den speziellen Maschinen und Werkzeugen (vgl. Praxisseiten Sägen, Bohren, Fügen, Feilen und Schleifen) notwendig sind.

H Recherchiere, wie dein Produkt in einem Betrieb gefertigt würde

9

Bewerte, ob dein Produkt den von euch aufgestellten Anforderungen entspricht. Ihr seid zufrieden? Prima, ihr könnt stolz auf euch sein! Doch gefällt es auch anderen? Und sind sie auch bereit dafür zu bezahlen? Finde heraus welche Chancen dein Produkt auf dem Markt hat und lese in Kap. 6.1 weiter.

6.1 Von der Idee zum Produkt – Planen und Konstruieren von Werkstücken

Die Phasen des Produktlebenszyklus – oder wann gibt es neue Produkte?

Ist dir schon mal aufgefallen, dass es beinahe jeden Tag neuartige Produkte zu kaufen gibt? Doch woher wissen die Unternehmen, wann es Zeit für neue Produkte ist und welche Phasen der Entwicklung müssen bis dahin durchlaufen werden?

M1 Alt oder neu: Die Weiterentwicklung von Produkten

Am Frühstückstisch erzählt Paul von einem spannenden Video auf YouTube, das er am Abend zuvor im Internet gesehen hat:

Paul: Papa, kannst du dir das vorstellen? Die haben schon wieder ein neues Smartphone vorgestellt, das jetzt einen noch besseren Prozessor haben soll.

Peter: Naja, so wirklich überraschend kam die Entwicklung aber nicht. Das vorherige Modell wurde vor einem Jahr in den Markt eingeführt, da war die ganze Stadt mit Plakaten behangen und in der Werbung war das Teil auch ständig zu sehen. Nachdem viele Menschen sich das Smartphone gekauft hatten und es sich am Markt etabliert hatte, kam dann der Break-Even-Punkt. Schon zu diesem Zeitpunkt, wenn noch immer viele Menschen sich das Smartphone kaufen, fangen die Unternehmen an, die Produkte weiterzuentwickeln.

Break-Even-Punkt
An diesem Zeitpunkt entsprechen die getätigten Ausgaben des Unternehmens genau den erzielten Einnahmen.

Paul: Stimmt, ich erinnere mich, dass ich vor ungefähr einem dreiviertel Jahr an einer Umfrage teilnehmen sollte, bei der ich ganz viele Fragen zu meiner Smartphone-Nutzung und meinem aktuellen Gerät beantworten musste.

Peter: Ja, genau. Und während das Interesse nach diesem Smartphone langsam abnimmt, beginnen die Unternehmen schon mit der Entwicklung der nächsten Generation. Das Schöne ist: Du fieberst jetzt auf das neue Smartphone hin und fängst schon an zu sparen und ich kann mir das Vorgängermodell jetzt viel günstiger kaufen.

M2 Produkte im Wandel der Zeit

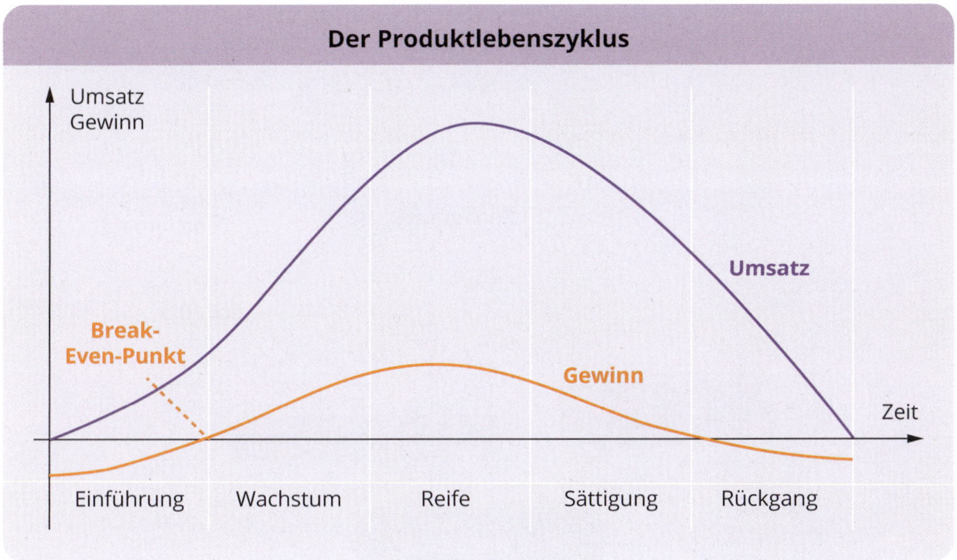

Umsatz
Der Umsatz entspricht den innerhalb eines Jahres durch den Verkauf von Produkten oder Dienstleistungen erzielten Einnahmen.

Gewinn
Der Gewinn berechnet sich aus den erzielten Umsatzerlösen abzüglich der Produktionskosten.

M3 Immer up to date? Produkte und ihre Lebensdauer

up to date (engl.): aktuell

Saugroboter

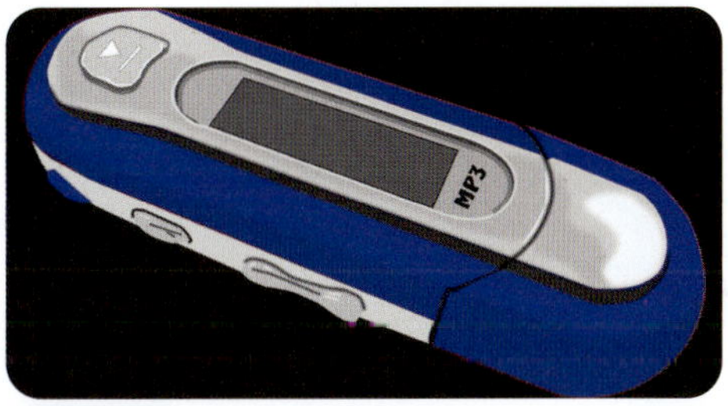

MP3-Player

Smart Speaker

Nähmaschine

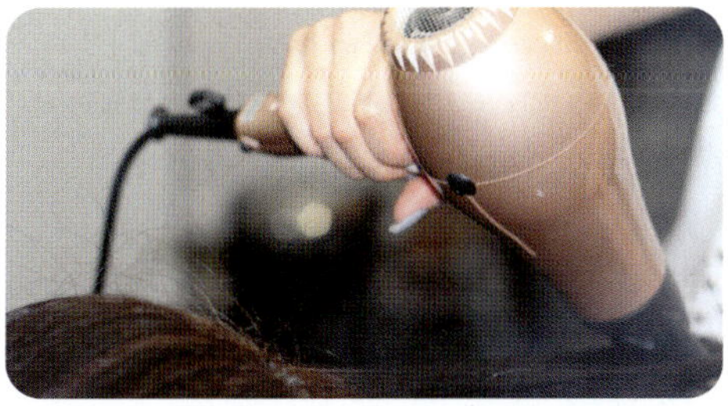
Föhn

Walkie-Talkie

Smart Speaker (engl.) Lautsprecher, der mit dem Internet verbunden ist und mit Sprachbefehlen gesteuert werden kann.

Outsourcing (engl.) Arbeitsschritte aus dem eigenen Unternehmen werden in ein anderes ausgelagert.

Happy Hour (engl.) Kurze Zeit, in der ein Produkt zu einem ermäßigten Kaufpreis angeboten wird.

Facelifting (engl.) Verbesserungen werden an einem Produkt vorgenommen, damit es sich besser verkauft.

M4 Keine Nachfrage – und nun?

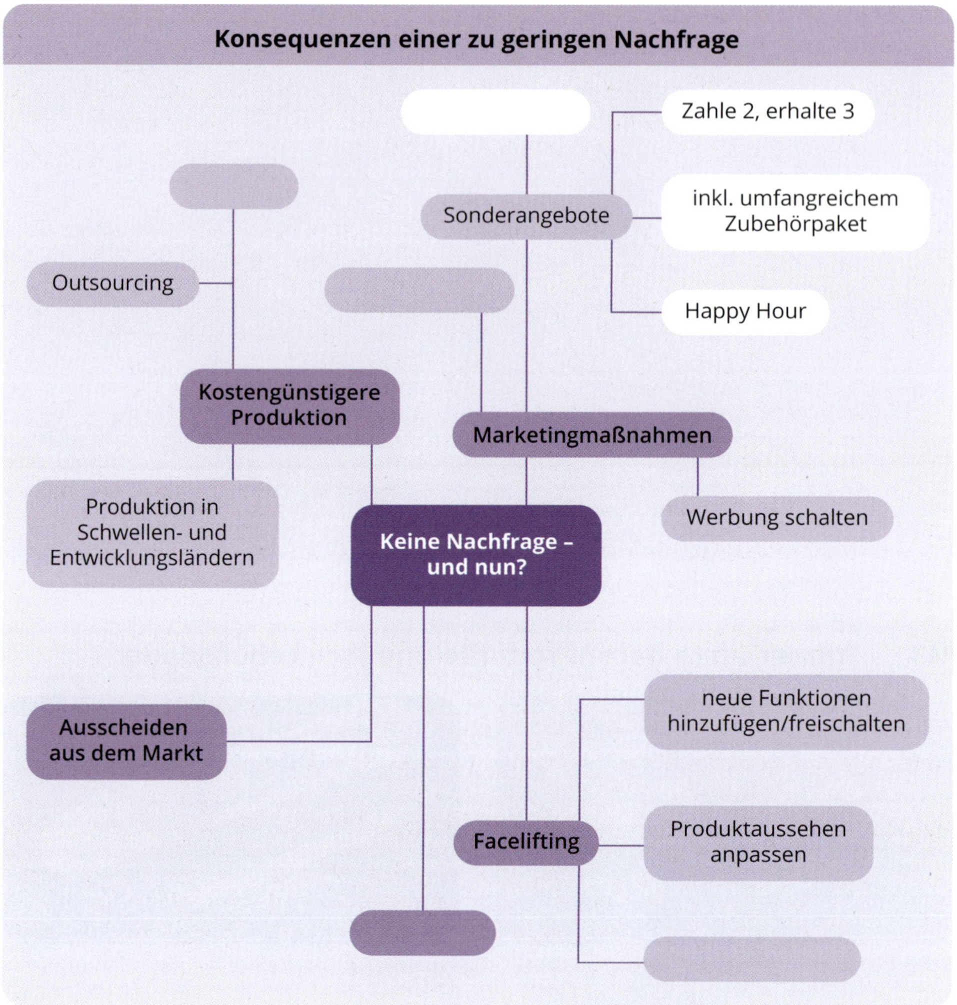

AUFGABEN

82301-269

1. Beschreibe, womit sich das Konzept des Produktlebenszyklus befasst (**M1**, **M2**).
2. Erläutere die verschiedenen Phasen des Produktlebenszyklus (**M1**, **M2**).
3. Recherchiert zu zweit, in welcher Phase des Produktlebenszyklus sich die abgebildeten Produkte befinden. Begründet eure Entscheidung (**M3**).
4. Übertrage die Mindmap in dein Heft und ergänze mögliche Maßnahmen und Konsequenzen zu geringer Nachfrage in den leeren Kästen (**M4**).
5. a) Entscheide dich für ein Produkt und recherchiere, in welcher Phase des Produktlebenszyklus es sich momentan befindet. Stelle den Zyklus grafisch dar und markiere die aktuelle Phase.
   b) Entwickle Ideen zu möglichen Weiterentwicklungen deines Produkts: Wozu lässt es sich noch nutzen (**M2**, **M3**, **M4**)?

H Recherchiere, in welcher Phase des Produktlebenszyklus sich dein Handy oder Smartphone momentan befinden. Stelle den Zyklus grafisch dar und markiere die aktuelle Phase.

Produkte für ein ganzes Leben? Die Nachhaltigkeit von Produkten

Jeden Tag produzieren wir eine Menge Müll. Damit unsere technischen Produkte nicht schon nach kurzer Zeit im Müll landen, sollten sie im Idealfall unter dem Augenmerk der Nachhaltigkeit hergestellt werden. Wie gelingt das den Unternehmen?

M1 Marketing ist (nicht) alles

Das neue Smartphone des anderen Anbieters ist viel günstiger. Aber dann muss ich alle Apps neu kaufen.

Mein Smartphone ist mir schon drei Mal auf den Boden gefallen und nie ist etwas passiert.

Wow, die Superheldin in dem neuen Kinofilm hat dieses Smartphone ja auch.

Wenn ich mein altes Smartphone abgebe, dann wird mir die Hälfte des Kaufpreises für das neue Smartphone gutgeschrieben.

Alle meine Freunde, die das Smartphone haben, finden es super und auch im Internet hat es nur gute Bewertungen.

Das neue Smartphone ist viel leichter als mein altes.

M2 Cradle to Cradle: Die Wiederverwendung von Produkten

C2C-Kreislauf am Beispiel eines Smartphones

Cradle to Cradle (kurz: C2C) bedeutet „von der Wiege zur Wiege". Bei dieser Art der Produktion werden alle Materialien in einem Kreislauf erhalten und wiederverwendet.

Technische Nährstoffe sind die Ausgangsstoffe, die zur Herstellung von (technischen) Produkten verwendet werden.

M3 Eine Reise mit schwerem Gepäck

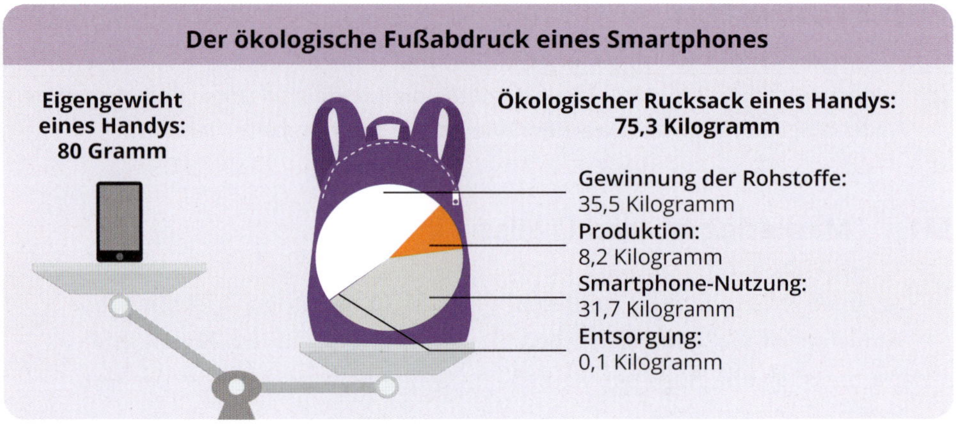

M4 Alles für die Tonne?

1 % Metalle, wie Gold, Silber, Platin, Palladium, sowie seltene Erden wie Neodym sind kostbare, gering vorkommende Bestandteile

2 % Nickel ist als Industriemetall wichtig für die Stahlproduktion, seine Recyclngfähigkeit wird ständig optimiert

16 % Glas und Keramik sind wesentlicher Bestandteil der Smartphones und machen sie stoß- und kratzresistent

3 % sonstige Stoffe wie Antimon, Titan, Bismut, Cobalt und Beryllium machen ein Mobiltelefon zu einer Recycling-Herausforderung

56 % mehr als die Hälfte eines Handys sind Kunststoffe, die gebraucht werden für den "Körper" des Gerätes

7 % Metalle wie Eisen, Aluminium und Zinn können bei unsachgemäßer Entsorgung der Geräte schädlich sein

15 % Kupfer ist einer der wichtigsten industriellen Rohstoffe und kann gut recycelt werden

AUFGABEN

82301-270

1. Die Nachfrage nach deinem Produkt ist nicht so hoch, wie gedacht. Beschreibe mindestens drei verschiedene Strategien, damit sich dein Produkt bestmöglich verkauft (**M1**).
2. Erkläre den Cradle to Cradle-Ansatz am Beispiel eines selbst gewählten Produkts (**M2**).
3. a) Recherchiert im Internet zu fair produzierten Smartphones.
   b) Diskutiert in der Gruppe die Vor- und Nachteile der Nutzung dieser Smartphones (**M2**, **M3**, **M4**).

Aussortiert und kaputt – was nun?

Dein Smartphone fällt dir auf den Boden und das Glas zerspringt. Mit einem Blick erkennst du, dass auch das Display einen Schaden erlitten hat. So kannst du kaum noch etwas erkennen. Dein Handy ist unbrauchbar. Solltest du es aussortieren oder lohnt sich eine Reparatur?

M1 Da geht noch was, oder?

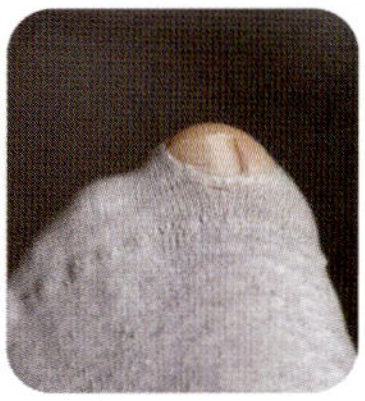

Verblichener Gartenstuhl, Smartphone mit zersprungenem Display, löchrige Socke, platter Fahrradreifen.

M2 Reparieren und Instandsetzen: Was gehört dazu?

Arten der Instandhaltung

Instandhaltung

- Inspektion: Erfassung des Ist-Zustandes
- Wartung: Erhaltung des Soll-Zustandes
- Instandsetzung/Reparatur: Wiederherstellung des Soll-Zustandes

Interaktive Aufgabe zu M2: Zuordnung der Arten der Instandhaltung

82301-72

M3 Reparieren oder nicht?

Ich habe zuletzt meinen alten Teddybären repariert, um ihn meinem kleinen Bruder zu schenken. So wird der wenigstens noch weiter genutzt und landet nicht im Müll. Ich brauche ihn nicht mehr. Lieber repariere ich allerdings technische Geräte. Ich mag es, sie gemeinsam mit meinem Opa aufzuschrauben und dann zu sehen, wie sie aufgebaut sind. Die Probleme zu lösen ist jedes Mal wieder eine spannende Herausforderung!

Mein Smartphone ist mir runtergefallen und das Display ist zersprungen. Wenn ich genug Geld gehabt hätte, hätte ich mir sofort ein neues gekauft. Aber mein Taschengeld reicht dafür nicht. Daher musste ich ein paar Tage auf mein Smartphone verzichten. In der Zeit habe ich im Internet nach einer Reparaturanleitung gesucht und mir das passende Ersatzteil bestellt. Zum Glück hatte ich keine Spezialschrauben an meinem Gerät wie bei vielen anderen Produkten, sonst wäre ich an denen vielleicht gescheitert.

Ich traue mich an viele Reparaturen alleine nicht ran. Aber im Repair-Café bekomme ich Hilfe. Gemeinsam gucken wir uns mein Problem an und mir wird erklärt, was ich als nächstes tun muss. Auch Werkzeug ist dort vorhanden. Bei der Reparatur meiner Blootooth-Box habe ich eine Menge gelernt und war sehr glücklich, dass ich das selbst geschafft habe. Ab und an gehe ich jetzt einfach so in das Repair-Café, weil es dort so nett ist und ich anderen helfen kann.

Repair-Café
Repair-Cafés (auch Reparatur-Cafés) sind Selbsthilfewerkstätten zur Reparatur defekter Alltags- und Gebrauchsgegenstände. Jede oder jeder kann das vorhandene Werkzeug und die Ausstattung nutzen. Meist ehrenamtliche Helfer:innen unterstützen mit ihrem technischen Know-How. Häufig gibt es ein kleines Angebot an Getränken und kleinen Snacks, wie in einem normalen Café auch.

Ich habe mal versucht meine Smart Watch zu reparieren, aber das hat nicht geklappt. Ich verstehe gar nicht, warum ich etwas reparieren soll und es ist auch ein bisschen nervig! Ich kann doch alles neu kaufen und das geht manchmal sogar viel schneller. Außerdem habe ich dann ein ganz neues Produkt, bei dem nicht gleich das nächste Teil kaputt geht. Reparieren ist ja auch gefährlich wenn ich kein Experte bin. Ich würde mich jedenfalls nicht an einen Toaster rantrauen oder ein anderes Gerät, das mit Strom läuft.

M4 Reparatur mitgedacht: Clever einkaufen

Universum-Phone
256 GB interner Speicher, 8 GB RAM; 2 Jahre Garantie

820 €

Sie möchten 100 € sparen?
Schicken Sie Ihr Altgerät ein und erhalten Sie eine Gutschrift! Auch mit Displayschaden!

650 €

EcoPlanet-Phone
256 GB interner Speicher, 8 GB RAM, 5 Jahre Garantie

Dieses Handy begleitet Sie so lange Sie möchten! Sie müssen kein Experte sein, um den Akku oder das Display auszutauschen oder einen größeren Speicher einzusetzen. Sie können alle Schrauben mit einem üblichen Schraubendreher lösen. Keines der Bauteile ist verklebt!

AUFGABEN 82301-271

1. a) Analysiert zu zweit, ob sich die abgebildeten Gegenstände reparieren lassen (**M1**).
   b) Tauscht euch anschließend dazu aus, wann und was ihr schon mal repariert habt: ist euch das schwer oder leicht gefallen?
2. Ordne die drei Fallbeispiele aus **M2 (QR-Code)** den verschiedenen Formen der Instandhaltung zu.
3. Analysiere die Fallbeispiele (**M3**) und erstelle eine Tabelle mit Pro & Kontra-Argumenten zum Reparieren.
4. Diskutiert zu zweit für welches Smartphone ihr euch entscheiden würdet (**M4**). Begründet eure Kaufentscheidung auch in Hinblick auf Reparaturmöglichkeiten.

F Erläutere die Bedeutung des französischen Reparatur-Indexes.

82301-73

Planen und konstruieren – wie entstehen neue Ideen?

Paul möchte sich gern eine Schatzkiste besorgen, um seine wertvollen Erinnerungsstücke vor neugierigen Blicken zu bewahren. Er geht in das kleine Geschäft am Ende der Straße und stellt fest, dass ihm von den Kisten, die dort angeboten werden, keine so richtig gefällt. Also beschließt er, eine eigene Schatzkiste anzufertigen. Doch worauf muss er dabei eigentlich achten?

M1 Planung ist alles

M2 Pauls Wunsch-Schatzkiste

Stiftehalter

M3 Ein Konzept erstellen: Wie erfüllt ein Produkt seine Aufgaben?

In einem Konzept wird festgelegt, welche Aufgaben ein Produkt erfüllen soll:

Die **Haupt- oder auch Gesamtfunktion** eines Produkts ist diejenige, die das Produkt mit nur einem Wort gut beschreibt.

→ Ordnung schaffen

Die Hauptfunktion wird durch verschiedene **Teilfunktionen** realisiert.

→ Schreibwaren einsortieren, Stifte hineinstecken

Die **Nebenfunktionen** erweitern das Produkt beispielsweise um zusätzliche nicht unbedingt notwendige Funktionen.

→ Smartphonehalterung

M4 Einen Entwurf gestalten: An den Bleistift, fertig, los!

AUFGABEN 82301-272

1. Beschreibe, was Paul in der Planungsphase der Schatzkiste alles berücksichtigen muss (**M1**).
2. Lege Anforderungen an eine für dich zu entwickelnde Schatzkiste fest: Was ist dir besonders wichtig (**M2**)?
3. Ordne die gegebenen Funktionen der Schatzkiste die Begriffe Haupt-, Teil- und Nebenfunktion zu (**M2**, **M3**).
4. Diskutiert zu zweit, in welchen Merkmalen sich die abgebildeten Schatzkisten unterscheiden (**M4**).

Konstruktionsaufgabe

Worum geht es?

Fast überall nutzt du Technik in deinem Alltag: Du putzt dir morgens die Zähne mit der elektrischen Zahnbürste und fährst mit deinem Fahrrad zur Schule. Technik kannst du aber auch selbst gestalten, zum Beispiel, indem du etwas konstruierst.

Geht dabei so vor:

1. Schritt: Das Technische Problem

Hier erfährst du, welches technische Problem gelöst oder welches Produkt konstruiert werden soll. Manchmal gibt es bestimmte Vorgaben, die du beachten musst. Vielleicht zeigt deine WAT-Lehrkraft dir auch ein Beispiel, wie das fertige Produkt aussehen kann.

Ihr wollt gleich gemeinsam essen und du bist für das Getränkeholen verantwortlich. Du gehst zu euren Getränkekisten und versuchst, dir so viele Flaschen wie möglich unter den Arm zu klemmen. Ganz schön wackelig das Ganze. Geht das nicht besser? Doch, wenn du einen Flaschenträger entwickelst!

Mein Flaschenträger sollte folgende Anforderungen erfüllen:
- 6 Getränkeflaschen à 0,5 Liter fassen können
- ein geringes Eigengewicht aufweisen
- einen sicheren Stand haben
- angenehm zu tragen sein
- ...

2. Schritt: Analyse

Die Konstruktion eines Produktes ist häufig komplex. Überlege daher zuerst, aus welchen Bauteilen es besteht und aus welchen Materialien du diese fertigen könntest. Informiere dich zu den Werkstoffeigenschaften und diskutiere auch die Formgebung. Wenn ihr gemeinsam konstruiert, müsst ihr euch auf ein Modell einigen.

Welches Prinzip willst du nutzen, um deine Flaschen zu halten, zu transportieren und sicher abzustellen? Und mithilfe welcher Materialien lässt sich dieses Prinzip umsetzen? Überprüft, ob alle eure Anforderungen bei eurem Modell erfüllt werden.

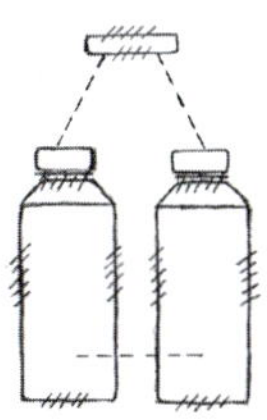

3. Schritt: Entwurf

Entwickle eine Skizze von deiner technischen Lösung. Beachte dabei die Richtlinien zum technischen Zeichnen: Nutze die korrekten Linienarten und bemaße deine Zeichnung.

Für einen Flaschenträger gibt es vielfältige Gestaltungsvarianten. Entscheidet euch für eine und fertigt eine technische Skizze an.

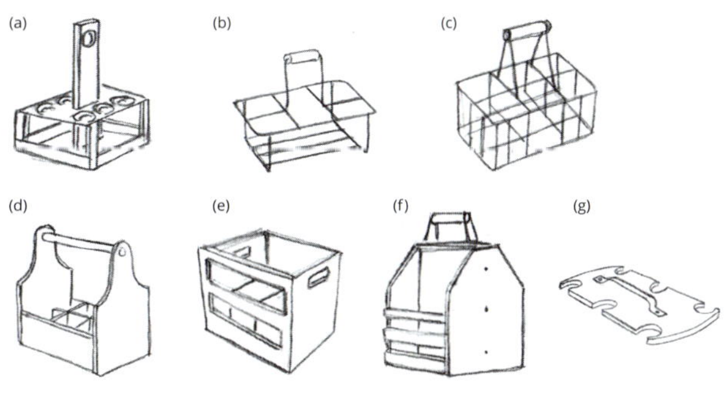

4. Schritt: Feedback

Erkläre deine Skizze und hole dir Feedback zu deiner Konstruktion (zum Beispiel von deinen Mitschüler:innen und deiner Lehrkraft). Verbessere ggf. deinen Entwurf und überprüfe deine Skizze. Jetzt sollte sie normgerecht und fehlerfrei sein.

Diskutiert gemeinsam, ob deine technische Lösung geeignet ist, um dein Ausgangsproblem zu lösen. Kannst du nun sechs Flaschen sicher transportieren und abstellen?
Formuliere Fragen, zu denen du dir ein Feedback von deinen Unterstützer:innen wünscht.

Was ist für dich zum Beispiel noch besonders herausfordernd? Du kannst dir auch Tipps zur Materialauswahl oder -verarbeitung einholen oder die Details deiner technischen Zeichnung prüfen lassen.

Bemaßen
Beim Bemaßen werden die Maße in die Zeichnung eingetragen. Dazu gehört zum Beispiel das Eintragen von Längen, Höhen, und Durchmessern (vgl. Kap. Technisches Zeichnen). Erst dadurch ist es möglich, das Bauteil entsprechend der Planung zu fertigen.

Hier kannst du dir die technische Zeichnung genauer ansehen

82301-106

5. Schritt: Entwurf

Auf Basis deiner Skizze erstellt du nun weitere Konstruktionsunterlagen. Dazu fertigst du eine normgerechte technische Zeichnung und eine Stückliste an.

CAD-Programme (Computer Aided Design) werden heutzutage meist zur Erstellung technischer Zeichnungen genutzt. Eine Stückliste und eine dreidimensionale Abbildung lassen sich nach dem Zeichnen automatisiert erstellen.

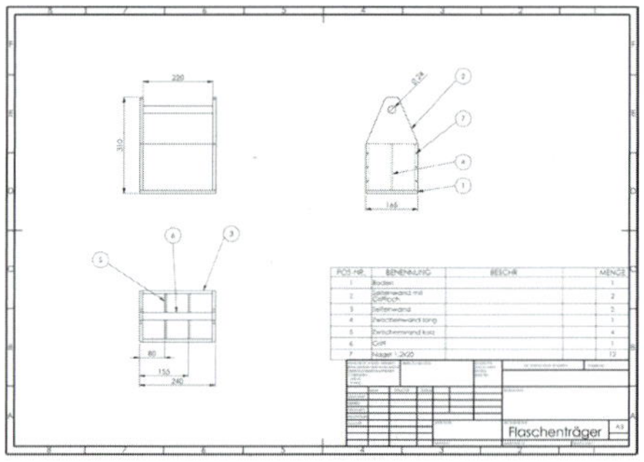

Prototyp
Bezeichnet die Fertigung eines ersten Modells eines Produktes oder eines Bauteils. Mithilfe des Prototypen kann man die Tauglichkeit und die Akzeptanz des Produktes bei den Nutzer:innen prüfen. Häufig reicht dazu ein vereinfachtes Modell, das aber funktionsfähig ist.

6. Schritt: Prototyp

Fertige mithilfe deiner Fertigungsunterlagen einen Prototyp. Bewerte diesen in Hinblick auf die aufgestellten Anforderungen und fertigungstechnischen Herausforderungen. Du hast die Möglichkeit deine Konstruktion noch mal zu überarbeiten.

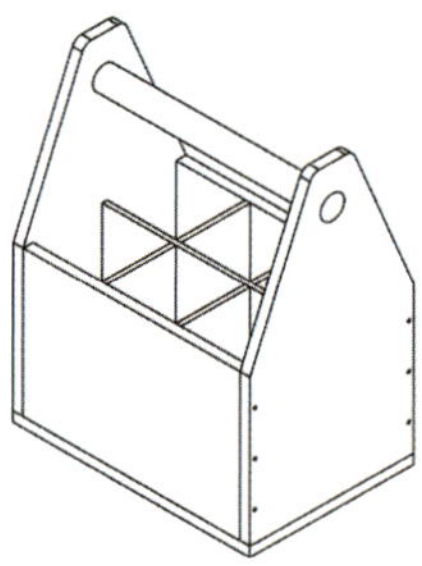

Basierend auf: Schlagenhauf, Wilfried. Allgemeinbildung Technik Für Dummies, John Wiley & Sons, Incorporated, 2020. ProQuest Ebook Central, S. 5-15

Der Prototyp – nimmt das Produkt jetzt die richtige Form an?

Der erste Entwurf für Pauls Schatzkiste ist fertiggestellt. Jetzt möchte Paul ein erstes Modell fertigen, einen sogenannten Prototyp. Worauf muss Paul hierbei achten?

M1 Vom ersten Entwurf zum Prototyp: Die Baustruktur festlegen

Beispiele dafür, wie unterschiedlich Schatzkisten aussehen können.

M2 Das Ausarbeiten: an die Arbeit

Elif ist heute zu Besuch bei Paul und Peter. Sie hat in den letzten Tagen mit Paul viel über die erstellten Pläne für die Schatzkiste gesprochen und möchte gern auch eine gefertigt bekommen. Im letzten Schritt haben Paul und Peter einen Prototyp erstellt. Am Ende sind sie etwas von der geplanten Form abgewichen, weil die neue Form mit den vorhandenen Werkzeugen besser herzustellen war. Daraufhin haben die beiden die technische Zeichnung noch einmal angepasst und eine Stückliste mit allen zu fertigenden Teilen erstellt. Auch den Werkstoff haben sie noch einmal genau geprüft – das ausgewählte Holz sieht prima aus und lässt sich gut verarbeiten. Paul und Peter haben die Pläne und Konstruktionsunterlagen für die Schatzkiste so gut ausgearbeitet, dass sie jetzt ohne großen Aufwand eine weitere Kiste für Elif anfertigen können.

M3 Die Stückliste: Welche Bestandteile hat ein Produkt?

Stück	Benennung	Teil	Werkstoff	Länge	Breite	Dicke
16	Senkkopfschrauben mit Kreuzschlitz M6x16	7	Stahl			
2	Scharnier	6	Stahl	75	10	
2	Kurzes Seitenteil vom Deckel	5	Fichtenholz	50	280	10
2	Langes Seitenteil vom Deckel	4	Fichtenholz	50	300	10
2	Kurzes Seitenteil	3	Fichtenholz	100	280	10
2	Langes Seitenteil	2	Fichtenholz	100	300	10
2	Grundplatte	1	Fichtenholz	200	300	10

M4 Der Prozess des Planens und Konstruierens

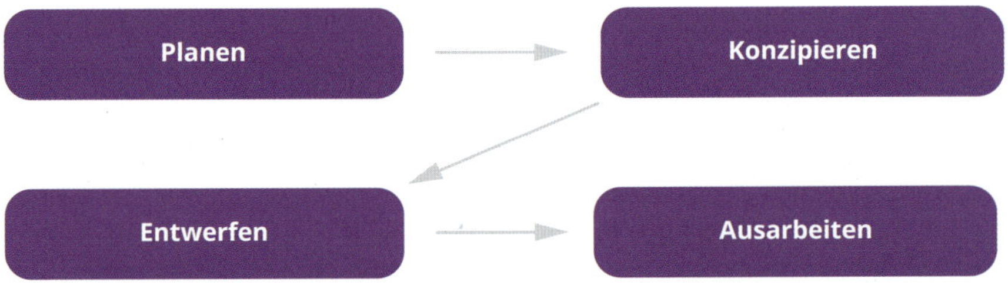

AUFGABEN

82301-273

1. Vergleiche die abgebildeten Schatzkisten miteinander: Wo liegen Gemeinsamkeiten und Unterschiede (**M1**)?
2. Lege die Baustruktur für deine Schatzkiste fest. Berücksichtige dabei auch die in Aufgabe 2, S. 218 formulierten Anforderungen an deine Schatzkiste.
3. Analysiere die Stückliste. Beschreibe, was bei der Erstellung einer Stückliste zu beachten ist (**M2**, **M3**).
4. a) Ordne die folgenden Aussagen den Phasen des Planens und Konstruierens zu (**M4**):
   - Paul erstellt eine technische Zeichnung seiner Schatzkiste.
   - Paul sammelt in einer Mindmap die Ideen für seine Schatzkiste.
   - Paul hält den ersten Prototyp seiner Schatzkiste in den Händen.
   - Paul erstellt eine Liste mit den Anforderungen, die seine Schatzkiste erfüllen soll.

   b) Erkläre die Phasen des Planens und Konstruierens mit ihren wesentlichen Merkmalen (**M4**).
5. Pauls Opa sagte immer: „Erst grübeln, dann dübeln." Erörtert die Aussage in der Gruppe.

Technische Kommunikation – eine eigene Sprache?

Paul braucht Peters Hilfe: Alle im Kiez möchten plötzlich eine Schatzkiste haben. Damit die Produktion zügig vorangehen kann, benötigt Peter eine technische Zeichnung der Schatzkiste. So etwas hat Paul bisher noch nie gemacht und steht nun vor einer Herausforderung: Was ist eigentlich eine technische Zeichnung und wie liest man diese?

M1 Eine gute Anleitung ist alles

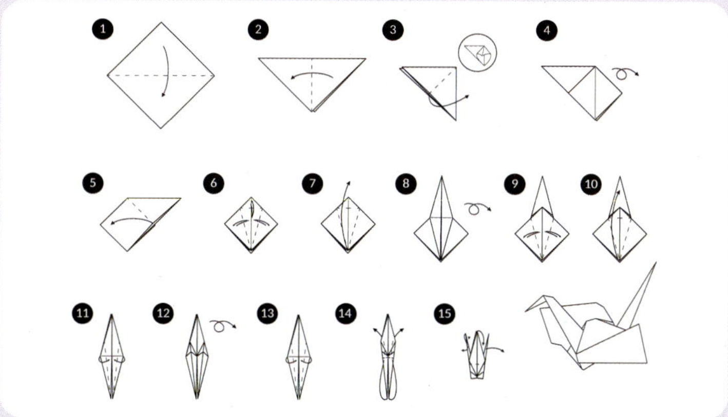

Faltanleitung für Origami

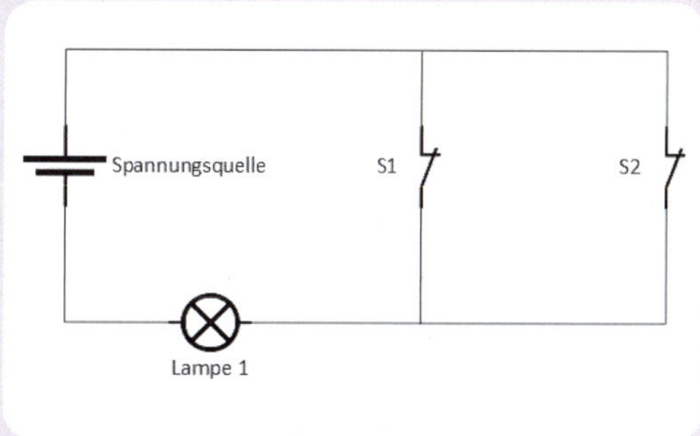

Schaltkreis

M2 Zeichnung, Skizze – alles dasselbe?

Interaktive Aufgabe: Vervollständige die Tabelle

82301-74

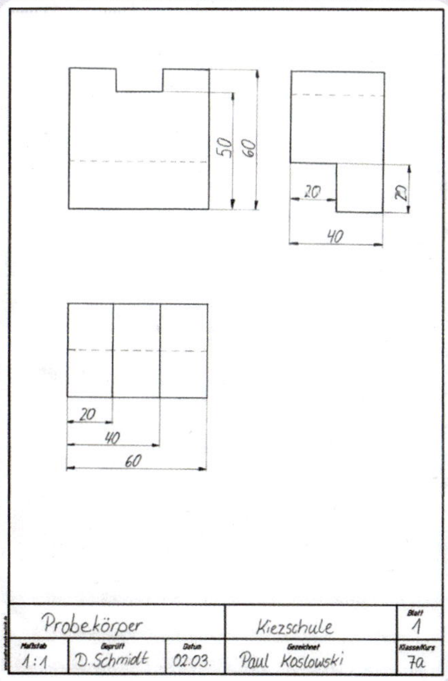

Technische Zeichnung

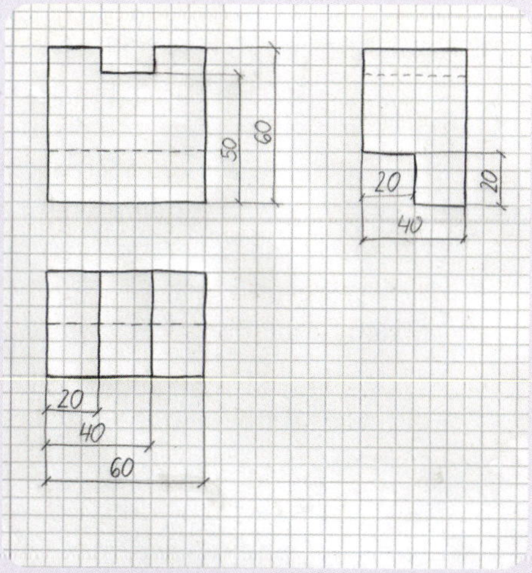

Technische Skizze

M3 Digital oder analog – macht das einen Unterschied?

Paul: Auf dem Nachhauseweg im Bus konnte ich meine neuesten Ideen direkt einzeichnen. Durch das viele Radieren sieht meine Zeichnung nun aber unsauber aus. Zuhause habe ich für die fertige Zeichnung dann drei Stunden gebraucht.

Peter: Mit der neuen Software schaffe ich zwei Zeichnungen in einer Stunde! Die digitalen Zeichnungen können direkt an die Maschine übertragen werden. Aber wenn ich Kund:innen nur mal kurz etwas erklären möchte, muss ich es doch wieder per Hand skizzieren.

TECHNISCHE DARSTELLUNGEN

Technische Darstellungen werden immer dann eingesetzt, wenn Informationen zu Werkstücken weitergegeben werden sollen und diese unabhängig von den Sprachkenntnissen der lesenden Person oder Maschine verstanden werden sollen. Sie sind eine Form der Kommunikation, die auf vielen Normen und Regeln beruht – ähnlich wie die Regeln für Rechtschreibung und Grammatik.

F Stellt Vermutungen an, was dazu verhelfen könnte, dass die technischen Skizzen stärker mit dem ausgewählten Objekt übereinstimmen (**M1**).

AUFGABEN

82301-274

1. Suche dir ein Objekt im Klassenraum aus, welches du von deinem Platz aus gut sehen kannst. Setze dich deinem Sitznachbarn bzw. deiner Sitznachbarin gegenüber, sodass ihr euch direkt ansehen könnt.
   a) Beschreibe deiner:m Sitznachbar:in das Objekt so genau wie möglich.
   b) Er bzw. sie fertigt eine Skizze dazu an.
   c) Tauscht die Rollen und vergleicht dann die Objekte mit den Skizzen.
   d) Was stellt ihr fest? Beschreibt, was übereinstimmt, was anders aussieht und findet mögliche Gründe dafür.
2. Vergleiche die Darstellungen der technischen Skizze und technischen Zeichnung miteinander. Vervollständige die Gemeinsamkeiten und Unterschiede in der Tabelle aus dem QR-Code (**M2**).
3. Paul hat sich entschieden, die technische Zeichnung seiner Schatzkiste analog auf einem Blatt Papier zu zeichnen. Nachdem er sich länger damit beschäftigt hat, stellt er fest, dass Peters technische Zeichnungen alle digital vorliegen.
   a) Diskutiert zu zweit die Vor- und Nachteile analoger bzw. digitaler technischer Darstellungen (**M3**).
   b) Begründet, ob Pauls Entscheidung, die technische Zeichnung analog anzufertigen, sinnvoll war.

Technische Zeichnungen lesen – worauf kommt es hierbei an?

M1 Überall Linien!

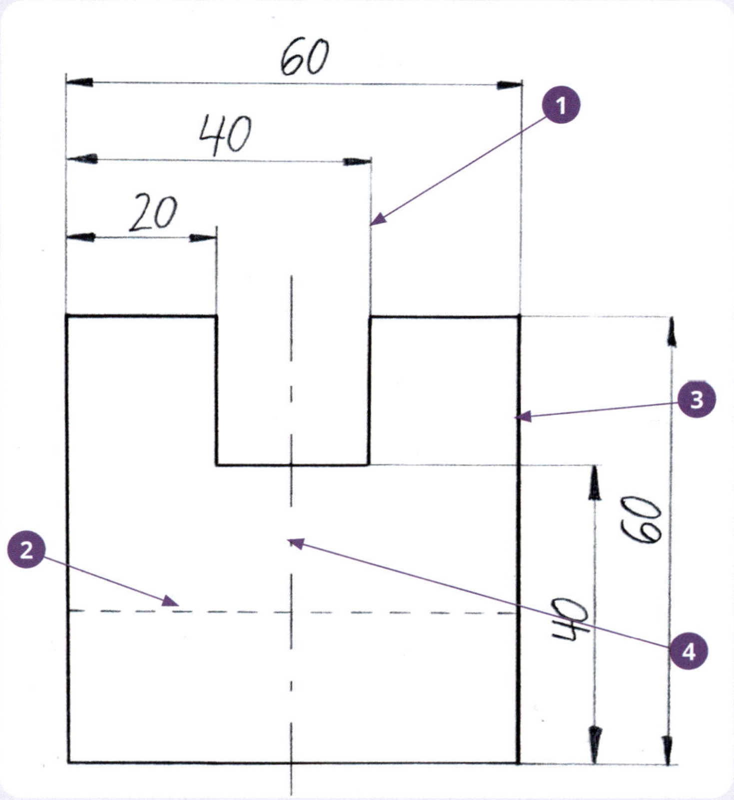

M2 Oben, unten, links und rechts – Was ist wo in der Dreitafelprojektion?

Dreitafelprojektion
Projektionsmethode, bei der ein Werkstück in drei Ansichten dargestellt wird: der Vorderansicht, der Seitenansicht von links und der Draufsicht.

Hier kannst du dir ein Beispiel für eine Beschriftung ansehen

82301-75

M3 Beschriftung gefällig?

Als die technische Zeichnung fertig war, hat Paul zu seinem Füller gegriffen und wollte das Schriftfeld ausfüllen. Da hat Peter ihn unterbrochen, denn auch hier gibt es einiges zu beachten: „Auch die Beschriftung wird, wie die Zeichnung, mit dem Bleistift eingetragen. Für das Eintragen und Ausfüllen der Nennmaßwerte, des Schriftfeldes und der Stücklisten sollten ca. 5 mm große Zeichen verwendet werden. Geschrieben wird immer in Druckschrift."

Hier kannst du dir die Zeichnung noch genauer ansehen

82301-76

M4 Technische Zeichnungen lesen

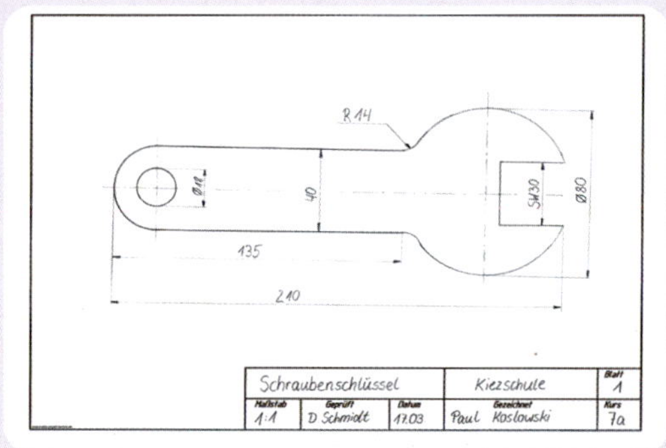

AUFGABEN

82301-275

1. a) Ordne den von 1-4 nummerierten Linien die korrekte Bezeichnung (Breite Volllinie, Schmale Volllinie, Schmale Strichlinie oder Schmale Strichpunktlinie) zu (**M1**).
   b) Erkläre, wofür die vier Linienarten in der Zeichnung verwendet wurden (**M1**).
2. Vergleiche die Dreitafelprojektion mit dem dargestellten Werkstück. Ordne den drei Ansichten die korrekte Bezeichnung (Vorderansicht, Seitenansicht links oder Draufsicht) zu (**M2**).
3. Beantworte die folgenden Fragen zum Schraubenschlüssel (**M4**).
   a) Auf welche Länge muss das Blech abgelängt werden?
   b) Welcher Durchmesser muss für die Bohrung der Aufhängung gewählt werden?
   c) Welcher Durchmesser muss für den Radius am Schraubenschlüsselkopf gewählt werden?
4. In den Schraubenschlüssel soll ein zweites Loch mit einem Durchmesser von 10mm mittig auf dem Griff gebohrt werden. Begründe, wie groß der Durchmesser der Bohrung in die technische Zeichnung eingetragen und welcher Nennmaßwert hierfür notiert wird , wenn
   a) der Maßstab 1:1 und
   b) der Maßstab 1:2 ist (**M3**, **M4**).

Technische Darstellungen anfertigen

Technische Skizzen und Zeichnungen werden heutzutage im Regelfall digital am Computer oder Tablet erstellt. Doch hin und wieder, vor allem, wenn es mal ganz schnell gehen soll, werden die technischen Darstellungen auch immer noch mit Papier und Stift angefertigt – und dabei gibt es einiges zu beachten.

Hilfs- und Arbeitsmittel

1. Bleistift: Technische Darstellungen werden immer mit einem Bleistift angefertigt. Dieser sollte immer angespitzt sein.

2. Lineal, Geodreieck und Zirkel: Diese Hilfsmittel werden beim Erstellen von technischen Zeichnungen genutzt. Hiermit werden Linien, Winkel, Rundungen, Bohrungen usw. eingetragen.

3. Radiergummi: In technischen Darstellungen sollte so wenig wie möglich radiert werden, damit sie eindeutig und übersichtlich bleiben. Ist es doch mal notwendig, sollte ein möglichst weicher Radiergummi verwendet werden.

4. Weißes oder kariertes Papier: Technische Zeichnungen werden immer auf weißem Papier erstellt, für technische Skizzen ist kariertes Papier ausreichend.

5. Radien- und Kreisschablone: Erleichtert das Eintragen von Durchmessern und Radien, was aber auch mit einem Zirkel erfolgen kann.

Erklärvideo Technische Darstellungen anfertigen

82301-83

Arbeitsschritte zum Anfertigen einer technischen Darstellung

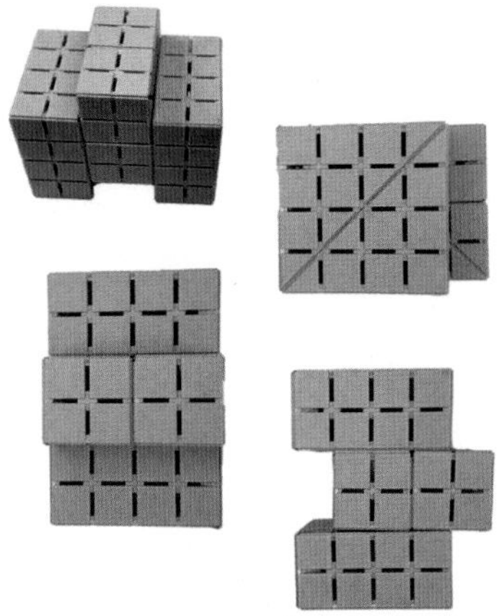

1 Vorderansicht wählen
Diejenige Ansicht wird als Vorderansicht gewählt, in der die meisten Details des Werkstücks sichtbar sind.

2 Weitere Ansichten festlegen
- Es werden so viele Ansichten gezeichnet, wie notwendig sind, um das Werkstück eindeutig darzustellen.
- Im Regelfall drei Ansichten: Vorderansicht, Seitenansicht von links und Draufsicht.

3 Vorderansicht zeichnen

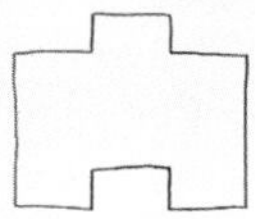

- Oben links auf das Blatt zeichnen, etwas Platz für die Bemaßung lassen.
- Erst alle sichtbaren, dann auch die verdeckten Körperkanten eintragen.

4 Draufsicht zeichnen

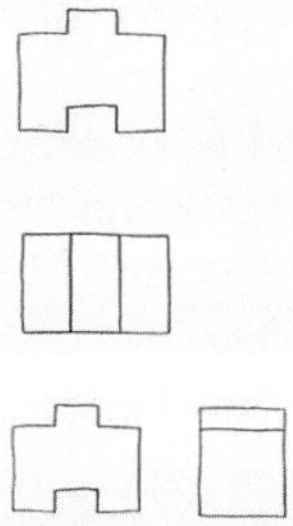

- Unterhalb der Vorderansicht zeichnen und darauf achten, dass die Außenkanten des Werkstücks in einer Linie untereinander gezeichnet werden.
- Zeigt das Werkstück von oben.
- Erst alle sichtbaren, dann auch die verdeckten Körperkanten eintragen.

5 Seitenansicht von links zeichnen

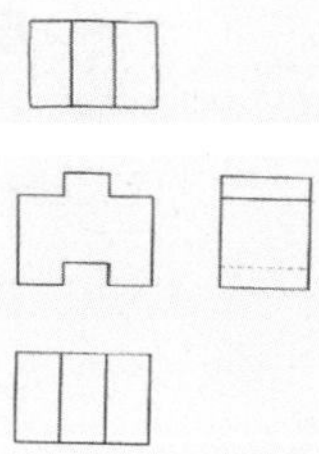

- Rechts neben der Vorderansicht zeichnen und darauf achten, dass die Außenkanten des Werkstücks in einer Linie nebeneinander gezeichnet werden.
- Zeigt das Werkstück von der linken Seite.
- Erst alle sichtbaren, dann auch die verdeckten Körperkanten eintragen.

6 Bemaßen

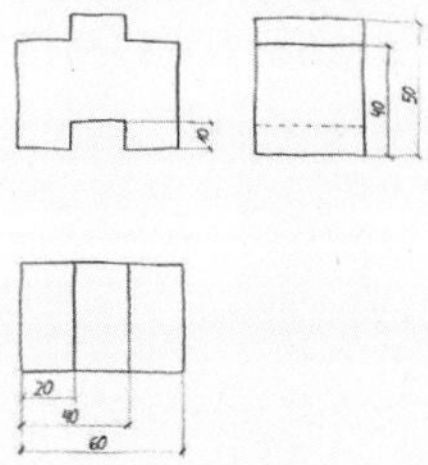

- Alle Maße werden in die technische Darstellung eingetragen.
- Die Maßlinienbegrenzung muss zur Art der technischen Darstellung passen.

Linienarten

Linienart	Beispiel	Linienbreite	Verwendung
Breite Volllinie		0,7 mm	Sichtbare Körperkanten und Umrisse
Schmale Volllinie		0,35 mm	Maß- und Maßhilfslinien, kurze Mittellinien, Schraffurlinien
Schmale Strichlinie		0,35 mm	Verdeckte Körperkanten und Umrisse
Schmale Strichpunktlinie		0,35 mm	Symmetrielinien, Mittellinien, Lochkreise

Die Maßstäbe: vom Großen zum Kleinen

Der Maßstab gibt die Größenverhältnisse an, in denen das Werkstück gezeichnet wird. Für jede technische Zeichnung wird genau ein Maßstab festgelegt. Die tatsächliche Größe des Werkstücks lässt sich am besten einschätzen, wenn das Werkstück im natürlichen Maßstab, also in Originalgröße, gezeichnet wird. Manchmal ist es aber auch notwendig, einen Vergrößerungsmaßstab, beispielsweise um kleine Details sichtbar zu machen, oder einen Verkleinerungsmaßstab, z. B. bei sehr großen Werkstücken, zu verwenden.

Vergrößerung	100:1 10:1	20:1 2:1	50:1 5:1
Natürlicher Maßstab	1:1		
Verkleinerung	1:10 1:100	1:2 1:20	1:5 1:50

Was ist bei der Bemaßung zu beachten?

Jedes Maß sollte nur einmal angegeben werden!

Alle Maße müssen angegeben werden, die Bemaßung muss vollständig sein!

Eine vollständige Maßangabe besteht immer aus einer Maßlinie, ggf. Maßhilfslinien, einer Maßlinienbegrenzung und einem Nennmaßwert!

Der **Nennmaßwert**, das ist die tatsächliche Länge der Seite, steht 1mm über der Maßlinie. Die Angabe erfolgt immer in Millimetern, deswegen wird die Einheit nicht hinter dem eingetragenen Wert notiert. Die so eingetragenen Nennmaßwerte müssen in der Ausgangslage des Zeichenblattes immer von rechts oder von unten lesbar sein.

An den Seiten wird die Maßlinie durch die **Maßlinienbegrenzung** abgeschlossen!

Maßlinien werden in einem Abstand von mindestens 10 mm parallel zur Körperkante gezeichnet!

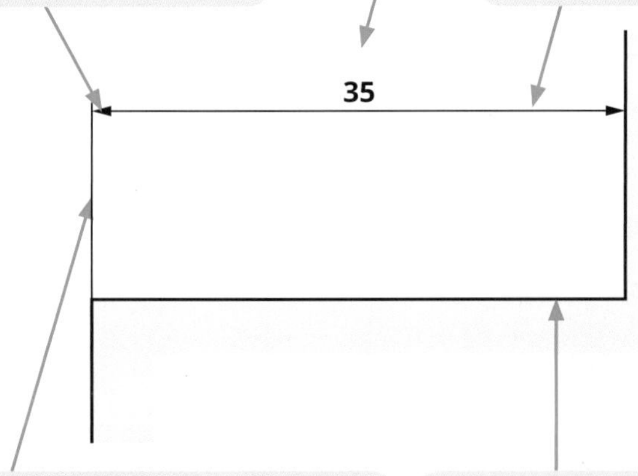

Maßhilfslinien werden im rechten Winkel zu der Strecke gezeichnet, die bemaßt werden soll und ragen etwa 1-2 mm über die Maßlinie hinaus.

Nur sichtbare **Körperkanten** dürfen bemaßt werden!

Materialbedarfs- und Kostenrechnung – wie behalte ich den Überblick?

Pauls Schatztruhe ist jetzt fertig konstruiert und auch die technische Zeichnung liegt vor. Endlich kann die Fertigung losgehen. Doch woher weiß Paul, wie viel Material er für seine Schatzkiste benötigt und reicht sein Taschengeld überhaupt aus, um das Material zu kaufen?

M1 Wie viel Material ist genug?

M2 Explodieren die Kosten?

Damit Paul seine Schatzkiste herstellen kann, muss er zunächst andere Materialien wie bspw. eine Holzplatte kaufen. Die ihm so entstandenen Kosten listet er genau auf, um sie immer im Blick zu behalten. Peter hat ihm hierfür erklärt, dass er am besten in fixe und variable Kosten unterscheiden sollte. Die fixen Kosten entstehen immer, unabhängig von der produzierten Menge. So muss Peter beispielsweise die Kosten für die Versicherung oder die Miete seiner Werkstatträume bezahlen, auch wenn gerade alle Urlaub machen. Die variablen Kosten hingegen sind abhängig von der produzierten Menge. Wenn Peter also mehr Aufträge erhält, muss er beispielsweise auch mehr Rohstoffe kaufen. Um herauszufinden, ob sich eine Fertigung lohnt und wie hoch die Gewinnspanne ist, muss Paul dann schließlich noch die Gesamtkosten vom möglichen Verkaufspreis abziehen.

M3 Warum die Mühe?

Ich möchte die Schatzkiste nach meinen individuellen Vorstellungen gestalten.

Bisher habe ich immer nur gesägt, das Bohren wäre eine echte Herausforderung.

Ich habe diese alten Bretter in der Werkstatt gefunden. Meine Schatzkiste soll unbedingt daraus gefertigt werden.

Ich habe schon so lange nicht mehr in der Werkstatt gearbeitet, ich möchte mal wieder ein Produkt selbst herstellen.

Mein Vater arbeitet momentan von morgens bis abends in der Werkstatt, ich möchte mal wieder mehr Zeit mit ihm verbringen.

AUFGABEN

82301-276

1. a) Ermittle den Materialbedarf für die durch die Stückliste vorgegebene Schatzkiste (**M1**, **M2**).
b) Vergleiche den Materialbedarf mit der von dir konstruierten Schatzkiste.

2. Ordne die gegebenen Kosten in fixe und variable Kosten ein (**M2**).

3. a) Informiere dich im Internet über die Kosten der zur Fertigung deiner Schatzkiste benötigten Einzelteile.
b) Führe eine Berechnung der variablen Kosten durch (**M2**).
c) Paul darf kostenfrei die Werkstatt und Lagerräume seines Vaters nutzen – ihm entstehen also keine fixen Kosten. Berechne die Gewinnspanne, wenn Paul seine Schatzkisten für 40 Euro verkauft (**M2**).

4. Erörtert zu zweit, ob ihr die Schatzkiste lieber kaufen oder in Eigenfertigung herstellen würdet. Begründet eure Entscheidung (**M3**).

6.2 Woraus Produkte hergestellt werden – Materialkunde

Stahl, Alu, Eisen – was kennzeichnet Metalle?

Löffel, Regenrinne, Straßenschild, Bohrer, Heftzwecke – alle diese Gegenstände sind aus Metall. Hast du schon gemerkt, dass die Küchengeräte aus Edelstahl schön glänzen? Nicht nur das macht Metalle einzigartig.

M1 Metall in deinem Alltag

Charlotte:
Wieso kommt da eigentlich Metall um mein Essen rum? Bei Alltagsgegenständen wie Büroklammern, Kaffeekannen, Schmuck oder sogar Kabeln – okay. Aber Essen...?

M2 Verwendung von Metall

Schmuckindustrie
Möbelbranche
Verpackungsmaterial
Herstellung von Münzen
Elektrotechnik
Fahrzeugbau
Flugzeugbau
Flugzeugbau
Magneten

M3 Wärmeleitfähigkeit von Metallen

Jule führt im Repair-Café ein Experiment durch: Sie hat 20 cm lange Bleche der Metalle Gold, Silber, Kupfer und Aluminium. Auf jedes der Bleche gibt sie ein kleines Stück Butter. Anschließend hält sie das Metallblech über einen Gasbrenner und erwärmt es.

Metallblech	Wärmeleitfähigkeit (W/m x K)
Gold	298
Silber	422
Kupfer	402
Aluminium	266

Basierend auf: Ziegler, Andreas: Eigenschaften von Metallen – Übungen. In: www.br.de, 16.06.2021

Wärmeleitfähigkeit
Anhand der Wärmeleitfähigkeit lässt sich ablesen, wie gut ein Material Wärme leitet. Sie wird in der Einheit W/(m x K) angegeben (Watt durch Meter mal Kelvin). Je höher der Wert desto größer ist die Wärmeleitfähigkeit.

Vickers-Prüfverfahren
Eines von mehreren Verfahren, mit dem man die Härte von Materialien prüfen kann. Es wird immer zusammen mit dem Härtewert angegeben. Je höher der Wert, desto härter ist das Material.

M4 Die Qual der Wahl: Materialauswahl

Azra möchte einen neuen Kochtopf entwickeln. Sie überlegt, welches Material sie für den Boden nutzen möchte.

Metall	Wärmeleitfähigkeit (W/m x K)	Härte (Vickers)	Preis (€ /kg)
Gold	298	26	54.000
Silber	422	22	635
Kupfer	402	50	5
Aluminium	266	15	2

Basierend auf: Ziegler, Andreas: Eigenschaften von Metallen – Übungen. In: www.br.de, 16.06.2021

METALLE UND LEGIERUNGEN

Metalle sind Elemente, die über eine gute Wärmeleitfähigkeit verfügen, einen metallischen Glanz aufweisen, verformbar sind und elektrischen Strom leiten.
Bekannte Metalle sind unter anderem: Silber, Kupfer, Gold, Aluminium. Mit Stoffgemischen kann man die Eigenschaften von Metallen gezielt verändern. Man nennt diese Stoffgemische Legierungen. Dazu gehören zum Beispiel Messing, das aus Kupfer und Zink besteht, und Stahl.

AUFGABEN

82301-277

1. Beschreibe, über welche Eigenschaften Aluminiumfolie verfügt (**M1**).
2. a) Nenne jeweils ein Beispiel für die Verwendung von Metall in den einzelnen Bereichen.
   b) Erläutere, aufgrund welcher Eigenschaft bei deinem Beispiel Metall verwendet wird.
3. Erläutere Beispiele für die Verwendung von Metallen in den einzelnen Bereichen (**M2**).
4. Erkläre, was Jule sehen wird und begründe deine Einschätzung (**M3**).
5. Bewerte, welches Material für den Boden des Kochtopfes am besten geeignet ist (**M4**).

Wie nachhaltig sind Metalle?

Wenn bei einer Brücke Metall verwendet wird, hält die sicherlich länger als eine Holzbrücke. Klingt nach einer nachhaltigen Lösung, oder? Doch wusstest du, dass Metall auch in vielen anderen Produkten verwendet wird und die Rohstoffgewinnung problematisch ist?

M1 Metalle im Smartphone – viel hilft viel?

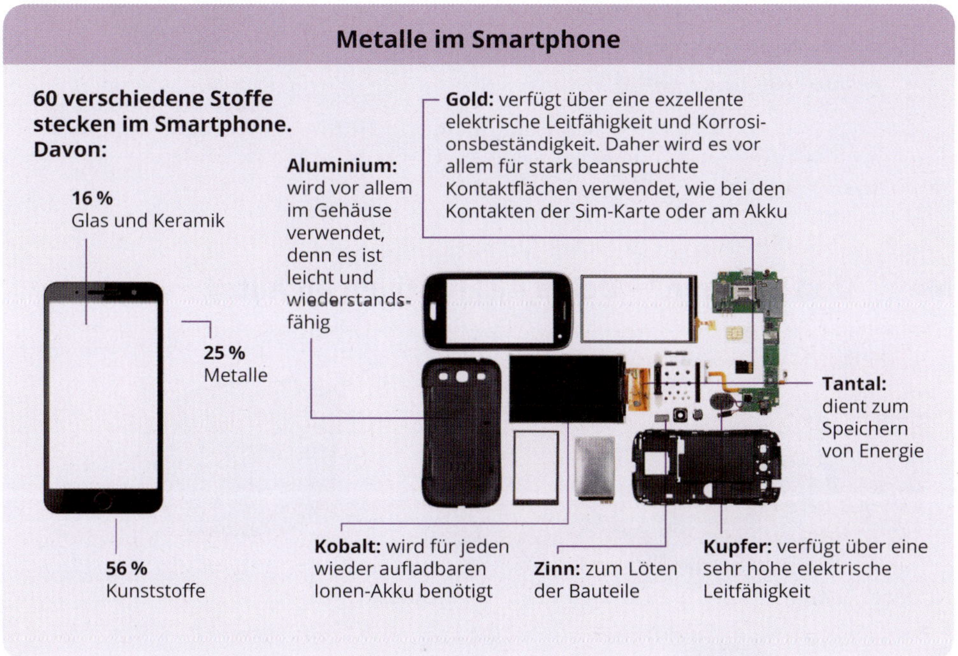

Ein Viertel der Rohstoffe sind Metalle, insgesamt rund 30 verschiedene. Die wichtigsten sind: Kupfer (15 %), Aluminium (3 %), Nickel (2 %), Zinn (2 %), Andere (1 %). Zu den weiteren Metallen gehören: Eisen, Gold, Silber, Platin, Palladium, Kobalt, Tantal/Coltan, Wolfram, Indium und sogenannte Seltene Erden.

M2 Metallgewinnung: eine Gefahr für Mensch und Umwelt

1 Kobalt wird u.a. in der Demokratischen Republik Kongo gewonnen. Die Bergwerke sind häufig ungesichert. Es kommt immer wieder zu Einstürzen mit Verletzten und Toten. Die alltäglichen Arbeitsbedingungen sind schlecht. Zum Teil wird mit bloßen Händen oder einfachen Werkzeugen gearbeitet und auch Kinderarbeit kommt vor. Bis zum 12 Stunden am Tag tragen sie schwere Lasten durch die Tunnel.

2 In Chile wird Kupfer aus Erzen, Kies und Sanden gewonnen. Um die Kupfererze zu gewinnen, werden riesige Krater gegraben. Dadurch werden Bergwälder vernichtet und die dort wohnenden Menschen und andere Lebewesen vertrieben. Beim Abbau werden giftige Chemikalien verwendet, die Böden und Gewässer verseuchen. Das Land ist damit für Jahrzehnte nicht bewohnbar.

Basierend auf: Abenteuer Regenwald e.V.: Was hat mein Handy mit dem Regenwald zu tun? In: www.abenteuer-regenwald.de

Bilder und weitere Infos zu Kobalt- und Kupferminen

82301-107

M3 Schlummernde Schätze: Brauchen wir ein Handy-Pfandsystem?

Pfandsystem für Handys
Die Deutsche Bundesstiftung Umwelt schlägt ein Pfandsystem für Handys vor. Ähnlich wie bei Getränkedosen erhält man dann bei Abgabe des alten Gerätes einen Geldwert. Aus den gesammelten defekten oder alten Geräten werden die Rohstoffe entnommen und wiederverwertet.

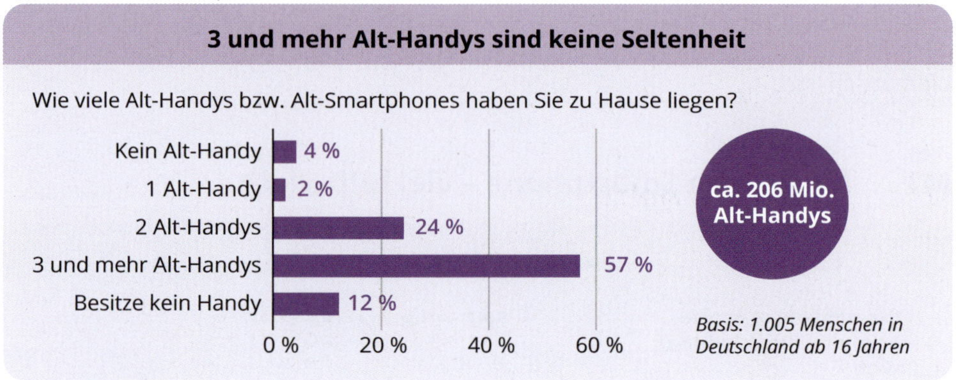

Bitkom Research 2021

M4 Und was nun? – Deine Alternativen im Alltag

Döner Kebab

Brotdose

Getränkedose

Metalldosen

AUFGABEN

82301-278

1. Beschreibe, welche Bedeutung Metalle in einem Smartphone haben (**M1**).
2. Erläutere, welche Gefahren die Metallgewinnung für Umwelt und Menschen haben können (**M2**).
3. a) Analysiere die Grafik (**M3**).
   b) Bewerte, ob ein Pfandsystem eine gute Lösung ist.
4. a) Analysiere den Einsatz von Metallen bei den Beispielen in **M4**.
   b) Entwickle Alternativen für die gezeigten Verpackungen an Lebensmitteln.

F Recherchiere weitere Ideen zur nachhaltigen Nutzung von Mobiltelefonen.

Buche, Eiche und Fichte – welche Materialeigenschaften hat Holz?

Schau dich mal bei euch Zuhause um: Wie viele Möbelstücke sind aus Holz? Holz gilt als natürlicher Werkstoff und ist vor allem im Innenbereich weit verbreitet. Auch Paul hat für seine Schatzkiste Holz gewählt, doch war das eine gute Wahl?

M1 Ist das aus Holz?

M2 Eigenschaften von Holz

Holz hat eine hohe Zugfestigkeit bei geringem Gewicht.

Gute Wärmedämmeigenschaften.

Schützt man Holz durch eine Oberflächenbehandlung vor Nässe, erweist es sich als langlebiger Baustoff.

Holz ist brennbar, verhält sich im Brandfall aber „gutmütig". Im Gegensatz zu Stahlträgern versagen Holzbalken bei Hitze nicht schlagartig.

Holz hat eine hohe mechanische Festigkeit.

Holz ist ökologisch vorteilhaft.

Stabkirche aus Holz

M3 Ein Experiment: Holz im Wasserbad

Jule legt Holzstücke aus Buche und Fichte und zwei Bretter 24 Stunden in Wasser ein. Während die Stücke vollständig im Wasser liegen, wird bei den Brettern nur die untere Fläche nass und die obere bleibt trocken. Am nächsten Tag wiegt sie die trockenen und die nassen Holzstücke und betrachtet die Bretter.

Basierend auf: Stuber, Thomas (2019): Technik und Design. Lernheft: 2. und 3. Zyklus. S. 227

M4 Wie von Geisterhand – wer hat das Problem erkannt?

Nach dem Winter wird es endlich wieder etwas wärmer draußen. Opa Schultz geht zum Geräteschuppen, um sein Imkerzubehör zu holen und schließt die Tür auf. Doch was ist das? Er zieht kräftig an der Tür, doch diese klemmt im Rahmen fest! Das war doch letzten Sommer noch anders. Er schreibt dem Tischler-Meister Peter eine Instant-Message und bittet um Hilfe.

Geräteschuppen im Garten

QUELLEN UND SCHWINDEN

Holz ist ein natürlicher Werkstoff, der aus den Stämmen von Bäumen gewonnen wird. Die lebenden Stämme einiger Holzarten bestehen aus über 60 % Wasser. Dieses entweicht nach dem Fällen des Baumes. Dennoch enthält das Holz dann immer noch etwa 30 % Wasser. Bevor das Holz verarbeitet wird, wird es je nach Verwendung stärker (für die Nutzung im Innenbereich) oder weniger stark (für die Nutzung im Außenbereich) getrocknet. **Beim Trocknen verringert sich das Volumen des Holzes: das nennt man schwinden.** Da Holz in unterschiedlichen Richtungen verschieden stark schwindet, kommt es zu Veränderungen der Form, die als „verwerfen" bezeichnet werden. Manchmal kommt es dabei auch zu Rissbildungen. **Wird das getrocknete Holz ungeschützt in eine Umgebung mit großer Luftfeuchtigkeit gebracht, nimmt es wieder Feuchtigkeit auf. Sein Volumen vergrößert sich und es quillt auf.**

AUFGABEN

82301-279

1. a) Beschreibe, wo Holzfasern genutzt werden (**M1**).
b) Benenne weitere Beispiele für die Verwendung von Holz.

2. Analysiere, aufgrund welcher Eigenschaften die Stabkirche aus Holz gebaut wurde (**M2**).

3. a) Beschreibe die Ergebnisse von Jules Experiment (**M3**).
b) Erkläre das Experiment mithilfe der Holzeigenschaft Quellen und Schwinden (# Quellen und Schwinden).

4. a) Erläutere Opa Schultz in einer Instant-Message, (z. B. WhatsApp) was passiert ist (**M4**).
b) Entwickelt zu zweit Ideen, wie man das Problem lösen kann.

F Führe den Versuch durch. Dazu brauchst du:
- Holzstücke (etwa 80 x 40 x 40 mm): 2x Fichte, 2x Buche
- Bretter (200 x 150 x 20mm): 1 x Fichte massiv, 1x Fichte verleimt
- Becken mit Wasser
- Waage

Holz ist nicht gleich Holz – was leisten Holzwerkstoffe?

Paul betrachtet seinen Holzkleiderschrank. Er sieht in das Innere des Schrankes- und wundert sich. Die Regalbretter sehen ganz anders aus als die Front! Hier wurde ein Holzwerkstoff genutzt, der sich von Vollholz unterscheidet.

M1 Was sind Holzwerkstoffe?

A: Vollholz; **B/C:** Sperrholz; **D:** Faserplatte (MDF: Mitteldichte Faserplatte); **E:** Grobspanplatte (OSB: Orientied Strand Bord); **F:** Spanplatte

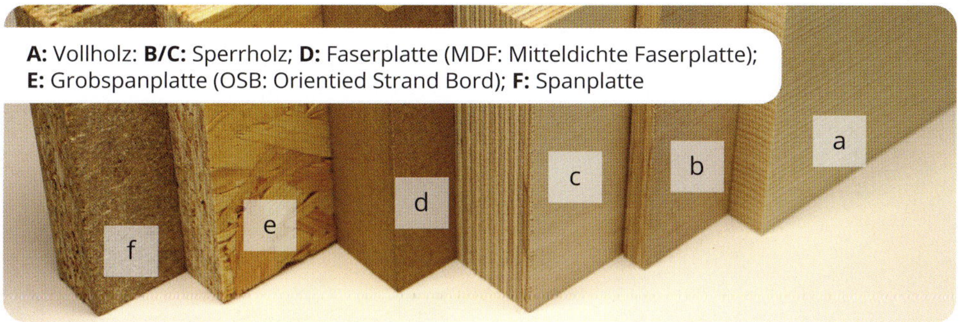

Holzwerkstoffe
Werkstoffe, die aus zerkleinertem Holz bestehen, das zu neuen Strukturelementen zusammengefügt wurde. Im Vergleich zu Vollholz bieten sie einige Vorteile: es können Resthölzer verwendet werden, sie lassen sich einfacher trocknen und lassen sich auch einfach in großen Maßen herstellen.

M2 Was können diese Materialien?

Spanplatten	Lagenwerkstoffe
– Bestehen aus Spänen von Holzresten, Forstabfällen und Gebrauchtholz. – Spanplatten werden unterteilt in Spanplatten und Grobspanplatten. Bei Grobspanplatten sind die Holzspane ausgerichtet (ca. 70 % verlaufen in Langsrichtung). – Spanplatten sind preiswert, fest und formstabil. Die Kanten brechen jedoch im Vergleich zum Vollholz schnell aus. – Bei Nässe quellen sie stark.	– Mindestens drei Holzlagen werden kreuzweise aufeinandergelegt, miteinander verpresst und verleimt – Sperrholz ist ein Beispiel für einen Lagenwerkstoff, den es in verschiedenen Holzsorten und unterschiedlichen Starken gibt – Sperrholz weist im Vergleich zu Vollholz bessere Biegeeigenschaften auf und kann durch das kreuzweise Verleimen nicht mehr arbeiten – Ist der Holzwerkstoff, der optisch dem Vollholz am meisten ähnelt – Sperrholzer fur den Mobelbau sind meistens nicht wasserfest verleimt.
Faserplatten	**Vollholz**
– Bestehen aus Fasern von Holzabfällen. Die Fasern werden unter Druck zu Platten verleimt. – Je nach Stärke des verwendeten Drucks wird unterschieden in: harte Faserplatte (HDF), Mitteldichte Faserplatte (MDF) und leichte Faserplatte (LDF). – Faserplatten niedriger Dichte ohne Klebstoffzugabe werden vor allem als Dämmstoffe eingesetzt. – Sie besitzen thermische und akustische Dämmeigenschaften und sie verhalten sich in allen Dimensionen auf der Plattenebene gleichmäßig.	– Einsatz aufgrund ästhetischer Eigenschaften beliebt. – Holzfehler führen zum Ausschuss von Holz. – Bei großflächigen Bauelementen muss dieses aus kleinen Profilen zusammengesetzt werden. – Die Festigkeit und Eigenschaft ist abhängig von der Faserrichtung. – Natürliches Holz arbeitet. Dies muss bei der Festlegung von Maßen berücksichtigt werden. – Vollholz wird an einem Stück aus einem Baumstamm herausgesägt und weiter verarbeitet. Es werden keinerlei Klebstoffe verwendet. – Aufgrund der aufwendigen Verarbeitung ist Vollholz teurer als Holzwerkstoffe.

M3 Vollholz oder Holzwerkstoff

Jule: Meinen neuen Nachttisch möchte ich selbst bauen, aber es soll nicht so teuer werden.

Ama: Ich möchte einen Kaninchenstall für eine Freundin bauen, der die Tiere gut vor Kälte schützt.

Elif: Wenn ich schon etwas selbst herstelle, soll es besonders schön und natürlich aussehen.

Opa Schultz: Mir ist es wichtig, dass ich das Material gut verarbeiten kann und dass ich nicht später überrascht werde, weil das Holz gearbeitet hat.

Paul: Ich brauche ein neues Regalbrett für meine IT. Das soll haltbar sein und sich nicht verbiegen.

M4 Holz ist dein Leben? Das Berufsfeld „Holz"

Das Berufsfeld „Holz" entdecken

82301-77

AUFGABEN

82301-280

1. Benenne Beispiele für die Verwendung von Holzwerkstoffen (**M1**).
2. Teilt euch die Holzwerkstoffe zu zweit auf:
   a) Vergleiche die einzelnen Holzwerkstoffe in einer Tabelle nach den Kriterien Herstellung und Eigenschaften.
   b) Begründe, welchen Holzwerkstoff du wofür nutzen würdest (**M3**).
3. Bewerte, ob das Berufsfeld Holz zu deinen Interessen und Stärken passt (**M4**).

Holz wächst nach – hilft das mit Blick auf die Nachhaltigkeit?

Du weißt bestimmt, dass Holz genauso wie Papier aus Bäumen gewonnen wird. Dadurch ist Holz ein nachwachsender Rohstoff und hat somit schon mal einen Vorteil in Sachen Nachhaltigkeit. Aber zu einer nachhaltigen Nutzung gehört noch mehr.

Interaktive Aufgabe: Ordne die Holzarten ihrem Ursprungsland zu

82301-78

M1 Holz von überall

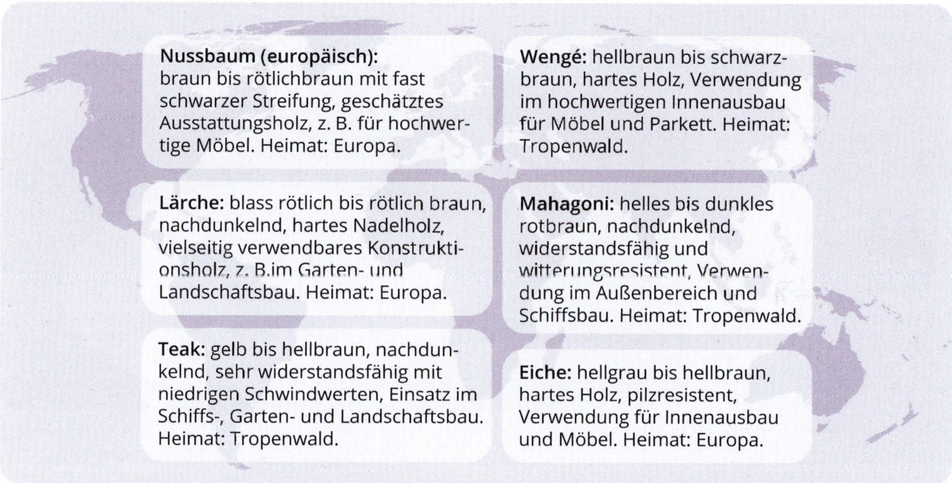

Basierend auf: Gesamtverband Deutscher Holzhandel e. V.

M2 Holz: ein nachhaltiger Rohstoff?

Alina: Im WAT-Unterricht sammeln wir gerade Ideen für unseren Schulhof. Ich habe überlegt eine Bank zu konstruieren.

Charlotte: Das ist ja nützlich! Weißt du schon aus welchem Material deine Bank sein soll?

Alina: Natürlich aus Holz! Es soll ja nachhaltig sein und Holz ist ja ein nachwachsender Rohstoff.

Charlotte: Meinst du wirklich? Ich habe gehört, dass sie dafür zum Teil ganze Regenwälder abholzen. Die armen Tiere, die dann ihr zu Hause verlieren. Und die Menschen, die in der Forstwirtschaft arbeiten, verdienen meist auch noch viel zu wenig.

Alina: Ich muss ja kein Tropenholz aus Asien, Afrika oder Lateinamerika kaufen, wie zum Beispiel Mahagoni, Teak oder Palisander. Ich kann ja auch einheimische Hölzer nehmen, zum Beispiel Fichte, Buche oder Eiche.

Charlotte: Du hast bestimmt recht, dass die Arbeitsbedingungen in Deutschland meist besser sind. Aber wenn alle Menschen Holz nutzen, kann der Wald doch gar nicht schnell genug nachwachsen. Überleg doch mal, wie lange eine Eiche braucht, um zu wachsen.

Alina: Hm, das stimmt. Aber was soll ich denn nun tun?

M3 Ein Buch mit sieben Siegeln: Siegel für Holzprodukte

PEFC (Programme for the Endorsement of Forest) Certification Scheme)

FSC®
(Forest Stewardship Council®)

Naturland

M4 Nachhaltiges Handeln

Essner, 2015

HOLZ

Holz ist ein erneuerbarer, nachwachsender Rohstoff, der aus Bäumen gewonnen wird. Holz lässt sich leicht und energiesparend bearbeiten. Da Holz ein nachwachsender Rohstoff ist, der sich gut recyceln lässt, gilt es als ökologisch wertvoller Werkstoff.

AUFGABEN

82301-281

1. a) Benenne, wo die Holzarten herkommen (**QR-Code zu M1**).
b) Ordne die passenden Fotos zu.

2. a) Erläutere, welche Vor- und Nachteile mit der Holznutzung verbunden sind (**M2**).
b) Erkläre Alina, was du tun würdest.

3. a) Recherchiere nach den Siegeln und vergleiche die Vergabekriterien von mindestens zwei Siegeln miteinander. (**M3**).
b) Bewerte, welches Siegel du Alina empfehlen würdest, wenn sie besonders nachhaltig handeln möchte.

4. a) Führe eine Karikaturinterpretation zu **M4** durch (siehe Methode S. 136).

Ist Kunststoff der Alleskönner unter den Werkstoffen?

Dem Namen nach sind „Kunststoffe“ künstlich hergestellte Stoffe. Aber das gilt eigentlich für alle Werkstoffe. Sie werden für den Gebrauch hergestellt oder verändert. Vielleicht sagst du auch zu Kunststoff „Plastik“ oder „Plaste“. Damit wird deutlicher, was diesen Werkstoff ausmacht: nämlich seine plastische Verformbarkeit.

M1 „Allet Plaste!“ – ein vielseitiger Werkstoff

Gegenstände aus Kunststoff

Interaktive Aufgabe: Ordne die Begriffe aus M2 zu

82301-79

M2 Thermoplast, Duroplast oder Elastomer?

Feuerwehrhelm · Plastikbeutel · Kälte macht sie hart und spröde · PET-Flasche · mehrfach verformbar · Gummiband · behalten auch bei hohen Temperaturen ihre Form · Joghurtbecher · nur einmal formbar · Matratze · Schutzhülle fürs Smartphone · Schrumpfschlauch · elastisch · Kochlöffel · formbar durch Erwärmen · Autoreifen · Lichtschalter

H Schrumpfschlauch ist ein Schlauch, der sich unter Hitzeeinwirkung stark zusammenzieht. Er lässt sich beispielsweise gut verwenden, um einen Bruch am elektrischen Kabel beim Fahrrad zu reparieren (dies ist aber gefahrlos nur am Fahrrad möglich, da hier die Spannung niedrig ist!)

M3 Bakelit – der erste vollsynthetische Kunststoff

Der Chemiker Leo Hendrik Baekeland nutzte die Erkenntnisse anderer Chemiker, die zeigen, dass eine Mischung von Phenol und Aldehyd eine harzähnliche Substanz ergeben. Diese Mischungen waren jedoch schmierig und erfüllten nicht den Wunsch, ein kristallisationsfähiges, hartes und homogenes Material zu erzielen. Auch Baekelands Versuche mit diesen Substanzen blieben die ersten drei Jahre erfolglos. Daher begann er die Herstellungsart zu verändern. Er konstruierte einen Versuchskessel, in dem er die Reaktion der Substanzen unter Druck und hohen Temperaturen ablaufen lassen konnte. Mit Phenol aus Steinkohlenteer und Formaldehyd befüllt, gewinnt er ein transparentes und unlösliches Harz, welches sich gut formen ließ. Er nannte seine Erfindung in Anlehnung an seinen Namen: Bakelit. Der Erfolg des Bakelits war überwältigend. Gerade für die Elektroindustrie war Bakelit sehr geeignet, da es zuverlässig isolierte und großer Hitze widerstand. Wegen seiner guten Formbarkeit und seines edlen Aussehens wurden viele Produkte des täglichen Lebens

Der belgisch-amerikanische Chemiker Leo Henrik Baekeland (1863-1944).

Telefon aus Bakelit

aus Bakelit unter Verwendung neuartiger Formgebungen gestaltet und waren für die breite Masse erschwinglich: z. B. Füllfederhalter, Billardkugeln, Zahnbürsten, Radios, Telefone usw.

Leo Baekeland entwickelte somit das erste technische Material, das ganz aus künstlichen Ausgangsstoffen hergestellt wurde, den ersten „Kunststoff". Mit der Produktion wurde 1910 in Erkner bei Berlin begonnen und Werke in anderen Ländern folgten. Weitere Kunststoffe, die in den darauffolgenden Jahren entwickelt wurden, haben ihren Ursprung im Bakelit. Heutzutage wird Bakelit nur noch für spezielle Anwendungen eingesetzt, die mechanische und thermische Belastbarkeit oder Brandresistenz erfordern, zum Beispiel bei Schleifscheiben, Filterpapieren oder feuerfesten Materialien.

Was ist Plastik?

82301-80

KUNSTSTOFFE

Kunststoffe sind Werkstoffe, bei denen man mithilfe eines chemischen Verfahrens Moleküle zu langen Ketten oder Netzen verbunden hat. Dadurch kann man gezielt die Werkstoffeigenschaften beeinflussen. **Man nennt Kunststoffe auch Plastik oder Plaste, da eine ihrer zentralen Eigenschaften ihre Verformbarkeit, also ihre Plastizität ist. Der wichtigste Rohstoff zu Herstellung von Kunststoffen ist Erdöl.** Man unterscheidet drei Gruppen von Kunststoffen:

- **Elastomere**: lassen sich zusammendrücken und gehen von allein wieder in ihre Ausgangslage zurück. Sie sind damit formfest, aber auch elastisch. Bei zu großer Hitze werden Elastomere zerstört, bei Kälte werden sie hart und spröde.
- **Thermoplaste** lassen sich nach der Erwärmung verformen. Nach dem Abkühlen werden sie wieder fest und behalten ihre neue Form. Durch erneutes Erwärmen kann man Thermoplaste wieder verformen. Die meisten bekannten Kunststoffe lassen sich dieser Kategorie zuordnen.
- **Duroplaste** können nur einmal geformt werden. Danach lassen sie sich durch Erwärmung nicht mehr verformen. Man kann sie aber mit Fertigungsverfahren wie Bohren, Sägen und Feilen weiter bearbeiten.

AUFGABEN

82301-282

1. a) Benenne die abgebildeten und weitere Gegenstände, die aus Kunststoff gefertigt sind (**M1**).
b) Beschreibe, aufgrund welcher Materialeigenschaften Kunststoff verwendet wurde.

2. Ordne die Eigenschaften und Produkte den drei Kunststoffarten (Thermoplast, Duroplast oder Elastomer) zu (QR-Code zu **M2**, **# Kunststoffe**).

3. a) Erörtere, welche Rahmenbedingungen zum Erfolg des Erfinders beigetragen haben (**M3**).
b) Diskutiere die Bedeutung der Erfindung damals und heute.

F Führe eine Umfrage unter Erwachsenen durch, um herauszufinden wer Bakelit noch kennt und welche Produkte daraus gefertigt wurden.

Kunststoff überall – wie kann das sein?

Über Flüsse gelangt viel Plastikmüll in die Weltmeere. Auch wenn du dein Synthetik T-Shirt wäschst, oder Duschgel und Zahnpasta benutzt, gelangt Plastik ins Meer. Charlotte demonstriert daher bei Fridays for Future um zu zeigen, dass diese winzig kleinen Partikeln eine sehr große Belastung für Mensch und Umwelt sind.

M1 So lange bleibt Müll im Meer

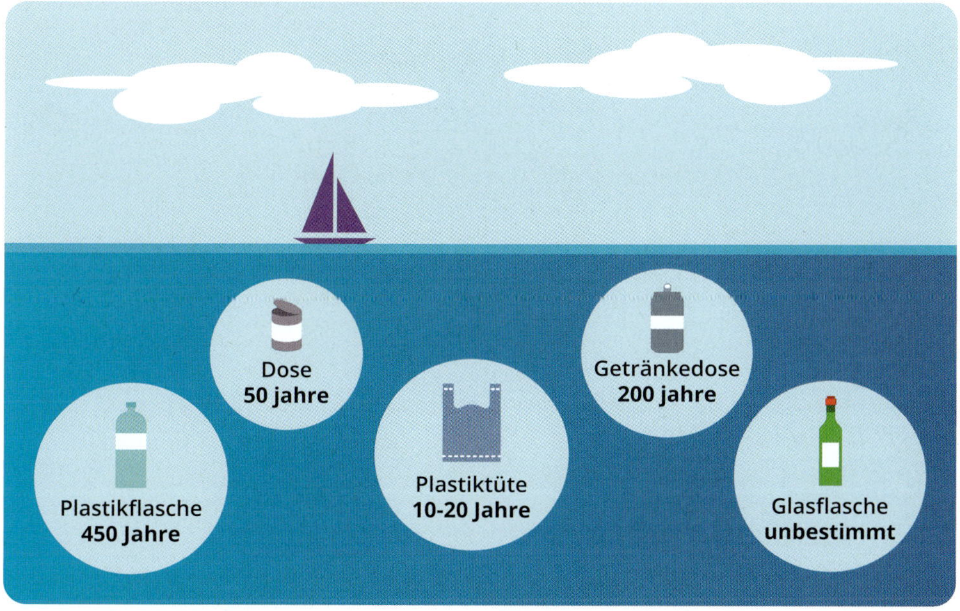

Nach: Umweltbundesamt

M2 Eine Gefahr für alle

Größtenteils über Flüsse gelangen pro Jahr etwa 4 Millionen Tonnen Plastikmüll in die Weltmeere. Meeresschildkröten, Vögel und Fische verschlucken Plastikmüll. Sind ihre Mägen mit unverdaulichem Plastik gefüllt, verhungern sie. Auch die Schifffahrt und die Fischerei verursacht Müll im Meer durch alte Netze und Schnüre. Meerestiere wie Delfine und Robben verfangen sich in alten Fischernetzen und können sich alleine nicht mehr befreien. Kleine Plastikteilchen gelangen durch den Abtrieb von Reifen, das Waschen unserer Synthetiktextilien und über Alltagsartikel, wie Zahncreme und Duschgel in die Kanalisation und dann ins Meer. Sie werden von Fischen und anderen Meeresbewohnern aufgenommen. Durch den Verzehr von Fisch gelangen auch kleinste Plastikpartikel in den menschlichen Körper. Was diese dort langfristig bewirken, versuchen Forscherinnen und Forscher aktuell herauszufinden.

Robbe mit Angelschnur um den Hals

M3 Kunststoffe – neue ökologisch vertretbare Lösungen?

Es gibt Becher, die aus dem nachwachsenden Rohstoff Bambus bestehen, der mit Maisstärke und Melamin verarbeitet wird. Dieses Gemisch lässt sich nicht recyceln. Nach der Nutzung lässt es sich nur verbrennen.

Mit Mulchfolie wird in der Landwirtschaft der Boden großflächig bedeckt. Die Folie aus abbaubarem Kunststoff zerfällt und trägt dazu bei, den Boden zu düngen und so seine langfristige Fruchtbarkeit zu erhalten.

Basierend auf: Westram, Heike: Bioplastik – Echte Alternative oder neues Problem? In: www.ardalpha.de, 27.07.2021

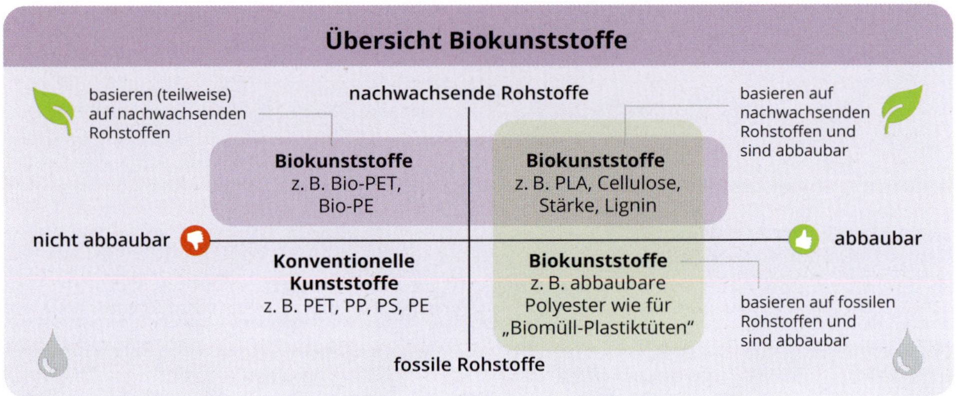

Nach: European Bioplastics e. V.

M4 Tut ein Verbot Not?

© Bundesregierung, 2021

AUFGABEN

82301-283

1. a) Benenne, welcher Kunststoffmüll in Meeren vorkommt (**M1**).
   b) Beschreibe, welche Lebensdauer Kunststoffmüll hat.
2. a) Erläutere, warum Plastikmüll eine Gefährdung für Menschen und Tiere darstellt (**M2**).
3. a) Erkläre, welche Arten von Bio-Plastik sich unterscheiden lassen (**M3**).
   b) Ordne die Beispiele der Typisierung zu.
4. a) Diskutiert in der Klasse, ob ihr das EU-Plastikverbot sinnvoll findet (**M4**). Beziehe den Podcast in deine Überlegungen ein.
   b) Entwickelt in Gruppen Ideen wie ihr Kunststoff einsparen könnt.

Gefahr- und Schadstoffe – alles andere als harmlos

Hast du schon mal gehört, dass ein Gebäude renoviert wurde und dabei Asbest entfernt wurde? Asbest wurde in vielen Gebäuden verbaut, weil es vor Bränden schützt. Doch es ist ein Stoff von vielen, der für Menschen gefährlich werden kann.

M1 Früher top, heute flop?

Asbest galt lange Zeit als „Wunderfaser": Es besitzt eine große Festigkeit und dämmt hervorragend. Es ist hitze- und säurebeständig und kann zu Garnen versponnen werden. In der Antike und im Mittelalter wurden mit Asbest Taschentücher und Tischtücher gewebt, die unzerstörbar waren und im Feuer gereinigt werden konnten. Da die Lebenserwartung der Menschen damals sehr gering war, entdeckte man erst viel später, dass Minenarbeiter seltsame Erkrankungen bekamen und früh starben. Asbest wurde aufgrund seiner praktischen Eigenschaften noch lange weiter verwendet: als Brandschutzkleidung für Feuerwehrleute, als Dichtmaterial und als Zuschlag von Baustoffen. Und sogar in der Medizin als Fäden für die Chirugie oder im Alltag als Zusatz zum Polieren in der Zahnpasta. Mittlerweile weiß man wie gefährlich Asbest für den Menschen ist: mikroskopisch feine Partikel setzen sich in der Lunge fest und lösen Krebs aus. Nicht nur Arbeitende in Minen erkrankten, sondern auch Personen, die Kontakt zur verschmutzten Kleidung hatten und den Staub einatmeten. Technisches Handeln hat immer Folgen. Aber die sind nicht immer gut abschätzbar.

Asbest wurde häufig als Dämmmaterial beim Hausbau verwendet und wird heute nur unter strikten Sicherheitsvorkehrungen entfernt.

M2 Wie erkennt man Gefahrstoffe?

Bezeichnung

- Flamme
- Dickes Ausrufesymbol
- Ätzwirkung
- Umwelt

Piktogramm

Beispiele für gefährliche Eigenschaften

- Entzündbar und selbsterhitzungsfähig
- gewässergefährdend
- Auf Metalle korrosiv wirkend, hautätzend, schwere Augenschädigung
- Hautreizend, augenreizend

Interaktive Aufgabe: Gefahrstoffe benennen

82301-81

M3 Gefahrstoffe im Alltag

Batterien / Akkus · Klebstoffe · Lacke · Nagellackentferner · Waschmittel · Holzschutzmittel · Pflanzenschutzmittel · Reinigungsmittel, z. B. Backofenspray, Abflussreiniger · Haarfärbemittel

M4 Nix wie weg oder geht es auch anders?

Auf Sicherheit achten:	Kennzeichnung und Hinweise aufmerksam durchlesen und Hinweise beachten.
Gefahrstoffe ersetzen:	Manchmal kann man Gefahrstoff durch einen weniger gefährlichen Stoff ersetzen. Das nennt man Substituieren. Zum Beispiel anstelle von lösemittelhaltigen Farben und Lacken Produkte auf Wasserbasis.
Die technischen Schutzmaßnahmen nutzen:	Absaug- und Lüftungseinrichtungen nutzen oder anderweitig für eine gute Durchlüftung sorgen. Zum Beispiel Fenster und Türen öffnen.
Auf eine gute Organisation achten:	Durch eine Lagerung in speziellen Schränken oder Räumen kann man den Zutritt beschränken. Nur so viel von dem Stoff mitnehmen, wie man braucht.
Persönliche Schutzausrüstung benutzen:	Dazu gehört das Tragen spezieller Schuhe, von Schutzbrille oder Schutzhelm oder von Handschuhen.
Auf Arbeitshygiene achten:	Hände und Gesicht sind gründlich zu waschen. Arbeitskleidung abzulegen und Essen und Trinken ist nur außerhalb des Fachraums gestattet.

Basierend auf: Deutsche gesetzliche Unfallversicherung: Gefahrstoffe: Keep away! In: www.dguv-lug.de, 06/2016, S. 216.06.2021

M5 So geht's richtig: Lackieren

Peter kommt nach Hause und ein unangenehmer Geruch steigt ihm in die Nase. Das sind unverkennbar Lösungsmittel. Er folgt dem Geruch in die Werkstatt und dort steht Paul, in der einen Hand eine Stulle, in der anderen den Pinsel und lackiert die alte Bank aus dem Garten. Hat der etwa noch gar nichts von Arbeitsschutz gehört?

AUFGABEN

82301-284

1. a) Beschreibe, aufgrund welcher Eigenschaften Asbest für Grillhandschuhe, als Baustoff und in der Chirurgie verwendet wurde (**M1**).
   b) Erläutere den Begriff Gefahrenstoff am Beispiel Asbest.
2. Ordne die Beschreibungen und die Beispiele für gefährliche Eigenschaften den Piktogrammen zu (**M2**).
3. Wähle drei Produkte aus deinem Alltag aus, die Gefahrenkennzeichen haben (**M3**).
   a) Benenne das Gefahrenkennzeichen, das der Gegenstand trägt.
   b) Erläutere, warum das Produkt das Kennzeichen trägt.
4. Erkläre, wie man die Verhaltensregeln beim Lackieren anwendet (**M4**, **M5**).
5. Nehme Stellung zu der Aussage: „Das bisschen Gestank beim Lackieren hat noch niemandem geschadet. Ich mache das doch häufig und stehe auch noch hier.“

6.3 Die Fertigung: Wie entsteht was?

Wo gesägt wird, fallen Späne – wie funktioniert eine Säge?

Endlich kann Paul mit der Fertigung der Schatzkisten beginnen. Beim näheren Betrachten und Nachmessen des gekauften Holzes stellt er fest, dass es noch nicht die richtigen Maße aufweist. Wie gelingt es ihm, das Brett zu kürzen und worauf muss er dabei achten?

M1 Sägen im Überblick

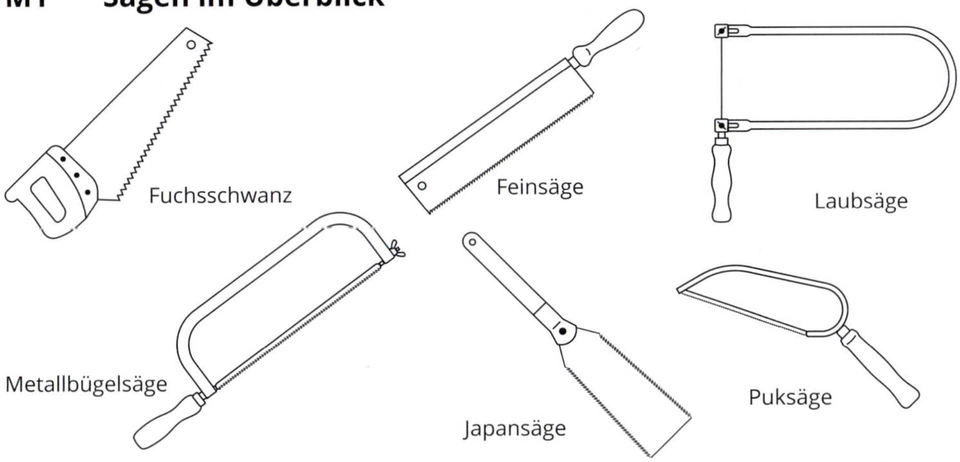

Bei dem Wort „Puk“ handelt es sich um einen Markennamen, der sich bei dieser Art von Säge durchgesetzt hat. Eine Puksäge ist nichts anderes als eine kleine Bügelsäge.

M2 Aufbau einer Säge

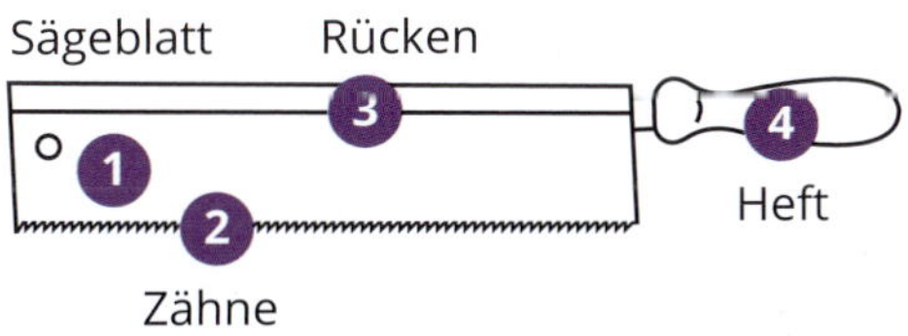

Für die Fertigung der Schatzkiste mussten Paul und Peter mehrmals sägen. Paul war erstaunt, wie viele unterschiedliche Sägen es in der Werkstatt gibt. Doch ein paar wesentliche Merkmale waren bei allen Sägen dieselben: Sie haben ein Heft, das ist der Griff, an dem die Säge angefasst wird und ein Sägeblatt mit den Sägezähnen.

M3 Wirkungsweise von Sägen

Bei genauerem Betrachten hat Paul festgestellt, dass die Sägezähne der einzelnen Sägen unterschiedlich angeordnet sind. Peter hat ihm daraufhin erklärt, dass es drei verschiedene Wirkungsweisen von Sägen gibt: Sägen können auf Stoß, auf Zug oder auf Zug und Stoß arbeiten. Sind die Sägezähne schräg in Richtung des Hefts ausgerichtet, so arbeitet die Säge auf Zug. Beim Arbeiten mit einer solchen Säge hat Paul festgestellt, dass er immer dann, wenn er die Säge auf sich zuzieht, Material abträgt. Wenn die Sägezähne schräg zum vorderen Ende des Sägeblattes ausgerichtet sind, arbeitet die Säge auf Stoß. Hier konnte Paul feststellen, dass immer dann Material abgetragen wurde, wenn sich die Säge vom Körper wegbewegt hat. Bei einer Säge, die auf Stoß und Zug arbeitet, sind die Sägezähne gerade ausgerichtet, also weder in Richtung des Hefts noch in Richtung des vorderen Sägeblattendes geneigt. Eine solche Säge trägt Material ab, unabhängig davon, ob sie zum Körper hin oder vom Körper wegbewegt wird.

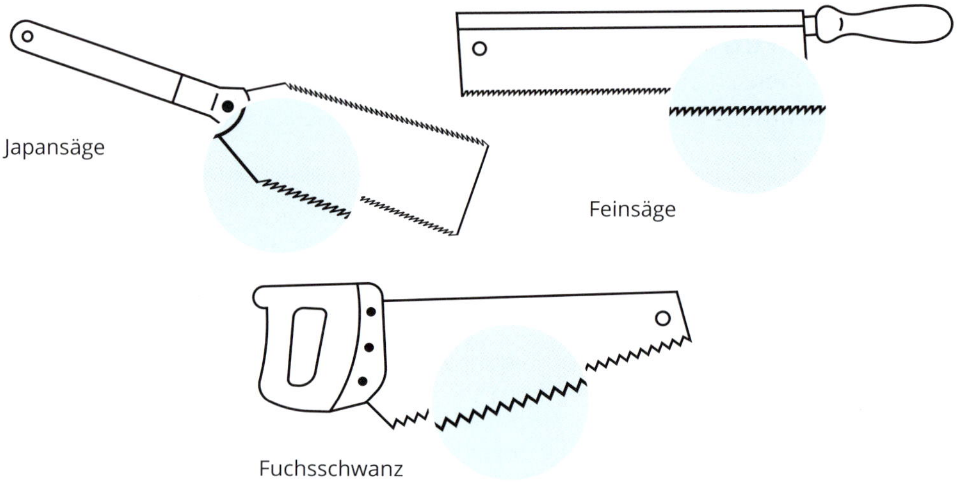

TRENNEN

Trennen ist eine der Hauptgruppen der Fertigungsverfahren. Es gibt verschiedene trennende Fertigungsverfahren, dazu zählen beispielsweise das Sägen, Bohren, Hobeln oder Schleifen. Hierbei wird der Zusammenhalt der Teilchen in einem Werkstoff lokal aufgehoben, wodurch sich auch das Volumen des Werkstückes verringert.

AUFGABEN

82301-285

1. Beschreibe Gemeinsamkeiten und Unterschiede der abgebildeten Sägen (**M1**).
2. Erkläre den Aufbau einer Säge (**M2**).
3. Gib die Wirkungsweise der in **M1** dargestellten Sägen an (**M1**, **M3**).
4. Untersuche mindestens drei Sägen aus dem Technikraum hinsichtlich ihres Aufbaus, der Wirkungsweise und der Einsatzmöglichkeiten. Stelle deine Ergebnisse der Klasse vor (**M2**, **M3**).
5. Erörtert in der Gruppe, wofür die verschiedenen Wirkungsweisen der Sägen am besten genutzt werden können (**M1**, **M2**, **M3**).

So gelingt der erste Schnitt

Wer in der Werkstatt arbeitet, wird früher oder später auf die Herausforderung stoßen, dass das Material auf eine bestimmte Größe gekürzt werden muss. Hierfür wird in den meisten Fällen zu einer Säge gegriffen.

Hilfs- und Arbeitsmittel

1 **Bleistift, Gliedermaßstab und Anschlagwinkel:** Diese Arbeitsmittel benötigst du, um die Maße aus der technischen Zeichnung auf dein Werkstück zu übertragen.

2 **Maschinenschraubstock:** ist in verschiedenen Größen erhältlich. Hierin kannst du dein Werkstück für die Bearbeitung fest und sicher einspannen.

3 **Gehrungslade (auch Schneidlade oder Gehrungskasten genannt):** gibt es in verschiedenen Ausführungen. Sie kommt immer dann zum Einsatz, wenn Werkstücke in einem bestimmten Winkel, z. B. 45° oder 90° gesägt werden sollen.

4 **Säge:** gibt es in verschiedenen Ausführungen. Sie werden genutzt, um Werkstoffe auf die richtige Größe abzulängen oder in Form zu sägen.

5 **Werkbank:** ist vielseitig einsetzbar. Beim Sägen brauchst du sie vor allem, um das Werkstück oder die Gehrungslade fest einzuspannen.

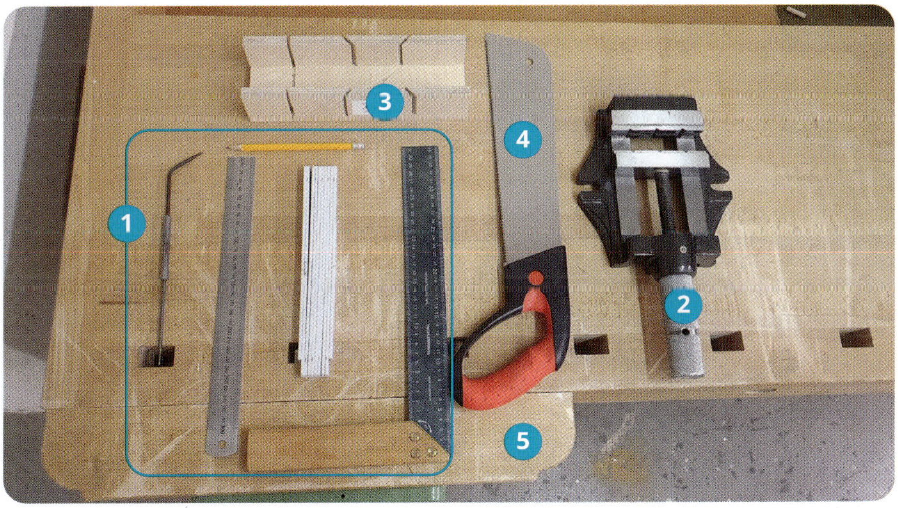

Hilfs- und Arbeitsmittel beim Sägen

Beim Anzeichnen auf Metall werden eine Anreißnadel und ein Stahlmaßstab verwendet.

Erklärvideo zum Thema Sägen am Beispiel der Feinsäge

82301-84

Alternativ zur Gehrungslade können auch spezielle Gehrungssägen verwendet werden.

Die Qual der Wahl: Welche Säge für welchen Zweck?

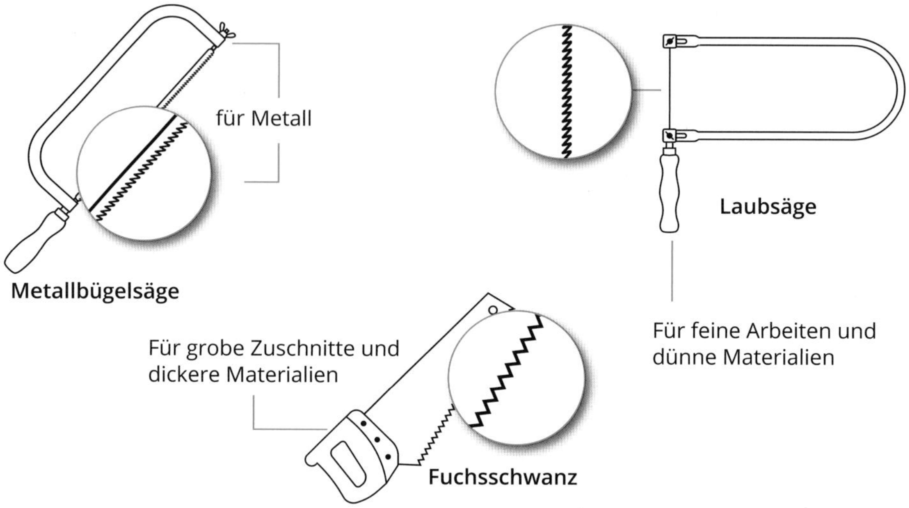

Sicherheit geht vor

Die Säge wird vor der Verwendung auf Schäden, z. B. fehlende Zähne oder ein geknicktes Sägeblatt, untersucht.

Zum Sägen von Rundhölzern wird immer eine Gehrungslade verwendet.

Keine beschädigten Sägen verwenden.

Beim Durchsägen wird darauf geachtet, Reststücke festzuhalten.

Zu bearbeitende Werkstoffe werden vorab auf Fremdkörper wie bspw. Nägel überprüft.

Die Wirkungsweise der Säge wird berücksichtigt und eine sichere Führung gewährleistet.

Eine geeignete Säge auswählen.

Für Gehrungsschnitte wird eine Gehrungslade verwendet.

Steifigkeit des Sägeblatts prüfen, ggf. nachspannen.

Werkstücke werden vor dem Sägen fest eingespannt, z. B. in einen Maschinenschraubstock.

Die Hand wird nach dem Erstellen der Schnittfuge sofort aus dem Sägebereich entfernt.

Basierend auf: Deutsche Gesetzliche Unfallversicherung: Holz. Ein Handbuch für Lehrkräfte. In: www.publikationen.dguv.de, 01/2006, S.57

Arbeitsschritte beim Sägen

1 Zuerst werden die Umrisse des Werkstücks aus der technischen Zeichnung mit Bleistift, Gliedermaßstab und Anschlagwinkel auf das Material übertragen. Hierbei muss darauf geachtet werden, dass das Werkstück winklig ist und die Maße exakt übernommen werden. Die so entstandenen Linien werden „Anriss“ genannt.

2 Eine zum Vorhaben passende Säge muss ausgewählt werden. Hierbei müssen sowohl das Material und die Wirkungsweise der Säge, die Hinweise zum sicheren Arbeiten mit der Säge sowie die Wirkweise der Säge berücksichtigt werden. Die Hinweise zum sicheren Arbeiten mit der Säge sind einzuhalten.

3 Das Werkstück wird fest in den Maschinenschraubstock eingespannt. Die Linie, die gesägt werden soll, sollte knapp außerhalb des Maschinenschraubstocks sein.

4 Für kleinere Werkstücke wie bspw. Holzleisten oder wenn das Werkstück in einem bestimmten Winkel, z. B. 45° oder 90° gesägt werden soll, wird eine Gehrungslade genutzt. Diese wird mit dem Schraubstock fest an der Werkbank befestigt. Das zu bearbeitende Werkstück wird in die Gehrungslade eingelegt. Durch die Führung des Sägeblattes ist ein sicheres und sauberes Arbeiten gewährleistet.

5 Die Säge wird vorsichtig außerhalb des Bereiches angesetzt, der gesägt werden muss. Hierbei muss der Anriss noch sichtbar bleiben.

6 Jetzt wird die volle Länge des Sägeblattes genutzt und die Säge leicht nach vorn geneigt hin und her bewegt, um zunächst eine kleine Schnittfuge zu erhalten. Hierbei muss die Wirkungsweise der ausgewählten Säge beachtet werden.

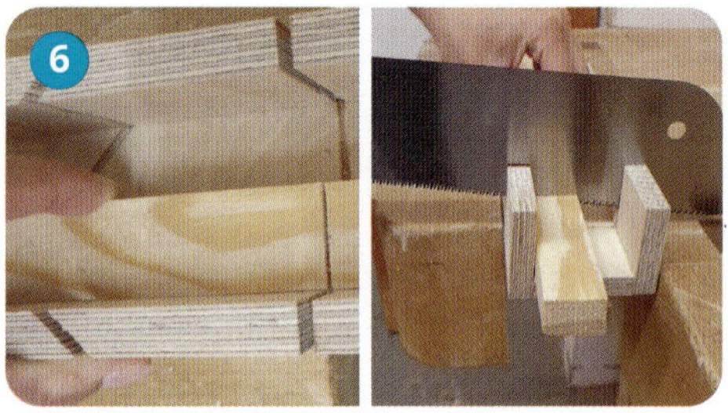

7 Nun wird gleichmäßig in der Schnittfuge weitergesägt, bis ein vollständiger Schnitt entsteht. Es muss darauf geachtet werden, dass das Abfallstück langsam abgesägt und dabei gesichert wird, damit das Holz nicht aufreißt.

Was tun, wenn...?

... das Material nach dem Ablängen noch immer nicht die gewünschte Größe hat?	Wenn das Material nach dem Ablängen zu kurz ist, hilft leider nichts – es muss recycelt und für ein anderes Produkt verwendet werden. Deswegen sollte immer sehr darauf geachtet werden, außerhalb des Anrisses zu sägen. Wenn das Material nach dem Ablängen noch zu groß ist, kann entweder noch einmal gesägt, oder für feinere Arbeiten gefeilt, geraspelt bzw. geschliffen werden.
... das Holz beim Sägen ausgerissen ist?	Wenn das Holz bereits ausgerissen ist, kann es etwas abgeschliffen und ggf. mit Leim und Holzspänen ausgebessert werden. Besser ist es aber, dem Ausreißen vorher entgegenzuwirken, indem das Holz langsam und gleichmäßig gesägt und das Abfallstück beim Durchsägen gut festgehalten wird.
... die Säge einfach kein Material abträgt?	Wenn die Säge kaum oder überhaupt kein Material abträgt, dann überprüfe sie: Gibt es Unregelmäßigkeiten wie bspw. verbogene Sägezähne? Ist sie für das Material geeignet? Ist die Säge auf den ersten Blick intakt, kann es sein, dass sie mit der Zeit stumpf geworden ist. Das erkennt man am besten daran, dass die Schnittstellen ausgefranst und die entstehenden Späne meist fein wie Mehl sind. Eine stumpfe Säge macht auch häufig lautere Geräusche als eine scharfe Säge und verkantet beim Sägevorgang. Sie sollte der Lehrkraft übergeben werden.

Kreisrund – das Bohren

Die Bretter für Pauls Schatzkiste haben jetzt die richtigen Maße. Allerdings muss in eines der Bretter noch ein Loch für die Anbringung des Schlosses hinein. Wie bekommt er ein Loch in das Brett und worauf muss er dabei achten?

M1 Überall Löcher

Hühnergott

„Knopf" im Ohr

Hosenknopf

Tackernadel

M2 Aufbau der Ständerbohrmaschine

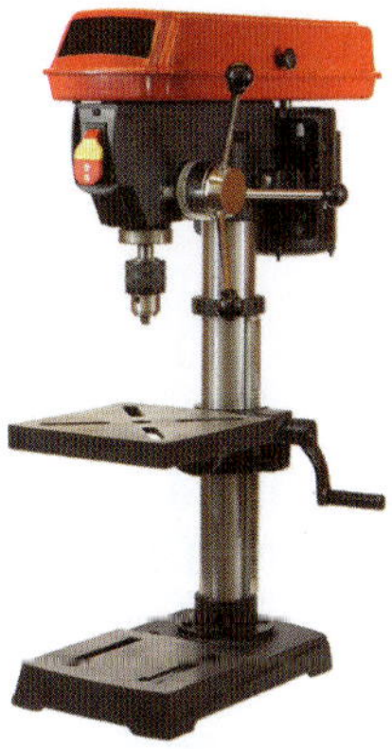

Für das Bohren der Löcher musste Paul das erste Mal an der Ständerbohrmaschine arbeiten. Paul war erstaunt, wie komplex diese Maschine eigentlich ist und wie viel man daran einstellen kann.

M3 Wirkungsweise von Bohrern

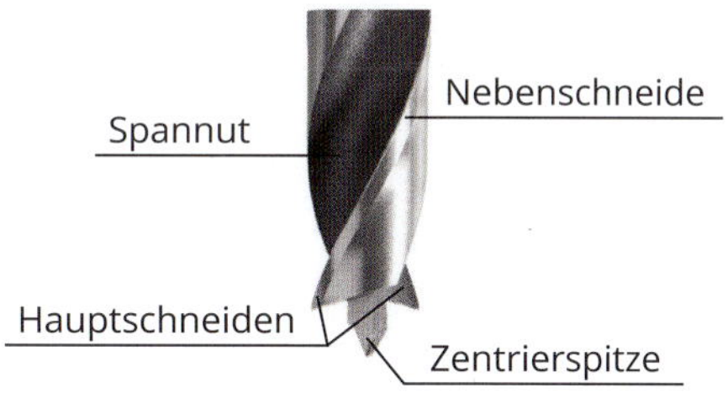

Für die Montage des Verschlusses der Schatzkiste mussten Paul und Peter einige Löcher bohren. Hierfür haben sie eine Ständerbohrmaschine genutzt, da diese schneller und mit weniger Kraftaufwand arbeitet als ein Handbohrer. Die Ständerbohrmaschine wird über einen Motor angetrieben. Auf den Bohrtisch wird das Werkstück aufgelegt. Der Bohrer wird in das Bohrfutter eingespannt und beim Bohrvorgang über den Handhebel abgesenkt. Der Bohrer verfügt über Haupt- und Nebenschneiden, die, je nach Verwendungszweck, in einem bestimmten Winkel zueinander angeordnet sind. Durch die schnelle Drehbewegung um die eigene Achse, in die der Bohrer versetzt wird, dringt dieser in das Werkstück ein. Der dabei entstehende Span wird über die Spannut hinausgeführt.

M4 Die verschiedenen Bohrverfahren

Grundlochbohrung (links) und Durchgangsbohrung (rechts)

M5 Tunnelbau – Bohrer der Superlative

Die Tunnelvortriebsmaschine „Bärlinde"

In Berlin wurde über einige Jahre hinweg die U-Bahnlinie 5 mit der U-Bahnlinie 55 zusammengeführt. Hierfür kam die 74m lange Tunnelvortriebsmaschine „Bärlinde" zum Einsatz. Mit einem Durchmesser von 6,67m und einem Vortrieb von 8 m/Tag hat sich die Maschine durch den Berliner Untergrund gegraben.

F Recherchiere, wie Löcher im Käse entstehen.

AUFGABEN

82301-286

1. Erkläre, welche Funktion die Löcher in den Gegenständen haben und wie sie entstanden sind (**M1**).
2. Ordne die folgenden Begriffe dem Aufbau der Ständerbohrmaschine zu: Motor, Handhebel für Vorschub, Schalter, Säule, Abdeckung (darunter Riemenscheibe zur Drehzahländerung), Bohrspindel, verstellbarer Bohrtisch, Bohrfutter, Maschinenfuß mit Bohrtisch (**M2**).
3. Erkläre das Fertigungsverfahren Bohren anhand der Ständerbohrmaschine (**M2**, **M3**).
4. Erläutere die unterschiedlichen Arten von Bohrverfahren. Gib jeweils mindestens zwei Beispiele an, wo diese eingesetzt werden (**M4**).
5. a) Recherchiere im Internet zu aktuellen Tunnelbauprojekten.
   b) Diskutiert zu zweit die Herausforderungen des Tunnelbaus mit einem Bohrer (**M5**).
   c) Vergleicht die Herausforderungen des Tunnelbaus mit denen des Bohrens von Holz bzw. Metall (**M5**).

So gelingt die Bohrung

Bei der Herstellung vieler Werkstücke muss gebohrt werden. Häufig wird die Ständerbohrmaschine für Bohrungen genutzt, um Kraft zu sparen. Die Ständerbohrmaschine muss richtig eingestellt und verwendet werden, damit es nicht zu Unfällen kommt.

Erklärvideo „Bohren mit der Ständerbohrmaschine“

82301-86

Beim Anzeichnen auf Metall werden eine Anreißnadel und ein Stahlmaßstab verwendet.

Hilfs- und Arbeitsmittel

1. **Bleistift, Gliedermaßstab und Anschlagwinkel:** Diese Arbeitsmittel werden benötigt, um die Maße aus der technischen Zeichnung auf dein Werkstück zu übertragen.

2. **Maschinenschraubstock:** ist in verschiedenen Größen erhältlich. Hierin können die Werkstücke für die Bearbeitung fest und sicher eingespannt werden.

3. **Ständerbohrmaschine:** ist gut geeignet, um mit wenig Kraftaufwand in ein Werkstück zu bohren.

4. **Bohrer:** Es gibt viele verschiedene Bohrer. Bevor mit dem Bohrvorgang gestartet wird, muss der richtige Bohrer ausgewählt werden.

5. **Körner und Hammer:** Wenn Metall gebohrt wird, muss hiermit zunächst eine kleine Führung für den Bohrer hergestellt werden.

6. **Schleifpapier oder Senker:** Da die beim Bohren entstehenden Kanten oft sehr scharf sind und ein Verletzungsrisiko darstellen, müssen sie „gebrochen“ werden.

7. **Schneidöl:** Beim Bohren in Metall sollte ein Schneidöl verwendet werden, um das Werkstück zu kühlen und den Verschleiß des Bohrers zu reduzieren.

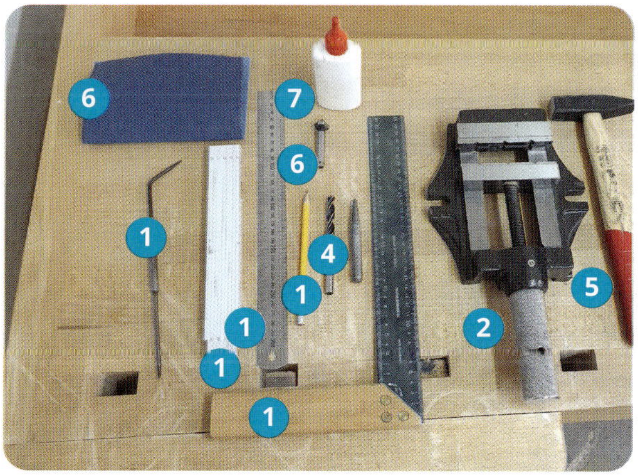

Spiralbohrer, Forstnerbohrer, Glockensäge? Auswahl des richtigen Bohrers

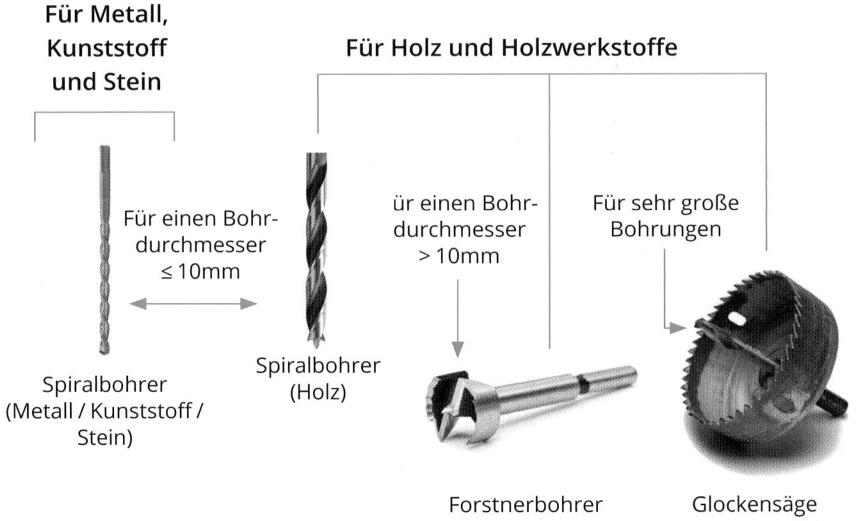

Sicherheit geht vor

Bohrungen an der Ständerbohrmaschine werden immer unter Aufsicht einer Lehrkraft durchgeführt.

Der Bohrer wird bis zum Anschlag in das Bohrfutter geschoben und fest eingespannt. Der hierfür verwendete Spannschlüssel wird sofort abgezogen.

Nach erfolgter Bohrung werden die entstandenen Bohrspäne abgesaugt und nicht mit der Hand entfernt.

Das Werkstück wird in einen Maschinenschraubstock eingespannt und so gegen ein Verdrehen gesichert.

Die persönliche Kleidung wird vor der Arbeit an der Bohrmaschine überprüft. Insbesondere werden Schmuck und lose Kleidungsstücke abgelegt sowie bei langen Haaren eine Mütze bzw. ein Haarnetz verwendet.

Beim Bohren wird ein Gefahrenradius von 1,5 m um die Ständerbohrmaschine eingehalten.

Es werden **keine** Handschuhe getragen.

Beim Bohren von spröden Materialien wird eine Schutzbrille getragen.

Basierend auf: Deutsche Gesetzliche Unfallversicherung: Holz. Ein Handbuch für Lehrkräfte. In: www.publikationen.dguv.de, 01/2006, S.44

Arbeitsschritte beim Bohren

1 Zuerst wird die Bohrung aus der technischen Zeichnung mit Anreißnadel, Stahlmaßstab und Anschlagwinkel auf das Material übertragen.

2 Bei Werkstücken aus Metall muss die Bohrung zuerst gekörnt werden. Hierfür wird der Körner auf dem Anriss platziert und mit dem Hammer kräftig darauf geschlagen.

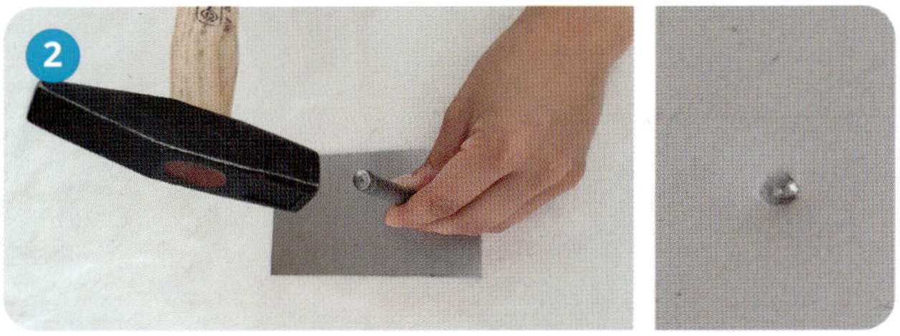

3 Es wird, wie auf der vorherigen Seite dargestellt, ein für das Vorhaben geeigneter Bohrer ausgewählt.

4 Der Bohrer wird bis zum Anschlag fest in das Bohrfutter der Bohrmaschine eingespannt. Der Spannschlüssel wird sofort abgezogen. Die Bohrmaschine wird kurz angeschaltet und der Rundlauf des Bohrers geprüft.
Die Drehzahl wird eingestellt. Hierbei gilt: Je kleiner der zu bohrende Durchmesser und je weicher der zu bohrende Werkstoff, desto größer sollte die Drehzahl gewählt werden.

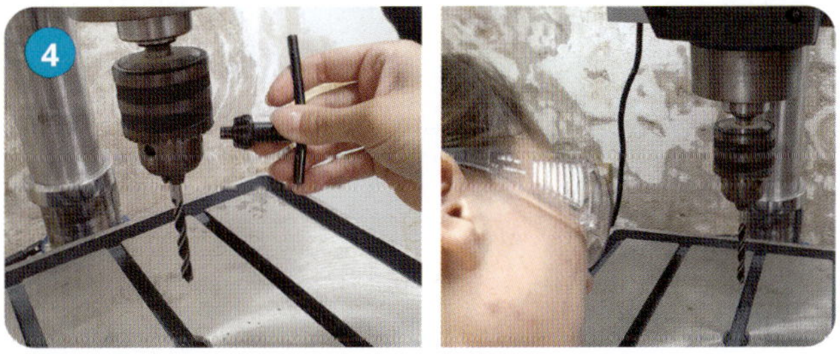

5 Das im Maschinenschraubstock eingespannte Werkstück wird auf dem Bohrtisch platziert. Bei ausgeschalteter Ständerbohrmaschine wird der Bohrer kurz abgesenkt, um das Werkstück so zu platzieren, dass die markierte bzw. gekörnte Stelle gebohrt wird.

6 Die Ständerbohrmaschine wird angeschaltet und der Bohrer langsam und gleichmäßig abgesenkt. Wenn in Metall gebohrt wird, werden ein paar Tropfen Schneidöl auf die gekörnte Stelle gegeben.

7 Wenn die Bohrung durchgeführt ist, wird der Bohrer wieder nach oben geführt und die Ständerbohrmaschine wird ausgeschaltet. Die beim Bohren entstandenen Späne werden abgesaugt.

8 Die entstandenen Kanten sind oft scharfkantig. Bei der Arbeit mit Metall sollten sie mit einem Senker entgratet, bei der Arbeit mit Holz mit Schleifpapier oder einer Feile gebrochen werden.

Was tun, wenn...?

... die Bohrung so klein ist, dass die Kante nicht mit Schleifpapier gebrochen werden kann?

Für das Entgraten bzw. Kantenbrechen von sehr kleinen Bohrungen gibt es ein besonderes Werkzeug: die Schlüsselfeilen. Diese haben einen extra kleinen Durchmesser und verschiedene Formen, bspw. rund, halbrund, quadratisch oder flach.

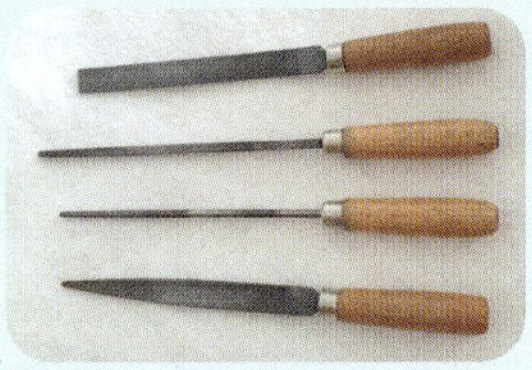

... die Bohrung an der falschen Stelle ist?

Wenn bereits an der falschen Stelle gebohrt wurde, ist es oft schwer, das Werkstück noch zu retten – es muss recycelt und für ein anderes Produkt verwendet werden. Wenn das Material noch nicht abgelängt wurde, kann es sein, dass der Anriss nachträglich noch einmal korrigiert werden kann, um das Werkstück doch noch herstellen zu können.

... der Bohrer einfach kein Material abträgt?

Wenn der Bohrer kaum oder überhaupt kein Material abträgt, sollte im ersten Schritt überprüft werden, ob er für das Vorhaben geeignet und ob an der Ständerbohrmaschine die richtige Drehzahl eingestellt ist. Wenn diese Parameter stimmen, kann es sein, dass der Bohrer mit der Zeit stumpf geworden ist. Das erkennt man, ähnlich wie bei der Säge, am ehesten daran, dass die Bohrkanten ausgefranst und die entstehenden Späne meist fein wie Mehl sind. Ein stumpfer Bohrer macht auch häufig lautere Geräusche als ein scharfer Bohrer und verkantet beim Bohrvorgang. Er sollte der Lehrkraft übergeben werden.

Werkraumordnung

Erklärvideo „Werkraumordnung"

82301-87

Wann darfst du rein und arbeiten?

- Betrete den Technikfachraum und den Maschinenraum nur in Begleitung deines Lehrers/deiner Lehrerin.
- Trage eng anliegende, geeignete Kleidung und geschlossenes Schuhwerk.
- Binde lange Haare zusammen und lege herabhängenden Schmuck ab.
- Erst wenn du durch deine Lehrkraft eingewiesen wurdest, darfst du an Maschinen arbeiten.

Was ist beim Arbeiten zu beachten?

- Halte Fluchtwege und Einrichtungen zur Brandbekämpfung frei.
- Stelle die Bewegungs- und Arbeitsfreiheit am Arbeitsplatz und an der Maschine her.
- Lege deine Jacke und Taschen an dem dafür vorgesehenen Ort ab.
- Verlasse bei Pausenzeiten den Fachraum in Absprache mit deinem Lehrer/deiner Lehrerin, wenn du Essen und Trinken möchtest.
- Prüfe den ordnungsgemäßen Zustand der Werkzeuge und Geräte.
- Melde Gefahren und Schäden oder Mängel, die du an Werkzeugen entdeckt.
- Melde Verletzungen – auch wenn sie klein erscheinen – deinem Lehrer/deiner Lehrerin.
- Lese Arbeitsanleitungen sorgfältig und befolge sie.
- Beachte, dass an jeder Maschine nur eine Person arbeiten kann und halte den Sicherheitsabstand ein, wenn du wartest oder zusiehst.
- Spanne Materialien und Werkstücke zur Bearbeitung sorgfältig ein.
- Nutze festgelegte Schutzausrüstung wie z. B. Schutzbrille und Gehörschutz bei Arbeiten, wo dies empfohlen wird.

Woran muss ich nach der Arbeit denken?

- Reinige Geräte und Werkzeuge.
- Säubere deinen Arbeitsplatz: räume größere Materialreste weg und nutze den Staubsauger zur Entfernung von Holzstaub und -spänen.
- Lagere Werkzeuge, Geräte und Material an den dafür vorgesehenen Orten sachgerecht.
- Verstaue deine Arbeitskleidung.
- Wasche deine Hände vor dem Verlassen des Raumes.

Basierend auf: Deutsche Gesetzliche Unfallversicherung: Die Werkraumordnung. In: www.publikationen.dguv.de, 09/2017

Aus zwei mach eins – wie funktioniert das Fügen?

Mit einem Karabiner noch schnell die Trinkflasche oder den Schlüssel im Rucksack fixiert, mit dem Druckknopf oder dem Reißverschluss das Kleingeldfach deiner Geldbörse verschlossen oder das Passbild aufgeklebt: In der Technik nennt man dieses Verfahren „fügen“.

M1 Nägel mit Köpfen machen – Wie kriegst du die Teile zusammen?

1 Die Grundflächen des Kaninchenstalls sollen stabil miteinander verbunden werden und die Last der Kaninchen, Einstreu, des Futters etc. tragen.

2 Die Dachpappe soll gut auf dem Kaninchenstall fixiert sein, so dass sich keine Feuchtigkeit darunter sammelt.

3 Ein Sonnenschutz vor den Gitterbereichen wird nur im Sommer benötigt. Er soll abnehmbar sein.

4 Die Holzleisten auf der Kaninchenleiter sollen so gefügt werden, dass sich die Kaninchen daran nicht verletzen können.

5 Am Ende möchtest du noch schnell außen am Stall Namensschilder aus Sperrholz befestigen.

Kaninchenstall aus Holz für den Außenbereich

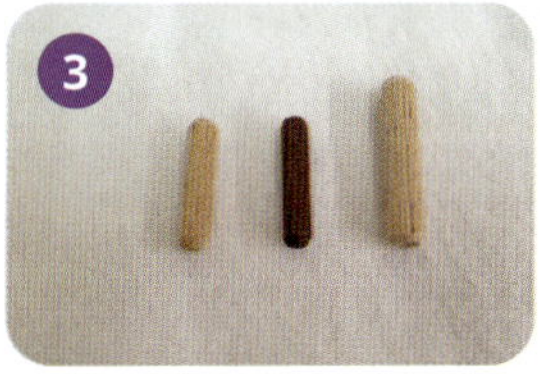

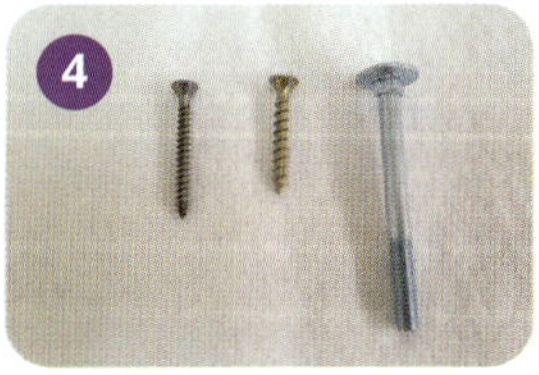

M2 Nageln, Schrauben oder Kleben – ein Überblick

Verfahren	Vorteile	Nachteile
Nageln	Nageln geht einfach und schnell. Es gibt verschiedene Nagellängen, -stärken und -köpfe. Die Verbindung ist lösbar.	Das Holz kann sich spalten, wenn die Nagelspitze nicht gestaucht ist.
Schrauben	Schraubverbindungen haben eine hohe Festigkeit und werden daher auch ergänzend zu Leimverbindungen verwendet. Es gibt verschiedene Schraubenlängen, -stärken und -köpfe. Die Verbindung ist lösbar.	Bei hartem Holz muss man vorbohren.
Dübeln	Dübel sind wenig oder gar nicht sichtbar. Es gibt verschiedene Dübellängen und -stärken. Die Verbindung ist nicht lösbar.	Das Verfahren ist relativ aufwendig: Man muss erst ein gerades Loch bohren, dass genau an der richtigen Stelle sitzt. Anschließend wird der Dübel verleimt.
Kleben / Leimen	Kleben ist eine feste Verbindung, bei der die Materialien großflächig aufeinander haften. Bei Holz wird dazu Weißleim verwendet, den es auch in wasserfest gibt.	Man benötigt Hilfsmittel, wie zum Beispiel Zwingen, um die Werkstücke aufeinander zu pressen.

M3 Was darf es sein?

Alina sucht im Baumarkt nach Metallschrauben für ihr Fahrrad. Sie benötigt eine Schraube mit einem standardisierten Außengewinde. Die Standardisierung ist metrisch und wird daher nach der Stärke M10 abgekürzt. Dazu braucht sie noch eine passende Mutter.

Warensortiment eines Baumarktes.

FÜGEN

Beim Fügen werden zwei oder mehrere Teile miteinander verbunden, zum Beispiel durch Nageln, Schrauben, Verleimen, Löten oder Schweißen. Das Fügeverfahren wählt man aus. Es ist abhängig davon welches Material man verwendet und welche Eigenschaften die Verbindung aufweisen soll, z. B. ob sie lösbar oder unlösbar sein soll. Fügen ist eine Hauptgruppe der Fertigungsverfahren.

AUFGABEN

1. Beschreibe, wie du vorgehen würdest, um die Verbindungen am Kaninchenstall zu gestalten (**M1**).
2. a) Ordne die Fotos den verschiedenen Fügeverfahren zu (**M2**).
   b) Benenne Beispiele, in denen die Verfahren angewendet wurden.
3. Identifiziere Verbindungen an deiner Kleidung und klassifiziere diese in lösbare und unlösbare Verbindungen (**#Fügen**).
4. a) Recherchiere, was die Kennzeichnungen auf den Verpackungen aussagen (**M3**).
   b) Begründe, in welchen Verpackungen die gesuchte Schraube und die gesuchte Mutter ist.
5. Erörtert in der Klasse, ob eure genannten Fügeverfahren für den Kaninchenstall (**M1**) passend sind.

F Es gibt verschiedene Antriebsarten von Schrauben: Torx, Kreuz, Schlitz und Sechskant. Recherchiere, welche die beste Kraftübertragung hat und wie sie aussehen.

PRAXISSEITE

Erklärvideo „Leimen“

82301-82

Wie füge ich einen Bilderrahmen?

Du hältst vier Hölzer in der Hand. Nur noch schnell zusammenbringen, dann ist der Bilderrahmen fertig. Aber Nägel oder Schrauben sehen nicht gut aus. Außerdem sollen die Hölzer dauerhaft verbunden werden. Also greifst du zu Leim und los geht's.

Hilfs- und Arbeitsmittel

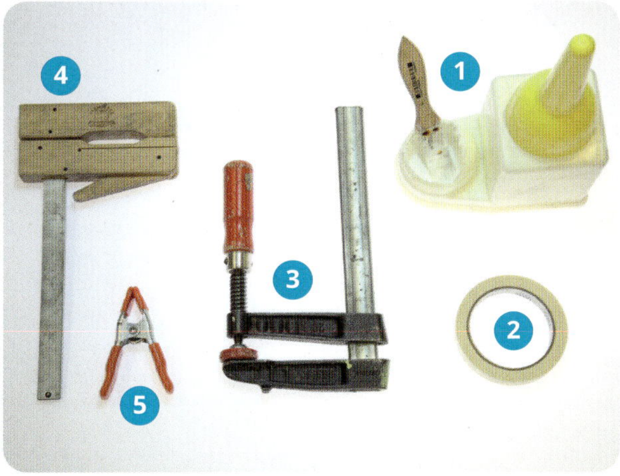

1 **Holzleim (meist synthetische „Weißleime“):** lassen sich u. a. unterscheiden nach ihrer Wasserbeständigkeit und Verarbeitbarkeit. Verwendet man einen Leim mit besonders kurzer Aushärtezeit wird dieser „Expressleim“ genannt.

2 **Malerkreppband:** lässt sich unmittelbar nach Gebrauch von den meisten Oberflächen sauber und rückstandsfrei abziehen.

3 **Schraubzwinge:** ist in verschiedenen Größen erhältlich. Die Auflageflächen sind häufig mit Kunststoffkappen versehen umd Druckstellen zu vermeiden.

4 **Klemmzwinge mit Exzenterhebel:** ermöglicht ein schnelles Spannen und Lösen und ist geeignet, wenn nur eine geringe Druckkraft erforderlich ist.

5 **Federklemmen:** gibt es aus Stahl und Kunststoff. Sie lassen sich mit einer Hand schnell aufsetzen und sind dann geeignet, wenn geringe Spannweiten vorhanden sind.

Arbeitsschritte beim Verleimen

1 Lege alle Holzleisten des Bilderrahmens hintereinander. Fixiere die Holzleisten mit Malerkrepp.

2 Trage einen kleinen Tropfen Holzleim auf die zu leimende Gehrung auf.

3 Setze die Gehrung zusammen und fixiere sie mit dem Malerkreppband.

4 Wiederhole das Vorgehen, bis du alle Seiten des Bilderrahmens verleimt hast.

5 Lasse den Holzleim aushärten. Entferne anschließend das Malerkreppband.

Alternativen zur Verwendung des Malerkrepps

a

Bandspanner: Auch ein Bandspanner aus reißfestem Polyester kann beim Verleimen verwendet werden. Eine aufgesetzte Holzecke schützt die Kante.

b

Gehrungsklammer-Set: Mit einer Spreizzange, können Federklammern zum Fixieren der Ecken verwendet werden. Die zugespitzten Enden der Klammern sorgen für den notwendigen Halt, hinterlassen jedoch kleine Einkerbungen im Holz.

c

Hilfskonstruktionen: Zwei kleine zugesägte Holzstückchen im 45° Winkel können aufgeleimt werden um eine Zwinge anzusetzen. Die Hilfsstücke werden mit Leim versehen, aufgesetzt und mit der Hand so lange hin- und hergeschoben, bis eine leichte Haftung entsteht. Nach dem Abtrocknen ist die Haftung ausreichend. Bei der Positionierung der Hilfsstücke ist darauf zu achten, dass die Achse der Presskraft (rot eingezeichnet) möglichst mittig auf die Gehrung wirkt.

Wie erzeugst du den letzten Schliff?

Paul hat die Teile seiner Schatzkiste schon zugesägt, aber so ganz stimmt die Form noch nicht. Nun ist es Zeit für die nächsten Arbeitsschritte: das Feilen und das Schleifen. So erhält seine Schatzkiste eine schöne Oberfläche.

M1 Was ist da los?

Jule fasst ihre Holzleiste nach dem Zusägen an. Verschmerzt verzieht sie das Gesicht: „Au, jetzt habe ich mir einen Splitter eingezogen!"

Paul steht in Peters Werkstatt und guckt sich hilfesuchend um. Die runde Öffnung für sein Vogelhaus ist beim Sägen nicht so richtig gut geworden.

Charlotte hilft heute Jule im Repair-Café aus. Gemeinsam mit einem Jungen hat sie Holzteile zugesägt und verleimt. Sieht alles gut aus. Wenn da nicht die vielen Bleistiftstriche wären ...

M2 Feilen und Raspeln

1
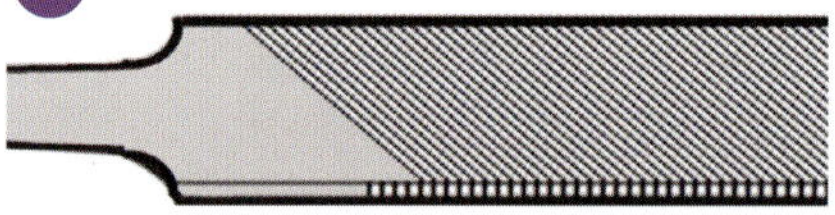

2

3
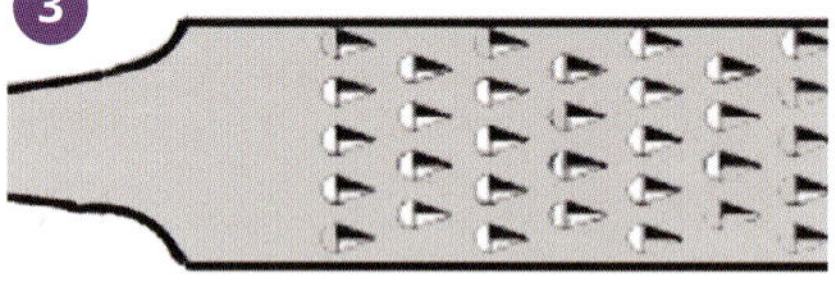

a Feile mit Raspelhieb für weiche Werkstoffe und grobe Bearbeitung: vereinzelt angeordnete, punktförmige Zähne

b Feile mit Einhieb für weiche Werkstoffe und feine Bearbeitung: diagonal zur Feilenachse verlaufende, keilförmige Zahnreihe

c Feile mit Kreuzhieb für harte Werkstoffe und feine Bearbeitung: diagonal zur Feilenachse verlaufende, gekreuzte keilförmige Zahnreihen

M3 Feilen und Raspeln in deinem Alltag?

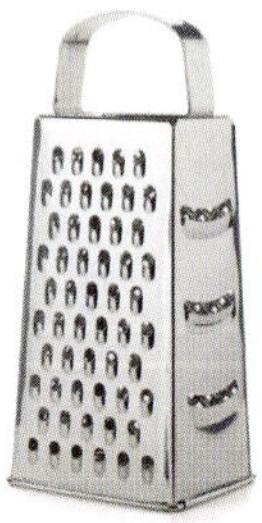

Verschiedene Feilenarten

M4 Der letzte Schliff, aber womit?

Bei einem Werkstück möchtest du die Kanten brechen.

Du hast dein Werkstück einmal lackiert und möchtest es für den zweiten Lackauftrag vorbereiten.

Schleifpapiere mit verschiedenen Körnungen (40, 80, 150, 240, 600)

Du möchtest eine glatte Werkstückoberfläche erzielen.

Auf deinem Werkstück sieht man noch Bleistiftstriche vom Anzeichnen.

Die Körnung des Schleifpapiers wird durch Ziffern angegeben. Hohe Zahlen stehen für feines Schleifpapier (z. B. 220er Papier), niedrige Zahlen für Papier mit einer groben Körnung z. B. 80er Papier).

M5 Sicherheit geht vor: So vermeidest du unnötigen Holzstaub

Holzstaub gefährdet die Gesundheit. Er kann die Augen und Atemwege reizen. Der Staub von Buchen und Eichenholz kann beim Menschen sogar Krebserkrankungen der Nasenschleimhäute auslösen.

Interaktive Aufgabe: Ordne die Regeln zu

82301-88

1 Regeln zur Vermeidung von Holzstaub

2 Allgemeine Regeln

- a Bei sprödem Material Schutzbrille tragen.
- b Werkzeug mit beiden Händen führen.
- c Holz nicht in Gesichtsnähe bearbeiten und Staub nicht beiseite pusten.
- d Erst mit grobkörnigem Schleifpapier (80er), dann mit feinkörnigem Papier arbeiten (120/180).
- e Werkzeuge so lagern, dass die Schneiden nicht beschädigt werden, z. B. an einer Werkzeugwand.
- f Spanne das Werkstück fest ein.
- g Reinigung der Werkzeuge mit einer Bürste.
- h Werkstücke exakt sägen.
- i Überschüssiges Material durch Hobeln, Raspeln und / oder Feilen entfernen. Erst dann die Feinbehandlung der Oberfläche mit Schleifen beginnen.
- j Ein Ausschlagen oder Ausklopfen von zugesetztem Schleifpapier führt zu einer erhöhten Holzstaubkonzentration. Schleifpapier wechseln, wenn es voll ist.
- k Werkbänke und Einrichtungsgegenstände, auf denen sich Holzstäube ablagern, mit einem Industriestaubsauger absaugen (nicht abfegen).
- l Nur Werkzeuge mit Griff (man sagt dazu auch Heft) benutzen.

M6 Halb so schlimm, das kriegen wir wieder hin!

Alina und Eren sind zu Besuch im Repair-Café. Alina möchte gerne ein Bienenhotel für ihren Opa bauen.

Alina: Mist, mein Zuschnitt ist nicht so schön geworden. Guck mal, hier hab ich meinen angezeichneten Strich gar nicht getroffen.

Eren: Das ist doch nicht so schlimm. Dann schleifst du den Rest einfach weg!

Alina: Nee, schleifen dauert doch viel zu lang. Und ist außerdem ungesund!

FEILEN

Feilen ist ein trennendes Fertigungsverfahren, bei dem die Schneiden (Zähne) der Feile flächig Material abtragen. Je nachdem wie die Zähne ausgebildet und wie sie angeordnet sind, spricht man von Ein- oder Kreuzhieb oder Raspelhieb. Schleifen gehört ebenfalls zur Hauptgruppe Trennen. Mithilfe von Schleifpapier werden feine Späne vom Werkstück abgetragen, um die Oberfläche frei zu gestalten.

AUFGABEN

82301-288

1. Beschreibe, was du bei den Fallbeispielen tun würdest (**M1**).
2. Begründe, welches Werkzeug aus **M2** du bei den Fallbeispielen (**M1**) verwenden würdest.
3. a) Erläutere, ob es sich bei den Alltagsbeispielen ebenfalls um das Fertigungsverfahren Feilen handelt (**#Feilen**).
   b) Analysiere, um was für eine Feilenart es sich bei den Beispielen handelt (**M3**).
4. Erörtere, welches Schleifpapier du auswählen würdest (**M4**) und begründe deine Entscheidung.
5. Untersuche die Arbeitshinweise zum Feilen und unterteile diese in allgemeine und spezifische Regeln zur Vermeidung von Holzstaub (**M5**, QR-Code).
6. a) Nehme Stellung zu Alinas Aussage (**M6**).
   b) Entwickle einen Lösungsvorschlag für Alina.

So wird gefeilt, geraspelt und geschliffen

Da beim Sägen außerhalb des Anrisses gesägt wird, steht meistens etwas Material über, welches nach dem Sägen noch abgetragen werden muss. Da diese feinen Arbeiten mit einer Säge nur schwer ausführbar sind, wird hierbei gefeilt, geraspelt und geschliffen.

Hilfs- und Arbeitsmittel

1. **Schwingschleifer, Bandschleifmaschine, Schleifklotz mit Schleifpapier:** Je nachdem, wie viel Material abgetragen werden muss, werden zum Schleifen Handmaschinen eingesetzt oder von Hand geschliffen.

2. **Feile und Raspel:** werden zur Nachbearbeitung von Werkstücken aus Holz, Metall und Kunststoff eingesetzt.

3. **Schraubstock mit Aluminium- oder Kunststoffbacken, Werkbank:** Hierin wird das zu bearbeitende Werkstück fest eingespannt.

4. **Draht- oder Feilenbürste:** Nach dem Feilen oder Raspeln wird das Werkzeug mit der Drahtbürste gereinigt.

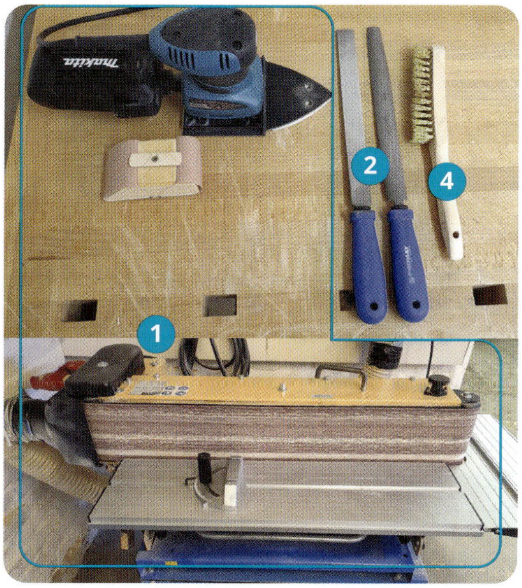

Feilen, Raspeln und Schleifen – Was wird womit gemacht?

	Schwing-schleifer	Bandschleif-maschine	Schleifklotz	Raspel	Feile
Für Holz	X	X	X	X	X
Für Metall					X
Für große Flächen	X	X			
Für Grob-arbeiten	X	X		X	
Für Nach-arbeiten		X	X		X
Für kleine Flächen und Kanten		X	X	X	X

Sicherheit geht vor

Feilen und Raspeln werden nur genutzt, wenn sie ein einwandfreies und fest sitzendes Heft haben.

Beim Schleifen entstehender Staub wird abgesaugt.

Die Feilen und Raspeln werden nach der Verwendung mit einer Draht- bzw. Feilenbürste gereinigt.

Da beim Schleifen viel Staub entsteht, sollte das Schleifen auf das notwendige Maß beschränkt bleiben.

Beim Schleifen und Feilen wird das Werkzeug mit beiden Händen geführt.

Beim Schleifen und Feilen wird das zu bearbeitende Werkstück fest und sicher eingespannt.

Basierend auf: Deutsche Gesetzliche Unfallversicherung: Die Werkraumordnung. In: www.publikationen.dguv.de, 09/2017, S. 52 f.

Arbeitsschritte beim Feilen oder Raspeln

Erklärvideo zum Thema Feilen, Raspeln und Schleifen von Hand

82301-89

1 Zuerst wird das Werkstück fest und sicher eingespannt. Um das Werkstück nicht zu zerkratzen, sollten Aluminium- oder Kunststoffbacken verwendet werden. Die zu feilende Fläche oder Kante sollte hierbei nach oben zeigen.

Der Arbeitsablauf ist beim Feilen und Raspeln der gleiche.

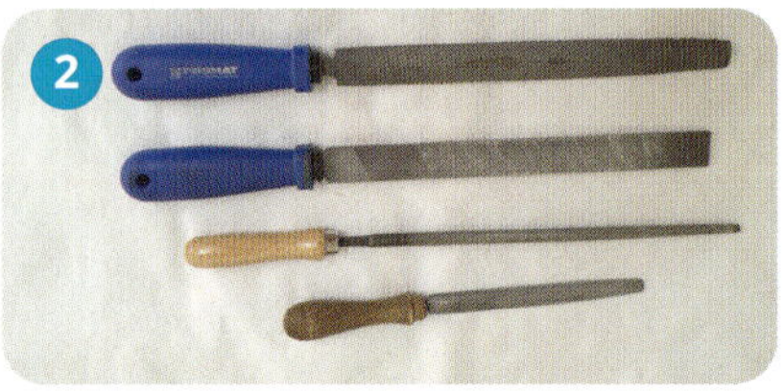

2 Es wird, wie oben beschrieben, ein für das Vorhaben geeignetes Werkzeug ausgewählt. Hierbei sollte auch die Form des Werkzeugs (rund, halbrund, flach etc.) berücksichtigt werden.

Der Griff wird bei der Feile und der Raspel als Heft bezeichnet.

3 Mit der führenden Hand wird das Heft des Werkzeugs gegriffen, der Handballen der anderen Hand liegt auf dem vorderen Ende des Werkzeugs auf. So wird das Werkzeug gleichmäßig über das Werkstück geführt.

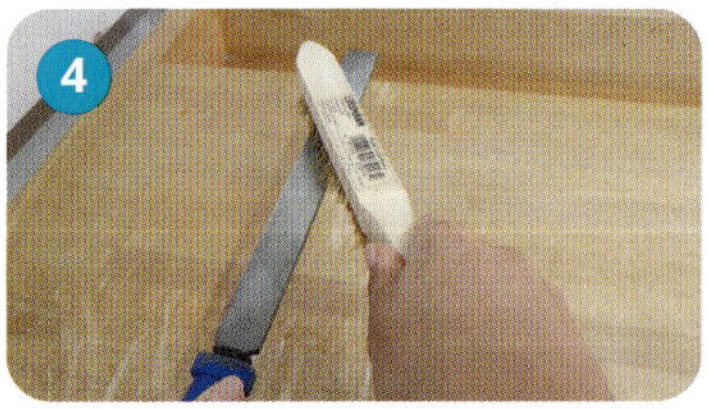

4 Nach der Bearbeitung wird das Werkzeug mit einer Feilen-/ Drahtbürste gereinigt.

Arbeitsschritte beim Schleifen

1 Zuerst wird das Werkstück, je nach Größe, in die Werkbank eingespannt oder kippsicher platziert und mit Schraubzwingen gegen ein Verrutschen gesichert. Die zu bearbeitende Fläche / Kante sollte hierbei nach oben zeigen.

2 Vor dem Schleifvorgang wird geprüft, ob das Schleifpapier bzw. -band fest eingespannt ist und bei der Verwendung der Bandschleifmaschine, ob es rund läuft.

3 Der Schwingschleifer bzw. der Schleifklotz wird mit beiden Händen gleichmäßig über das Werkstück geführt, bis der gewünschte Zustand erreicht wurde. Bei der Bandschleifmaschine wird das Werkstück leicht gegen das Schleifband gedrückt. Hierbei sollte auch die Drehrichtung des Schleifbandes berücksichtigt werden.

4 Wenn der Schleifvorgang beendet ist, wird der Schleifstaub auf dem Werkstück, der Werkbank und dem Fußboden aufgesaugt.

Was tun, wenn...?

... das Heft der Feile / Raspel lose ist?	Eine Feile/ Raspel mit losem Heft sollte nicht verwendet werden. Um das Heft zu befestigen, wird es gerade auf die Angel gesetzt und leicht gedreht. Anschließend wird die Feile mit einer Hand frei gehalten und mit der anderen Hand mit einem Holzhammer kräftig darauf geschlagen. Sollte das Heft immer noch lose sein, wird es der Lehrkraft übergeben.
... der Schleifklotz, der Schwingschleifer oder die Bandschleifmaschine zu viel / zu wenig Material abträgt?	Je nachdem, wie viel Material mit dem Schleifklotz oder auch mit dem Schwingschleifer bzw. der Bandschleifmaschine abgetragen werden soll, muss die Körnung des Schleifpapiers gewählt werden. Für grobe Arbeiten wird eine grobe Körnung, also eine kleine Zahl, für feine Arbeiten eine feine Körnung, also eine große Zahl, gewählt. Wenn die Körnung passend ist, sollte überprüft werden, ob das Schleifpapier bereits abgenutzt ist. Hierfür kann vorsichtig mit dem Finger darübergestrichen werden. Ist die Oberfläche rau, kann das Schleifpapier weiter genutzt werden. Im letzten Schritt sollte sichergestellt werden, dass das Schleifpapier straff eingespannt ist, damit es gut arbeiten kann.

Erklärvideo „Schleifen mit (Hand-)Maschinen“

82301-90

Die Angel ist der spitze Teil der Feile, der in das Heft eingeschlagen wird.

Wie schützt man Produkte durch die Behandlung der Oberfläche?

Das kennst du bestimmt: das Display deines Smartphones zerkratzt schnell, wenn du es nicht schützt. So ist es auch bei Holz und Metall. Die makellose Oberfläche und der Glanz sind nur von kurzer Dauer, wenn du es nicht ausreichend vor Regen, Feuchtigkeitsschwankungen oder auch mechanischen Belastungen schützt.

M1 Hilfe, ich bin sensibel

Stapelturm

Blumentreppe

Frühstücksbrettchen

M2 Ölen, lasieren oder lackieren?

Die Holzmaserung bei meinem Stapelturm gefällt mir richtig gut. Die soll unbedingt sichtbar bleiben! Aber für die Scheiben wollte ich verschiedene Farben, damit es nicht so langweilig aussieht. Ich habe mich dazu entschieden verschiedene Farblasuren zu verwenden. Dazu habe ich verdünnte Acrylfarbe benutzt. Dass die Lasur nicht wasserfest ist, stört mich nicht. Das Spielzeug ist ja zum Spielen im Zimmer gedacht.

Ich habe meine Blumentreppe für draußen lackiert. Die Oberfläche härtet dabei vollständig aus, so dass eine wasser- und wetterfeste Schicht entsteht. Viele Lacke enthalten Lösungsmittel, die gesundheitsschädigend sind. Man sollte daher immer gut lüften. Ich habe mich aber für einen Lack auf Wasserbasis entschieden, der umweltfreundlicher ist. Damit die Blumentreppe aber so schön glänzt, musste ich sie zweimal lackieren. Nach dem ersten Anstrich musste ich die Holzoberfläche noch mal feinschleifen.

Wenn man Holz ölt, härtet die oberste Schicht des Holzes aus. Dadurch wird es wasserabstoßend und widerstandsfähiger. Das ist für mein Frühstücksbrettchen genau richtig. Und die Maserung des Brettchens kommt auch gut zur Geltung. Aber in den Geschirrspüler kann ich das Brett trotzdem nicht stellen und nach dem Einölen muss ich mindestens 24 Stunden warten, bis ich das Brettchen benutzen kann.

M3 Kleinste Teilchen mit großer Wirkung

Hast du schon mal ein Auto gesehen, das auf Knopfdruck die Farbe wechselt? Oder eine Brille, die nie beschlägt? Auch eine Edelstahlküche, auf der man keine Fingerabdrücke mehr sieht, wäre praktisch. Das klingt nach Zukunftsmusik, aber in Industrie und Forschung wurden schon viele neue Beschichtungen entwickelt und eingesetzt, die spezielle Eigenschaften haben. Das Besondere ist, dass es sich dabei um „Nanobeschichtungen" handelt. Hierbei werden kleinste Teilchen, sogenannte Nanopartikel genutzt, um vorher festgelegte Eigenschaften zu erzielen:

Nano
Nano ist ein Vorsatz, der vor Maßeinheiten genutzt wird, um lange Zahlenfolgen zu verkürzen. Nano kommt vom griechischen „nános" und bedeutet „Zwerg". Ein Nanometer entspricht 1 Millionstel Millimeter (10^{-9} m).

1. Verbesserte Kratzfestigkeit
2. Elektrisch leitend
3. Verbesserte Steifigkeit
4. Antibakterielle Eigenschaften
5. Transparent erscheinend

a. Armaturen, Kühlschränke und Möbel mit Silbernanopartikeln
b. Sportgeräte mit Zusatz von Nanopartikeln, z. B. Fahrradrahmen, Surfbretter
c. Leistungsfähigere Batterien und Akkumulatoren
d. Wandbeläge, Bodenplatten und Lacke durch keramische Nanopartikel
e. UV-Schutz in Kosmetika, Textilien und Möbeln

Interaktive Aufgabe: Ordne die Beispiele zu
82301-93

Basierend auf: Kalweit, Paul, Peters, Wallbaum (Hrsg.): Handbuch für Technisches Produktdesign, 2012, S. 593

BESCHICHTEN

Lackieren, Lasieren oder Wachsen sind Beschichtungsverfahren. Hier wird eine fest haftende Schicht auf das Werkstück aufgetragen, die verschiedene Funktionen erfüllen kann. Sie kann das Material vor Rost schützen, zur optischen Gestaltung beitragen oder weitere Eigenschaften des Materials ändern.

Erklärvideo „Oberflächenbeschichtung"
82301-85

AUFGABEN

82301-289

1. Beschreibe, wovor man das Holz in den gezeigten Beispielen schützen sollte (**M1**).
2. a) Erstelle eine Übersicht über die Beschichtungsverfahren, in der du die Eigenschaften und Verarbeitungshinweise einträgst (**M2**).
   b) Analysiere Holzgegenstände in deiner Umgebung in Hinblick auf die angewendeten Beschichtungsverfahren.
3. a) Ordne die Anwendungsbeispiele der Nanobeschichtungen den Eigenschaften zu (**M3**).
   b) Erörtert, welche Rolle die Nanotechnologie in der Zukunft haben wird.

F Beschichte drei Holzabfälle aus dem gleichen Werkstoff durch Lackieren, Ölen und Lasieren. Vergleiche den Arbeitsaufwand und das Arbeitsergebnis.

F Recherchiere, was der Lotuseffekt ist und wozu er bei Wandfarben verwendet wird.

Wie können Produkte möglichst effizient hergestellt werden?

Kennst du den Spruch: „Immer schön eins nach dem anderen"? Während dieser Tipp im Privaten vielleicht nützlich ist, um dich nicht zu verzetteln, gibt es in Unternehmen verschiedene Möglichkeiten, um zu fertigen.

M1 Werkstattfertigung vs. industrielle Produktion

Unterschiedliche Arten der Holzbearbeitung

M2 Einzel-, Serien- und Massenfertigung

Die Einzelfertigung ist die einmalige, vollständige Fertigung eines kompletten Produktes aus einem Rohstoff oder Halbzeug durch aufeinander folgende Produktionsschritte. Diese Fertigungsart war früher weit verbreitet. Heute findet sie vor allem dann Anwendung, wenn man einzigartige Erzeugnisse herstellen möchte. Die Glasbläserin oder der Glasbläser zum Beispiel erzeugt individuelle Gläser. Aber auch beim Bau von individuell passenden Möbelstücken oder der Fertigung von Prototypen wird die Einzelfertigung genutzt.

Ein Unternehmen möchte eine neue Marmelade auf den Markt bringen. Das Marmeladenglas soll ein innovatives und einzigartiges Design haben. Die Fertigung wird über eine Serienfertigung realisiert. Hierbei werden Baugruppen oder Einzelteile im Wechsel mit anderen Produkten auf den gleichen Produktionsanlagen hergestellt. Serien weisen eine begrenzte Stückzahl auf, d. h. die Anzahl der Wiederholungen ist begrenzt. Das bevorzugte Prinzip ist die Fließfertigung. Die Serienfertigung kommt zum Beispiel bei Personenkraftwagen zum Einsatz.

Bei der Massenproduktion werden gleiche Erzeugnisse in nahezu unbegrenzter Menge durch automatische Maschinen hergestellt. Diese wird genutzt, um die „Normbrunnenflasche für Mineralwasser" herzustellen. Diese Flasche ist in Deutschland gebräuchlich und wird von verschiedenen Getränkeanbietern verwendet.

M3 Beispiele: Einzel-, Serien- oder Massenfertigung?

1. Batterien
2. Schrauben
3. Prothesen
4. Kaugummi
5. Kleidung
6. E-Roller
7. Skisprungschanze

Interaktive Aufgabe: Ordne die Produkte zu

82301-91

M4 Experiment: Einzelfertigung vs. Serienfertigung

Bildet zwei gleich große Gruppen, zum Beispiel mit jeweils sechs Personen.

Gruppe 1:
Fertige deine eigene „Schleifmaus".

Gruppe 2:
Fertigt gemeinsam 6 „Schleifmäuse". Jeder von euch übernimmt die Verantwortung für einen Arbeitsschritt.

F Nutzt Vorrichtungen, zum Beispiel beim Bohren, um euch die Arbeit zu erleichtern.

Schleifmaus

Technische Zeichnung und Arbeitsablaufplan

82301-92

AUFGABEN

82301-293

1. Beschreibe die Unterschiede zwischen den Fertigungsarten auf den Bildern (**M1**).
2. a) Erläutere den Unterschied zwischen den Fertigungsarten (**M2**).
   b) Ordne die Anwendungsbeispiele den Fertigungsarten zu (**M3**).
3. Vergleiche, wie das Experiment in den beiden Gruppen abgelaufen ist (**M4**)
   a) Beschreibe, welche Unterschiede es in Hinblick auf die Qualität der gefertigten Schleifmäuse, der benötigten Zeit, der Benutzung einzelner Maschinen und Werkzeuge gab.
   b) Benenne, welche Fertigungsarten angewendet wurden.
   c) Analysiere, welche Vor- und Nachteile mit Einzelfertigung und Serienfertigung einher gehen.
   d) Diskutiert, welche Auswirkungen die verschiedenen Fertigungsarten auf die Menschen haben, die in einer Fertigung arbeiten.

Eine technische Analyse durchführen

Worum geht es?

Werkstücke bestehen in der Regel aus verschiedenen Bau- und Einzelteilen, die miteinander verbunden werden und nur durch ihre Wechselwirkung die gewünschte Funktion sicherstellen können. Mit einer technischen Analyse werden Werkstücke hinsichtlich ihrer Funktionsweise und Materialverwendung untersucht. Dafür werden sie analysiert und – wenn nötig – in ihre Bestandteile zerlegt.

Geht dabei so vor:

1. Schritt: Ein Untersuchungsobjekt auswählen und Fokus festlegen

1. Diskutiert in der Klasse, welches Werkstück oder technische Produkt ihr analysieren möchtet. Achtet dabei darauf, dass es sich um Alltagsprodukte handelt, deren Analyse nicht zu teuer wird.
2. Technische Analysen lassen sich leichter planen und durchführen, wenn ihr euch auf einen Fokus einigt und einer bestimmten Fragestellung nachgeht. Für den Anfang eignen sich z. B. die folgenden Fragestellungen:

- Aus welchen Bestandteilen besteht das Produkt?
- Wie wirken diese zusammen?
- Wie hat sich das Produkt in den letzten Jahren weiterentwickelt?

2. Schritt: Hintergrundinformationen einholen

Bei einigen Fragestellungen kann es notwendig sein, dass du dir Hintergrundinformationen einholst. Bei der Fragestellung „Wie hat sich das Produkt in den letzten Jahren entwickelt" solltest du wissen, aus welchen Bestandteilen das Produkt ursprünglich bestand und wie diese zusammenwirkten.

Als der Zauberwürfel 1974 von Ernö Rubik erfunden wurde, bestand er aus 27 Holzwürfeln, die mit elastischen Bändern zusammengehalten wurden. Da diese zu schnell gerissen sind, entwickelte Rubik einen Prototyp mit einem sternartigen Mittelstück dreier sich kreuzender Achsen. In den folgenden Jahren wurden verschiedene Varianten des Zauberwürfels entwickelt, bspw. mit 2×2×2 Feldern, 4×4×4 Feldern oder in Pyramidenform.

3. Schritt: Das Produkt demontieren

Zerlegt das ausgewählte Werkstück oder technische Produkt so weit wie möglich in seine Einzelteile. Ordnet und gruppiert diese Einzelteile sinnvoll, zum Beispiel nach ihrer Funktion.

1× Mittelstück mit 6 Mittelsteinen

12× Kantensteine mit zwei Farben

8 × Ecksteine mit drei Farben

4. Schritt: Wechselwirkungen aufdecken

Führt eine genaue Analyse der Einzelteile und ihrer Funktionszusammenhänge durch. Hierbei sind unter anderem die Bestandteile und deren Wechselwirkungen besonders wichtig. Überlegt euch, wie ihr die ausgewählten Kriterien testen könnt. Erstellt eine Funktionsskizze, die diese Zusammenhänge darstellt.

Das sternförmige Mittelstück stellt das wichtigste Teil des Zauberwürfels dar. Hierdurch ist es möglich, dass die Mittel-, Kanten- und Ecksteine miteinander verbunden und gleichzeitig drehbar sind. Dafür werden die Kanten- und Ecksteine an der richtigen Position hinter die Kunststoffverkleidung des Mittelstücks geklemmt.

5. Schritt: Das Produkt montieren

Nach fertiggestellter Analyse baut ihr das Produkt wieder zusammen und überprüft, ob es wie gewohnt funktioniert.

Bei der Montage muss darauf geachtet werden, dass die Kanten- und Ecksteine farblich passend eingesetzt werden. Nur so kann sichergestellt werden, dass der Zauberwürfel am Ende gelöst werden kann.

6. Schritt: Ergebnisse auswerten und veröffentlichen

Vergleicht die ermittelten Ergebnisse. Was fällt euch z. B. hinsichtlich der verbauten Bestandteile und deren Wechselwirkungen auf? Formuliert das Gesamtergebnis eurer Analyse und stellt es z. B. in Form eines Posters vor.

M1 Klick-klack im Sekundentakt

Paul: Och Papa, du nervst. Alle paar Sekunden machst du klick – klack mit dem Kugelschreiber.

Peter: Entschuldige bitte. Ich denke gerade nach.

Paul: Oh man, jetzt hast du schon wieder klick-klack gemacht. Warum kann man Kugelschreiber nicht so konstruieren, dass sie nicht so nervige Geräusche machen?

M2 Viele Schreibgeräte

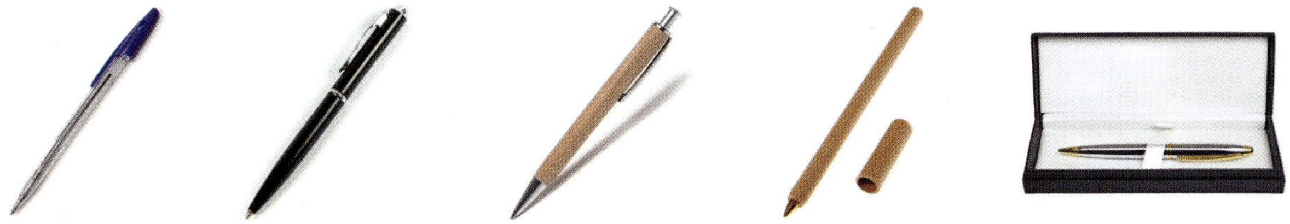

M3 Der kann doch nur schreiben – oder?

Funktionen eines Kugelschreibers

Hauptfunktion	Nebenfunktion
– ...	– ...

M4 Fachbegriffe rund um den Kugelschreiber

Griffrohr · Schaft · Schreibmine · Clip

Drücker · Druckfeder · Druckhülse

Vorschubhülse · Griffbereich · Spitze

M5 Wo ist der Stift?

Chaos auf dem Schreibtisch

Aufgaben

1. a) Beschreibe, warum der Kugelschreiber Klick-Geräusche macht.
   b) Erkläre, welchem Problem man durch das Zurückziehen der Miene ins Gehäuse vorbeugt (**M1**).
   c) Erläutere, wie man das Problem bei anderen Schreibgeräten gelöst hat.
2. a) Erläutere, wie dein Lieblingskugelschreiber aussieht und was ihn von anderen unterscheidet.
   b) Analysiere die Gemeinsamkeiten und Unterschiede der verschiedenen Kugelschreiber (**M2**).
3. a) Benenne die verschiedenen Funktionen eines Kugelschreibers (**M3**).
   b) Unterscheide die Funktionen hierbei in Haupt- und Nebenfunktionen.
4. Führe eine technische Analyse zu einem Kugelschreiber deiner Wahl durch.
   a) Suche dir einen funktionierenden Kugelschreiber, den du demontieren möchtest.
   b) Stelle Vermutungen auf, wie der Kugelschreiber funktioniert und wie man ihn zerlegen kann.
   c) Demontiere den Kugelschreiber und ordne den Bauteilen die passenden Begriffe zu (**M4**).
   d) Überprüfe deine Vermutungen zur Funktionsweise des Kugelschreibers.
   e) Analysiere, aus welchen Materialien der Kugelschreiber hergestellt wurde.
   f) Erläutere, warum welche Werkstoffe an welcher Stelle eingesetzt wurden. Gehe dabei auf die verschiedenen Eigenschaften der Werkstoffe ein.
   g) Entwickle Vorschläge für Werkstoffalternativen, die man verwenden könnte.
   h) Entscheide, welchen Werkstoff du auswählen würdest.
   i) Remontiere den Kugelschreiber und prüfe seine Funktionstüchtigkeit.
5. Konstruiere einen Stiftehalter, in dem der Kugelschreiber und weitere Stifte Platz finden würden.

Demontieren bedeutet etwas abbauen, auseinandernehmen oder zerlegen. Man zerlegt zum Beispiel einen Kugelschreiber in seine Bestandteile.

Bei einer **Montage** wird etwas aus einzelnen vorgefertigten Teilen zusammengebaut, so dass es erstmalig funktioniert. Zum Beispiel eine Maschine oder ein Kugelschreiber nach der Fertigung. Muss man etwas nochmals zusammenbauen, weil man es zuvor demontiert hat, spricht man von „**Remontage**". Es ist also eine erneute Montage nachdem der Gegenstand schon mal funktionsfähig war.

H Tipps zum Demontieren
- Suche dir eine Ablagefläche (Tuch oder Schale), für die demontierten Teile.
- Lege die Teile in der Reihenfolge nebeneinander ab, in der du sie demontierst.
- Mache ggf. Fotos von einzelnen Schritten.

Erläuterungen zu Operatoren

Die Operatoren für das Fach Wirtschaft-Arbeit-Technik sind Verben, die dir anzeigen, welche Tätigkeiten beim Bearbeiten von Aufgaben erwartet werden. Diese Übersicht ist dem Rahmenlehrplan Berlin/Brandenburg entnommen.

Operator	Handlung
Nennen, Angeben	Informationen aufzählen, zusammentragen, wiedergeben
Beschreiben	Sachverhalte, Objekte oder Verfahren mit eigenen Worten darstellen
Vergleichen	Gemeinsamkeiten, Ähnlichkeiten und Unterschiede ermitteln und darstellen
Erklären	Sachverhalte verständlich und nachvollziehbar machen und in Zusammenhängen darstellen
Erläutern	Sachverhalte darstellen und unter Verwendung zusätzlicher Informationen veranschaulichen
Begründen	Sachverhalte, Entscheidungen bzw. Thesen durch nachvollziehbare Argumente stützen und sachlich (beispielhaft) belegen
Analysieren, Untersuchen	unter einer Fragestellung wesentliche Bestandteile, Ursachen oder Eigenschaften herausarbeiten bzw. nachweisen
Diskutieren, Erörtern	sich argumentativ mit verschiedenen Positionen auseinandersetzen und ggf. zu einer begründeten Schlussfolgerung gelangen
Beurteilen	zu Sachverhalten eine selbstständige Einschätzung formulieren und begründen

Methodenglossar

Rollenspiele

Ziel: Hineinversetzen in andere Perspektiven und Ansichten; Verbesserung des situativen Handelns

Orte im Unterricht: Vertiefung eines Themas; Veranschaulichung verschiedener Perspektiven

Ablauf:

1. Vorbereitung
- Beschreibung der Situation.
- Rollenverteilung: Wer spielt welche Rolle?
- Spieler bereiten sich auf ihre Rollen vor, Beobachter notieren ihre Erwartungen an das Rollenspiel

2. Durchführung
- Die Situation wird ohne Unterbrechung durchgespielt
- Wichtig: die Spieler verhalten sich entsprechend ihrer Rolle.
- Beobachtungsaufträge: Was war gut, was weniger gut? Haben die Spieler ihre Rollen glaubwürdig gespielt? Haben sie sich entsprechend ihrer Rolle verhalten?

3. Abstand von der Rolle
- Spieler sprechen nacheinander über ihre Einstellungen und Gefühle im Rollenspiel.
- Spieler verlassen ihre Rolle und analysieren ihr Verhalten und die Gründe dafür.

4. Auswertung
- Auswertung der Beobachtungsaufträge
- Verallgemeinerung: Kann man die Spielsituation verallgemeinern?
- Nutzen des Rollenspiels: Welche Verhaltensweisen aus dem Spiel können in vergleichbaren Situationen angewendet werden?
- Auswertung des Rollenspiels: Was könnte das nächste Mal besser gemacht werden?

Unbedingt beachten: Die Spieler sollen sich bewusst von ihren eigenen Verhaltensweisen lösen. Vergleicht nach dem Rollenspiel, warum euch eine Rolle schwer oder besonders leicht gefallen ist.

Nach: Lothar Scholz, Methoden-Kiste, Bundeszentrale für politische Bildung (Hg.), Bonn 2012, S. 33

Mindmap

Ziele: Anschauliche Strukturierung von Informationen oder Themen; Entfaltung eines Themas und Vernetzung mit bereits bestehendem Vorwissen

Orte im Unterricht: Einstieg, (Beginn der) Erarbeitung eines Themas; Entfaltung eines Themengebiets, z. B. bei der Vorbereitung eines Referats, ggf. systematische Sicherung der Kernergebnisse einer Unterrichtsreihe

Ablauf:

1. Verwende ein unliniertes Blatt DIN-A4 (oder größer), lege es quer und schreibe das Thema der Arbeit groß in die Mitte des Blattes.

2. Sammle wesentliche Aspekte zum Thema und schreibe diese von den Hauptästen abgehend auf dein Blatt. Überlege genau, welche (Schlüssel-)Begriffe du hier verwendest, denn durch diesen Schritt strukturierst du dein Thema grundlegend.

3. Ergänze nun weitere Informationen zu den Teilaspekten, indem du kleinere Äste auf der zweiten (oder dritten) Gedankenebene anlegst.

4. Vervollständige abschließend deine Mindmap, indem du an jedem Ast passende Begriffe und Ideen ergänzt.

Unbedingt beachten: Um das Mindmapping zu erlernen, empfiehlt es sich, in der vorgeschlagenen Weise vorzugehen. Mit der Zeit entwickelst du dann deinen eigenen Stil.

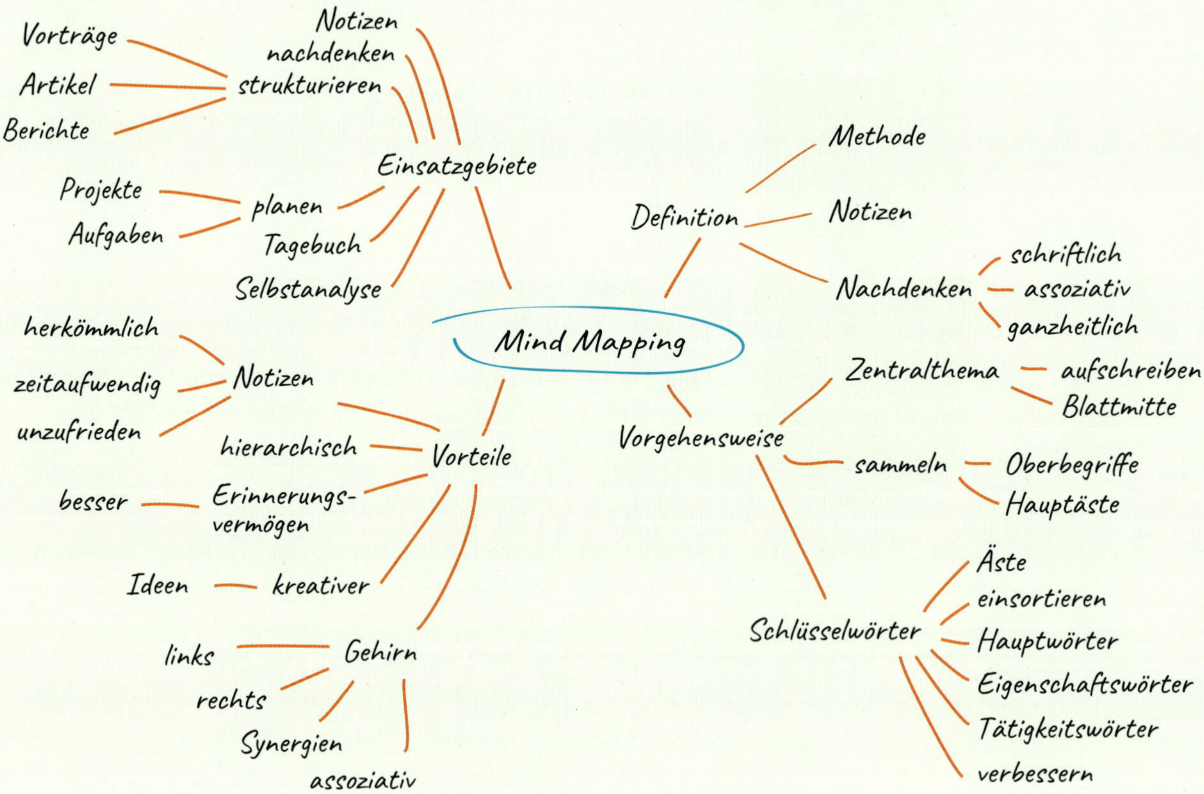

Nach: Ralf Senftleben, www.zeitzuleben.de, Abruf am 1.7.2015

Positionierung im Raum, Meinungslinie

Ziele: Festlegung auf eine eindeutige eigene Position; Ermittlung eines Urteilsbildes der Gesamtgruppe; ggf. Erhebung von Vorausurteilen (Meinungslinie)

Orte im Unterricht: abschließende, kriteriengeleitete Urteilsbildung; ggf. Einleitung der Urteilsbildung

Ablauf: Der Unterrichtsraum wird durch eine Linie (z. B. mit Krepp-Band markiert) durchschnitten. Nach einer Vorbereitungszeit positionieren sich alle Teilnehmer gemäß ihres eigenen Urteils auf der Linie. Einzelne Teilnehmer werden aufgefordert, ihre Meinung mit ihrem Hauptargument zu begründen.

Unbedingt beachten: Alle Teilnehmer müssen sich gleichzeitig positionieren. Alle Positionen im Raum sind zugelassen. Ein Meinungswechsel und eine Diskussion sind während der Positionierung im Raum nicht mehr vorgesehen. Die Raumaufteilung sollte im Vorfeld visuell verdeutlicht werden.

Zustimmung gering — mittel — **Zustimmung** hoch

Register

Bildnachweis

© 2015 KNA, Harald Oppitz / www.kna-bild.de – S. 81 - • AdobeStock / 123cheesefr – S. 232; - / Alexander Konradi – S. 233; - / Alexander Konradi – S. 236; - / dule964 – S. 243; - / Imaginis – S. 18; - / JackF – S. 124; - / Markus – S. 232; - / mavoimages – S. 232; - / Monticellllo – S. 92; - / Paylessimages – S. 232; - / Антон Скрипачев - S. 188 - • akg-images – S. 172 (3) • Alamy Stock Foto / Wirestock, Inc. – S. 274; - / David Esser – S. 64; - / GRANGER - Historical Picture Archive – S. 129; - / Jim West – S. 18; - / Jon Arnold Images Ltd – S. 14; - / M4OS Photos – S. 150; - / MBI, Stockbroker – S. 74; - / Olaf Doering – S. 41; - / Panther Media GmbH – S. 190; - / rcphotostock – S. 86; - / Smith Archive – S. 243; - / studio v-zwoelf – S. 78; - / studiomode – S. 278; - / Zoonar GmbH – S. 236; - / Zoonar GmbH, Christian Mueller-Clausnitzer – S. 272 • Bitkom e.V. – S. 134, 236 • Bücher: Wilfried Schlagenhauf: Allgemeinbildung Technik für Dummies. 2020. Copyright Wiley-VCH GmbH. Reproduced with permission– S. 219 (2), 220 (2), 239 • Bundesagentur für Arbeit, Nürnberg – S. 189 • Bundesanstalt für Landwirtschaft und Ernährung / www.ble – S. 64 • © Bundesanstalt für Landwirtschaft und Ernährung (BLE) – S. 55, 84 • Bundesregierung – S. 246 • © Bundeszentrale für politische Bildung / www.bpb.de – S. 170 • Calliope gGmbH, Berlin – S. 206 • CartoonsStock / Kelly Kincaid – S. 93; - / Mark Heath – S. 93 • Copyright Refill Deutschland / https://refill-deutschland.de – S. 62 • Dreamstime.com / Peter Lewis – S. 255 • Bettina Engel-Albustin / Tischler NRW – S. 274Forest Stewardship Council® - S. 242 • Foto: Albert Kerbl GmbH – S. 262 • Fotolia / Elisabeth Coelfen – S. 22; - / Himmelssturm – S. 243; - / M. Schuppich – S. 86; - / nata777_7 – S. 67; - / Rainbow Junkie – S. 67; - / Sergey Peterman – S. 116 • G Data Cyber Defense AG – S. 120 • Getty Images Plus / BSIP, Universal Images Group – Cover; - / iStockkphoto, ALLEKO – S. 38; - / iStockphoto, Drazen Zigic – S. 169; - / iStockphoto, 13ree_design – S. 134; - / iStockphoto, a_namenko – S. 90; - / iStockphoto, aireowrt – S. 90; - / iStockphoto, AlexRaths – S. 112 (2); - / iStockphoto, Alison Rose – S. 26; - / iStockphoto, alptraum – S. 124; - / iStockphoto, Andre Banyai – S. 34; - / iStockphoto, Aneta_Gu – S. 71; - / iStockphoto, Angelika Heine – S. 91 (2); - / iStockphoto, Animaflora – S. 40; - / iStockphoto, Anna Pustynnikova – S. 86; - / iStockphoto, anna1311 – S. 68; - / iStockphoto, AnnapolisStudios – S. 28; - / iStockphoto, Antonio_Diaz – S. 197; - / iStockphoto, aphotostory – S. 14; - / iStockphoto, ARISA THEPBANCHORNCHAI – S. 61; - / iStockphoto, AVICons – S. 134; - / iStockphoto, BaderElbert – S. 74; - / iStockphoto, Bernd Schwabedissen – S. 112; - / iStockphoto, bigacis – S. 58; - / iStockphoto, Björn Forenius – S. 237; - / iStockphoto, bor-zebra – S. 223; - / iStockphoto, BrianAJackson – S. 24; - / iStockphoto, Brinja Schmidt – S. 238; - / iStockphoto, bsd555 – S. 62; - / iStockphoto, Cameramannz – S. 67; - / iStockphoto, ChamilleWhite – S. 60; - / iStockphoto, chayathonwong – S. 160; - / iStockphoto, chengyuzheng – S. 267; - / iStockphoto, Cobalt88 – S. 117; - / iStockphoto, Coprid – S. 278; - / iStockphoto, Daisy-Daisy – S. 24; - / iStockphoto, davit85 – S. 14; - / iStockphoto, DenisKot – S. 24; - / iStockphoto, dennisvdw – S. 153; - / iStockphoto, design56 – S. 43; - / iStockphoto, Dimedrol68 – S. 237; - / iStockphoto, dirkr – S. 74; - / iStockphoto, dmitriymoroz – S. 72; - / iStockphoto, doeh – S. 42; - / iStockphoto, Dreamer Company – S. 237; - / iStockphoto, DronG – S. 38; - / iStockphoto, eans – S. 278; - / iStockphoto, Easy_Asa – S. 42;- / iStockphoto, Eivaisla – S. 58; - /

iStockphoto, Eivaisla – S. 64; - / iStockphoto, el_clicks – S. 24; - / iStockphoto, Elnur – S. 237; - / iStockphoto, elxeneize – S. 74; - / istockphoto, EugeneTomeev – S. 34; - / iStockphoto, Everyday better to do everything you love – S. 72; - / iStockphoto, fermate – S. 244; ;- / iStockphoto, fitzkes – S. 14; - / iStockphoto, fongfong2 – S. 86; - / iStockphoto, foto 76 – S. 86; - / iStockphoto, fotofermer – S. 236; - / iStockphoto, FRANCOIS-EDMOND – S. 67; - / iStockphoto, gaelgogo – S. 14; - / iStockphoto, Gingagi – S. 58; - / iStockphoto, gmaydos – S. 86; -/ iStockphoto, gojak – S. 28, 42; - / iStockphoto, gorodenkoff – S. 160, 179; - / iStockphoto, Grassetto – S. 70; - / iStockphoto, hanohiki – S. 237; -/ iStockphoto, herreid – S. 86; - / iStockphoto, Hyrma – S. 57; - / iStockphoto, Ian Dyball – S. 245; - / iStockphoto, ijeab – S. 206; - / iStockphoto, Ilia Nesolenyi – S. 90; -/ iStockphoto, industryview – S. 124; - / iStockphoto, insta_photos – S. 103; - / iStockphoto, JaumeOrpinell – S. 81; - / iStockphoto, jlcst – S. 81; - / iStockphoto, Joachim Kietzmann – S. 43; - / iStockphoto, Jollier_ - S. 62; - / iStockphoto, junce – S. 243; - / iStockphoto, ka2shka – S. 28; - / iStockphoto, karandaev – S. 266; - / iStockphoto, karandaev – S. 28; - / iStockphoto, kenmlnd77 – S. 58; - / IStockphoto, Kerkez – Cover; - / iStockphoto, KEVMA21 – S. 28; - / iStockphoto, Kinwun – S. 206; - / iStockphoto, kjekokl – S. 72; - / iStockphoto, klikk – S. 216; - / iStockphoto, klmax – S. 179; - / iStockphoto, Kritchanut – S. 130; - / iStockphoto, kwasny221 – S. 194; - / iStockphoto, kzenon – S. 169, 184; - / iStockphoto, Lazy_Bear – S. 26; - / iStockphoto, Liudmila Chernetska – S. 64 ;- / iStockphoto, Ljupco – S. 72; - / iStockphoto, LSOphoto – S. 179; - / iStockphoto, Luca Melo – S. 33; - / iStockphoto, lyash01 – S. 184; - / iStockphoto, Lyndon Stratford – S. 48; - / iStockphoto, Magone – S. 54, 57, 72; - / iStockphoto, Marcelo Trad – S. 86; - / iStockphoto, margouillatphotos – S. 39; - / iStockphoto, markos86 – S. 274; - / iStockphoto, Max2611 – S. 91; - / iStockphoto, MayerKleinostheim – S. 58; - / IStockphoto, megakunstfoto – S. 215; - / iStockphoto, Migrenart – S. 247; - / iStockphoto, monkeybusinessimages – S. 184, 240; - / iStockphoto, Muralinath – S. 236; - / iStockphoto, nadisja – S. 71; - / iStockphoto, Nadtochiy – S. 272; - / iStockphoto, nambitomo – S. 83; / iStockphoto, naumoid – S. 62; - / iStockphoto, nemoris – S. 255; - / iStockphoto, nickylarson974 – S. 134; - / iStockphoto, nitrub – S. 25; - / iStockphoto, Nobilior – S. 232; - / iStockphoto, NolanBerg11 – S. 124; - / iStockphoto, nubtis – S. 130; - / iStockphoto, Olga Kurbatova – S. 22; - / iStockphoto, olgakr – S. 90; -/ iStockphoto, OlgaMiltsova – S. 54; - / iStockphoto, olvas – S. 54; - / iStockphoto, omgimages – S. 194; - / iStockphoto, oska25 – S. 171; - / iStockphoto, Paffy69 – S. 166; - / iStockphoto, Pavlo Stavnichuk – S. 235; - / iStockphoto, pechevoy – S. 38; - / iStockphoto, petrenkod – S. 81; - / iStockphoto, petrunjela – S. 160; - / iStockphoto, Photology1971 – S. 266; - / iStockphoto, photomaru – S. 68; - / iStockphoto, PicturePartners – S. 90; - / iStockphoto, PictureSyndicate – S. 258, 278; - / iStockphoto, piotr_malczyk – S. 60; - / iStockphoto, piovesempre – S. 204; - / iStockphoto, Pogonici – S. 130; - / iStockphoto, Polina Shurygina – S. 26; - / iStockphoto, popovaphoto – S. 28 (2), 34, 42; - / iStockphoto, ppart – S. 110; - / iStockphoto, Prostock-Studio – S. 25; - / iStockphoto, Quanthem – S. 26; - / iStockphoto, ra2studio – S. 279; - / iStockphoto, Ralf Geithe – S. 184; - / iStockphoto, ramzihachicho – S. 42; - / iStockphoto, Richard Villalonundefined undefined – S.215; - / iStockphoto, ricochet64 – S. 247; - / iStockphoto, Rimglow – S. 67; - /

iStockphoto, Rimma_Bondarenko – S. 54; - / iStockphoto, robynmac – S. 22; - / iStockphoto, RuudMorijn – S. 113; - / iStockphoto, sakdam – S. 221; - / iStockphoto, scanrail – S. 64; - / iStockphoto, SerhiiKrot – S. 160; - / iStockphoto, shironosov – S. 160; - / iStockphoto, Sielan – S. 26; - / iStockphoto, stickytoffeepudding – S. 28; - / iStockphoto, tab1962 – S. 68; - / iStockphoto, Tanya St – S. 134; - / iStockphoto, Tarzhanova – S. 258, 266; - / iStockphoto, tatniz – S. 255; - / iStockphoto, thamerpic – S. 215; - / iStockphoto, Thammasak_Chuenchom – S. 28; - / iStockphoto, thanarat27 – S. 232; - / iStockphoto, The_Pixel – S. 57, 67; - / iStockphoto, THEERASAK – S. 34; - / iStockphoto, tiberian7 – S. 278; - / iStockphoto, tiler84 – S. 62; - / iStockphoto, Tohid Hashemkhani – S. 216; - / iStockphoto, tylim – S. 61; - / iStockphoto, Udomsook – S. 72; - / iStockphoto, ValentynVolkov – S. 68; - / iStockphoto, valio84sl – S. 221; - / iStockphoto, Vera Shestak – S. 113; - / iStockphoto, Vital Hil – S. 113; - / iStockphoto, Vitaliia Hryshchenko – S. 72; - / iStockphoto, Vitalina – S. 47; - / iStockphoto, wabeno – S. 258; - / iStockphoto, wattanaphob – S. 221; - / iStockphoto, weerapatkiatdumrong – S. 215; - / iStockphoto, WestLight – S. 221; - / iStockphoto, WRS Photos – S. 26; - / iStockphoto, Wylius – S. 272; - / iStockphoto, YelenaYemchuk – S. 83; - / iStockphoto, Yomka – S. 216, 235; - / iStockphoto, YuanruLi – S. 86; - / iStockphoto, Yuri – S. 86; - / iStockphoto, yuriz – S. 41; - / iStockphoto, zeleno – S. 25; - / iStockphoto,iLexx – S. 206; - / Monkey Business Images – S. 184; - / Stockbyte, George Doyle – S. 22; - / Zoonar RF – S. 38 • Grafik und Infos: www.zukunftleben.de mit AdobeStock / gena 96 – S. 214 • Herrenknecht AG, Schwanau-Allmannsweier – S. 256 • Chaz Hutton, Selbstklebende Wahrheiten © 2017 für die deutsche Ausgabe: DuMont Buchverlag, Köln, S.14 – S. 171 • IKOBE gGmbH, München – S. 186 (2), 187 (2) • imago images / Apress – S. 158; - / Future Image – S. 106 Informationszentrum Mobilfunk – S. 214 • iStockphoto / Antonio Guillam – S. 169; - / bombuscreative – S. 216 • kompetenzz.de – S. 163 (2) • Axel Martens, Hamburg – S. 94Marine Stewardship Council – S. 110 • Mauritius Images / Alamy Stock Photo, Jochen Tack – S. 81, 123; - / Alamy Stock Photo, Pictorial Press Ltd. – S. 149; - / imageBROKER, Stefan Kiefer – S. 150 • Naturland - Verband für ökologischen Landbau e.V. – S. 242 •padlet.com / Wallwisher Inc. – S. 127 • © PEFC Deutschland – S. 242 •picture-alliance / akg-images – S. 159; - / ASSOCIATED PRESS, Fredrik Sandberg – S. 114; - / Bernd Kammerer – S. 106; - / Christoph Soeder – S. 106; - / DFB – S. 190; - / dieKLEINERT.de, Markus Grolik – S. 135; - / Klaus Ohlenschläger – S. 150; - / Paul Zinken – S. 104; - / Peter Steffen – S. 124 (2); - / ZB, Jens Büttner – S. 130; - / Zentralbild, Jan Woitas – S. 184 • Pixabay / Alexas_Fotos – S. 211; - / ariesa66 – S. 255; - / Finnhart 2 – S. 211; - / FreeCliparts – S. 211; - / gustavo_belemmi – S. 211; - / JoJohnston – S. 211; - / Roman Ivanyshyn – S. 211 • Schwarwel, Leipzig – S. 158 • Shutterstock / Eli_Oz – S. 110 • © Sozialministerium / fridrich / wirtschaftsmuseum.at – S. 108 • Statista GmbH, Hamburg – S. 128 • takeaway.com – S. 102 • Toonpool.com / Timo Essner – S. 242 • Umweltbundesamt – S. 110 • Verbraucherzentrale Hamburg – S. 78 • www.bauredakteur.de / Dominik Hochwarth – S. 266 • www.mpfs.de – S. 106 • www.wikimedia / Cdang – S. 256